D1743181

sociología
y
política

DESIGUALDAD SOCIAL
Y CIUDADANÍA PRECARIA:
¿ESTADO DE EXCEPCIÓN PERMANENTE?

por

VÍCTOR MANUEL DURAND PONTE

siglo
veintiuno
editores

siglo xxi editores, s.a. de c.v.
CERRO DEL AGUA 248, ROMERO DE TERREROS, 04310, MÉXICO, D.F.

siglo xxi editores, s.a.
GUATEMALA 4824, C1425BUP, BUENOS AIRES, ARGENTINA

siglo xxi de españa editores, s.a.
MENÉNDEZ PIDAL 3 BIS, 28036, MADRID, ESPAÑA

HN120.X63
D87
2010   Durand Ponte, Víctor Manuel
Desigualdad social y ciudadanía precaria: ¿Estado de excepción permanente?/ por Víctor Manuel Durand Ponte. — México : Siglo XXI : UNAM, Instituto de Investigaciones Sociales, 2010.
309 p. — (Sociología y política)

ISBN-13: 978-607-03-0139-1

1. Xochimilco (Distrito Federal : Delegación) – Condiciones sociales. 2. Ciudadanos, Participación de los – Xochimilco. 3. Clases sociales. I. t. II. Ser.

Este libro fue sometido a un proceso de dictaminación por académicos externos al Instituto, de acuerdo con las normas establecidas por el Consejo Editorial de las Colecciones de Libros del Instituto de Investigaciones Sociales de la Universidad Nacional Autónoma de México.

Los derechos exclusivos de la edición quedan reservados para todos los países de habla hispana.
Prohibida la reproducción parcial o total, por cualquier medio, sin el consentimiento por escrito de su legítimo titular de derechos.

cuidado de la edición, mauro chávez rodríguez
primera edición, 2010
dr © universidad nacional autónoma de méxico
instituto de investigaciones sociales
ciudad universitaria, 04510 méxico, d.f.
© siglo xxi editores, s.a. de c.v.
por características tipográficas y de diseño editorial

isbn 978-607-03-0139-1

derechos reservados conforme a la ley
impreso y hecho en méxico

Para Mateo
nieto amado

INTRODUCCIÓN

El objetivo de este libro es profundizar en el conocimiento de la relación entre la exclusión social, la desigualdad social y la ciudadanía en nuestro país. En trabajos anteriores nos acercamos al tema desde el enfoque de la cultura política (Durand, 2004) y más tarde utilizando el estudio comparativo entre los municipios mexicanos confrontando, mediante indicadores estadísticos, la vinculación entre marginación municipal y desarrollo político (Durand, 2008). Ahora nos abocamos al estudio de la relación desde una perspectiva más cualitativa: nos interesa comprender cómo las personas viven la ciudadanía, cuáles son sus trayectorias en un espacio social determinado. En virtud de que la relación bajo estudio se conforma a lo largo del tiempo y de que cada una tiene una dinámica que le es propia, pese a sus obvias relaciones, nos propusimos reconstruirla a lo largo de la historia; asimismo, procuramos determinar el contexto en que se desarrollan las trayectorias específicas.[1]

La hipótesis central que orientó el trabajo parte de los estudios clásicos acerca del desarrollo del capitalismo y de la democracia. Por una parte, la existencia de los procesos socieconómico y cultural que produce la división de los miembros de la sociedad, la desigualdad y la exclusión en diferentes ámbitos sociales. Por la otra, el establecimiento dentro del Estado-nación, más específicamente del Estado de

[1] La investigación sociológica que antecede a este trabajo se inició en 2003 como un esfuerzo para entender la relación entre la marginalidad, la exclusión y la ciudadanía en México. El desarrollo del proyecto lo realicé en el Departamento de Ciencia Política de la Facultad de Filosofía, Letras y Ciencias Sociales de la Universidad de São Paulo durante una estancia sabática; más tarde, en un seminario organizado en el IIS-UNAM se profundizó el proyecto el cual fue dividido en tres subproyectos: el primero es un trabajo contextual para conocer la relación entre la marginación y el desarrollo político a nivel municipal, el cual ya fue publicado como cuaderno de investigación del IIS-UNAM; el segundo subproyecto se diseñó para la realización de la historia de la ciudadanía en México, y el tercero fue la investigación que se aplicó en Xochimilco, en la cual se recuperaron las prácticas de ciudadanía en un espacio específico. En virtud de que la investigación en Xochimilco nos exigió una reconstrucción de su historia y, en especial, de la conformación de la ciudadanía, los dos últimos subproyectos se integraron en este libro.

derecho, de una igualdad formal de todos los miembros de la sociedad frente a la ley y el Estado. La tensión entre la igualdad formal y la
desigualdad real se resuelve de forma particular en cada sociedad. La
ciudadanía y su calidad son un producto, variable, de la forma en que
se resuelve la tensión.

Simplificando, la desigualdad puede ser ampliamente tolerada o
bien, los conflictos que resulten de ella ser controlados por medio de
la violencia o la coerción del Estado sobre la sociedad, como ocurre
en los regímenes totalitarios o autoritarios; en el otro extremo, la desigualdad puede ser controlada mediante la intervención del Estado,
por medio de políticas públicas que redistribuyan el ingreso nacional,
la riqueza producida socialmente, asegurando un mínimo de igualdad y máximo de justicia social.

Entre estos extremos encontramos una gran variedad de casos nacionales; en cada uno de ellos la producción de la desigualdad social,
así como la forma y organización del Estado y el Estado de derecho
es específico, aunque se puedan encontrar patrones más o menos generales, y la ciudadanía resultante es variable. De forma similar cada
uno de los factores, sus relaciones y su producto suelen variar a través
del tiempo; la construcción de la ciudadanía experimenta avances y
también retrocesos.

Como nuestro interés radica en conocer específicamente cómo se
desarrollan las trayectorias de ciudadanía en un lugar determinado
tuvimos que elegir un lugar que nos proporcionara el mayor número
de elementos para estudiar en su complejidad la relación entre exclusión y ciudadanía.

El objetivo central del proyecto era conocer la relación entre la
marginalidad, la exclusión y la ciudadanía, de manera que parecía
ser necesaria la selección de un municipio con alto grado de marginación para estudiar allí la ciudadanía. No seguimos ese camino
en virtud de que los municipios más pobres son poco diferenciados,
con estructuras sociales simples.[2] Buscamos un espacio social con una
riqueza y complejidad social amplias y al mismo tiempo con rasgos

---

[2] En la investigación realizamos trabajo de campo en tres municipios oaxaqueños
buscando conocer la relación entre marginalidad, desarrollo político y ciudadanía con
la finalidad de controlar los resultados obtenidos en Xochimilco. El trabajo nos ayudó
sobre todo a comprender el papel de la tradición en la definición de la autoridad
"pública" municipal, así como la relación entre ser miembro de la comunidad y la
ciudadanía.

de marginación y sectores excluidos socialmente. Xochimilco nos brindó una realidad que contiene fuertes rasgos comunitarios, con una cultura cívico-religiosa fuerte, que permite observar la vigencia y fortaleza de las normas emanadas de la tradición; además muestra una economía agrícola que fortalece esos rasgos tradicionales. Al mismo tiempo Xochimilco alberga a una población socialmente heterogénea; por un lado los viejos agricultores, por otro sus hijos profesionistas y, junto a ellos, crecientes grupos de vecinos que viven en la ilegalidad, en asentamientos irregulares con claros indicadores de exclusión social. Así, Xochimilco nos dio la oportunidad de conocer cómo una marginalidad "importada", provocada por los gobiernos priistas y perredistas (que fomentaron la emigración y su asentamiento y el trabajo ilegal), impactó en la ciudadanía y cómo afectó la vida comunitaria. La delegación Xochimilco nos proporcionó también un lugar donde la ciudadanía plena existe, al menos en una parte de su población, ya que se ubica en la principal y más moderna ciudad del país; además, la democratización del sistema político nacional dio nuevos derechos formales a los xochimilcas; la ciudadanía debía florecer, no era una posibilidad remota; si no se desarrollaba las causas de ello serían fácilmente observables. Al final de la investigación se mostró que la elección fue correcta; nos faltaron recursos humanos y financieros y también experiencia para poder abarcar más plenamente la vida delegacional, pero los resultados que el lector encontrará en las siguientes páginas demuestran la buena elección.

Primero seleccionamos el centro de la delegación, lo que los xochimilcas conocen como los 17 barrios, para poder mantener fijo el espacio o contexto social, dado que la heterogeneidad dentro de la delegación es muy amplia. A partir de allí escogimos tres ámbitos en donde observamos las prácticas ciudadanas con cierta ejemplaridad. Buscamos que cada uno de los casos seleccionados nos permitiera analizar los efectos de una variable que interfiriera en el desarrollo de la ciudadanía, seleccionamos el papel de la comunidad tradicional representada por las organizaciones tradicionales que se dan alrededor de las fiestas cívico-religiosas, el desarrollo de actividades ilegales, –prohibidas por la ley pero toleradas por las autoridades, que afectan a terceros– y, finalmente, actividades que no están prohibidas, que afectan a terceros, pero que en su reconocimiento y regularización muestran trayectorias de creación de ciudadanía.

Así, el primer ámbito es el de las fiestas religiosas llevadas a cabo por los pueblos; en especial nos referimos a las fiestas de la Virgen de los Dolores. El segundo es el Mercado 377. El tercer ámbito de estudio lo constituyen los bicitaxis que operan en el centro de Xochimilco.

De acuerdo con la hipótesis planteada procedimos a realizar la reconstrucción histórica de Xochimilco desde sus orígenes, con la finalidad de detectar las formas de dominación del pueblo, las relaciones de poder o políticas, así como los mecanismos de producción de desigualdad, de marginación y exclusión de grupos sociales específicos, qué derechos tuvieron, cuándo los perdieron o reconquistaron, y qué papel tenían esos derechos en la conformación del orden social y del ejercicio de la ciudadanía. El análisis histórico se interrumpe en 1970 y da lugar a un análisis más detallado de la evolución de la delegación en términos de su dinámica urbana, política y social, con la finalidad de reconstruir, al menos en sus rasgos más característicos, el contexto general en que se desarrollan las prácticas de los xochimilcas en los tres ámbitos seleccionados.

Por lo anterior, la investigación demandó un esfuerzo metodológico que permitiese integrar los resultados de la investigación histórica, la cual fue realizada en su totalidad utilizando únicamente fuentes secundarias; el estudio del desarrollo reciente de la delegación, para lo cual usamos datos históricos, estadísticos e información obtenida de las entrevistas generales, y finalmente, de los estudios de caso elaborados con datos provenientes de la observación participante y de las entrevistas semiestructuradas y en profundidad. Para ello buscamos mantener los conceptos teóricos adecuando las diferentes técnicas para observarlos empíricamente y probar sus relaciones. De esta suerte, pudimos pasar de la historia de la ciudadanía a su observación en los últimos años, determinar sus especificidades actuales y, por último, al detalle de su operación en los estudios de caso. Cada nivel de análisis enriquece la comprensión de los demás y los conceptos teóricos son especificados.

A pesar del uso de algunas estadísticas y de reflexiones cuantitativas, especialmente en el tercer capítulo, hemos privilegiado el análisis cualitativo de la información histórica, de las entrevistas en profundidad sobre la realidad xochimilca y las entrevistas semiestructuradas en los tres estudios de caso. El dato que manda en nuestro análisis es el resultante de las entrevistas a los actores circunscritos en los estudios de caso, su visión del derecho, de la contraposición de los derechos emanados de la tradición contra los establecidos en leyes, de la reinterpretación de la legalidad e ilegalidad, de su concepción de la autoridad, etc. Son esas apreciaciones y su significado para los actores lo que debe abarcar la historia de la comunidad, historia que nos enseña cómo ha prevalecido este sentido comunitario hasta el presente sobre otras formas de relaciones sociales, así como las oportunidades y constreñimientos que presenta la realidad urbana, económica y sociopolítica para su desarrollo.

En este trabajo adoptamos lo propuesto por Castro (2000; 152): 1. Caracterizar los aspectos más importantes de la estructura social de Xochimilco, aquí referida como el "contexto social", y 2. Caracterizar los rasgos centrales del sentido común de sus habitantes, aquí referido como el contexto subjetivo. No es que el objetivo de esta investigación sea el sentido común en sí mismo de esos individuos, ni es éste un estudio puramente fenomenológico de la experiencia subjetiva de la vida pública de esa sociedad. Se trata, más bien, de que con el fin de poder interpretar las partes (las experiencias subjetivas de la ciudadanía), habrá que hacer referencia constantemente al todo: contexto social y sentido común (o contexto subjetivo) de esos individuos.

La historia no son simples antecedentes de nuestra realidad actual; se trata de examinar cómo se formaron las relaciones sociales que hoy observamos; por lo tanto, si hablamos de comunidad o de ciudadanía estamos hablando de conceptos saturados históricamente: la sociedad actual no es comprensible sin conocer sus orígenes en los lazos de sangre y su evolución en la institución familiar y comunitaria. La ciudadanía precaria parecería una denuncia ideológica si no se muestra su contenido sistémico y su carácter, resultado de un sistema poco y mal integrado. Asimismo, la evolución urbana y sociopolítica de la delegación no es un contexto en el cual se desarrollan las interrelaciones de los actores, es también el resultado de la intervención de fuerzas externas, gobiernos, que han transformado la realidad, en el caso de Xochimilco para peor, que constriñe a los actores locales, que los obliga a adaptarse –las comunidades son agobiadas–, pero en donde su resistencia y su adaptación también modifican el contexto y las formas de gobierno. El mismo abandono de viejas lealtades (y sometimientos) por parte de los actores, ya sea a la comunidad, a la autoridad de los maestros o de los sacerdotes produce efectos significativos, el debilitamiento de marcos normativos y axiológicos anteriores, el surgimiento de formas más individuales de interpretar el mundo y también tiene consecuencias en el contexto y en las formas de gobierno.

Para el análisis del material derivado de las entrevistas nos apegamos a lo sugerido por Castro:

En un primer paso se procede a realizar una atenta y detenida lectura de cada una de las entrevistas y elaborar un diario analítico mediante el cual se anotan todas las dudas, las ideas, las preguntas, las hipótesis que sugiere dicha lectura, lo cual enriquece los planteamientos generales del proyecto y permite que la codificación del material sea más rica rescatando los aportes de los entrevistados.

En un segundo paso se codifica utilizando el programa, las grandes categorías en cada entrevista, se procede de manera deductiva, partimos de la teoría y de estudios empíricos anteriores para marcar el material. En nuestro caso estas categorías aparecen en las páginas anteriores.

En el tercer paso, se procede a realizar la codificación fina. En este caso el procedimiento se basa en la inducción, para lo cual es fundamental recuperar los datos registrados en el diario analítico y otra lectura atenta. El postulado básico de este método es que no es posible determinar por adelantado las categorías específicas que se usarán para codificar y clasificar la información que se desea analizar. Se trata de recuperar "qué había allí" y ajustar los códigos a ello.

Durante la codificación fina se debe buscar identificar el discurso de los entrevistados −"lo que se dice sin decir"−, esto es, lo no dicho pero bien delimitado por la propia actividad discursiva. En particular se pone el acento en tres tipos de fenómenos: a] las inferencias, b] las presuposiciones y c] las implicaciones (Castro, 2000: 485-486).

Asimismo pusimos cuidado en que en el estudio de las entrevistas es necesario tomar en cuenta la diferencia entre los *relatos públicos* y los *relatos privados*. Los relatos públicos se definen como "grupos de significados, expresados en la moneda social común, que reproducen y legitiman los supuestos que las personas dan por sentado, acerca de la naturaleza de la realidad social [...], la persona que lleva la conversación puede estar segura de que no importa lo que diga, será aceptable para los demás" (Cornwell, 1984: 15, tomado de Castro, 2000: 101).

Hemos organizado el presente libro en cuatro capítulos que van de lo más general y abstracto, las consideraciones teóricas, hasta el estudio de casos concretos en la delegación Xochimilco en la ciudad de México, pasando por una reconstrucción histórica de la formación del Estado y de la ciudadanía, y por la caracterización de la situación actual, urbana, social, cultural y política de Xochimilco.

En el primer capítulo, "Desigualdad y ciudanía precaria", presentamos las consideraciones teóricas que sustentan nuestros conceptos y orientan nuestro análisis. Partimos el desarrollo en la confrontación clásica (Tocqueville, 1957) entre igualdad formal, ante el Estado y el derecho, y la desigualdad real de los ciudadanos en la sociedad; la oposición es resuelta en la sociología política mediante la apelación al Estado de derecho y al régimen democrático, que permitirían negociar la disminución de las desigualdades reales, disminuirlas hasta un mínimo social tolerable, y regularlas mediante la negociación democrática, cimentada en el derecho y en la búsqueda de acuerdos que satisfagan a las partes en conflicto. Teóricamente este espacio entre la igualdad formal y la desigualdad real acoge la discusión sobre la justicia que precisamente intenta conciliar la igualdad con la libertad (Kymlicka, 1996). En seguida planteamos la relación entre desigualdad real y falsa igualdad formal; de hecho otra desigualdad escamoteada, oculta, que en lugar de resolver la desigualdad real tiende a agravarla. Apoyándonos en autores como Carl Schmitt (1975), Walter Benjamin (1987 y 1990) y Francisco de Oliveira (2007) definimos el concepto de Estado de excepción como indispensable, junto al Estado de derecho, para comprender la realidad mexicana. En este contexto, siguiendo a autores como Tocqueville, Bendix y Marshall, buscamos definir el concepto de su ciudadanía y evolución tanto en los países en los cuales se originaron el capitalismo y la democracia, como en aquellos que permanecieron subordinados a las grandes potencias. Mostramos que en cada Estado-nación la ciudadanía ha tenido un desarrollo diferente y único a pesar de que comparten rasgos comunes. Asimismo, aclaramos las consecuencias de las últimas transformaciones del capitalismo, el surgimiento del nuevo capitalismo basado en el binomio ciencia-tecnología, sobre el Estado y la ciudadanía en nuestros países, hasta cuestionar si la idea de nación continúa teniendo el sentido fuerte que adquirió en la etapa anterior, si hoy es posible hablar de un proyecto nacional.

En el segundo capítulo, "La formación de la ciudadanía en Xochimilco", presentamos la historia de este proceso, enmarcándolo dentro de la dinámica de la ciudad de México y de la entidad geopolítica más amplia que la incluye, el imperio mexica, la colonia y la nación

mexicana. La reconstrucción busca conocer las relaciones entre los
habitantes de Xochimilco y sus autoridades locales y las relaciones
con las unidades geopolíticas más amplias, el Estado, con la finalidad
de explicar cómo se conforma la ciudadanía, sus avances y retrocesos.
Dividimos el capítulo en cuatro apartados: el prehispánico, la colonia,
de la Independencia al porfiriato y de la Revolución de 1910 a 1968.
La división responde a cambios evidentes en las relaciones entre el Estado y los habitantes. En el primer periodo prevalecen el Estado despótico tributario y la sociedad gentilicia, en el caso de Xochimilco sus
habitantes están en condición de dependientes, casi "siervos" de los
mexicas; el segundo apartado, referido al periodo colonial, se caracteriza por la monarquía absoluta, la sociedad de castas y la condición de
súbditos de los habitantes, diferenciados por su origen étnico y social;
el tercer apartado está dedicado a la lucha liberal, desde la Constitución de Cádiz, la crisis de la monarquía (española y del imperio de
Iturbide), el advenimiento de la república en el México independiente hasta el porfiriato, marcado por un desarrollo muy limitado de la
ciudadanía precaria, la ambigüedad entre la comunidad y el individuo, y entre la igualdad jurídica universal y las diferencias sociales
cada vez más profundas que ponen en entredicho la igualdad ante la
ley en los hechos; el último apartado abarca desde la crisis del porfiriato hasta la crisis del nacionalismo revolucionario, caracterizado por
el Estado corporativo autoritario, el nacionalismo revolucionario que
limita el liberalismo y define una nueva forma de la ciudadanía precaria, la ambigüedad entre la comunidad, la corporación y el individuo.
A lo largo del capítulo resaltamos la conservación de la comunidad
como fundamento de la organización social que acompaña el desarrollo de la ciudadanía. El análisis se detiene cuando entra en crisis
el modelo de industrialización por sustitución de importaciones, y el
sistema político inicia su deterioro.

En el tercer capítulo, "Xochimilco en la nueva época (1968-2007)",
nos abocamos al análisis del desarrollo reciente de la delegación Xochimilco. Este periodo corresponde al del nuevo capitalismo, basado
en el binomio ciencia-tecnología, y a los procesos de crisis política y
transición a la democracia electoral, durante el cual los cambios en la
sociedad, en el Estado y en la ciudadanía son muy intensos. En primer
término, analizamos cómo Xochimilco entró en la modernidad y se
integró a la dinámica de la ciudad; asimismo, vemos los efectos del
terremoto de 1985 y sus desastrosas consecuencias sociales en la dele-

gación. En el tercer apartado estudiamos los cambios que introdujo el nuevo capitalismo en la ciudad de México y en la delegación para desembocar en una caracterización actual de la realidad de Xochimilco. De manera particular mostramos, en el cuarto apartado los cambios en la organización social de Xochimilco, destacando sus valores, costumbres y su relación con la ciudadanía. En el quinto apartado nos dedicamos al análisis de los cambios en el sistema político del Distrito Federal, el gobierno del PRD y los efectos de la actuación de las corrientes del partido en la delegación, especialmente los desequilibrios institucionales que se han creado, así como la relación del gobierno delegacional y algunos grupos de habitantes excluidos. Finalmente presentamos una recapitulación. Este capítulo es de especial importancia para nuestro estudio pues en él se ve claramente cómo se restablece en el proceso de democratización su contrario, el Estado de excepción, el clientelismo que sustituye al derecho, y se conforma una ciudadanía precaria.

En el cuarto capítulo, "El ejercicio de la ciudadanía en Xochimilco. Tres estudios de caso", atendemos los tres ámbitos en donde se observa la privatización del espacio público y la sustitución del derecho por otras normas. El primero es el de las fiestas religiosas llevadas a cabo por los pueblos; en especial nos referimos a las fiestas de la Virgen de los Dolores, cuya parroquia se encuentra en el barrio de Xaltocán, pero en cuya celebración participan vecinos de muchos otros pueblos, barrios y organizaciones de productores o comerciantes. El segundo es el Mercado 377; los vendedores en la vía pública violan el Reglamento de Mercados, así como los lineamientos que establece el Programa de Reordenamiento del Comercio en Vía Pública sobre el comercio "ambulante" de la ciudad, pero han encontrado un estatus de "semilegalidad" que les permite, mediante constantes negociaciones con las autoridades, continuar y hasta expandir sus actividades. El tercer ámbito de estudio lo constituyen los bicitaxis, que operan en el centro de Xochimilco, se trata de un tipo de transporte que no es ilegal en la medida en que ninguna norma lo prohíbe; cuenta con una reglamentación para su funcionamiento, pero tiene una situación jurídica precaria.

En el primer caso, la realización de las fiestas tiene una legitimidad tradicional, es una costumbre muy arraigada en los pueblos y forma parte importante de la identidad de los mismos; es la reproducción de la vida comunitaria, de los lazos barriales y, en el fondo, de los lazos de sangre. Desde luego que no es una actividad ilegal, pero su estudio nos permite conocer cómo se da la relación entre esos espacios particulares, de los pueblos, con el espacio propiamente público en la delegación. Ésta no es una convivencia inocente en donde la separación de lo privado y lo público no afecta la vida de la comunidad; por el contrario, como lo mostraremos, sí lo hace sensiblemente: afecta la calidad del espacio público y también la noción de autoridad, el comportamiento de los ciudadanos involucrados en la creación de lo público y en el uso de la acción ciudadana y de la política.

En el segundo caso, el de los vendedores en la vía pública, examinaremos cómo se construye una relación clientelar, cómo la negociación al margen de la ley (sea debido a que la ley vigente no logra ordenar la situación social anterior y la actual, sea porque ésta no se cumple después de su promulgación) acaba por erosionar a la autoridad y amplía las zonas de excepción donde el derecho no es la norma. Veremos el tipo de organización de los vendedores, sus características autoritarias, y el tipo de intercambio que realizan los líderes con sus bases y con las autoridades. Finalmente, analizaremos cómo resultan afectados otros actores que ven su ciudadanía precarizada.

Por último, con el estudio de los bicitaxis, de sus organizaciones y trabajadores, mostraremos cómo una actividad que no es ilegal, que debe ser regularizada (la ley existente, desde finales de 2002, acerca del transporte en bicitaxis en la ciudad, deposita en las delegaciones la facultad de hacerlo), puede ejemplificar un proceso de creación de ciudadanía que contraría la dinámica del clientelismo. Su creación y crecimiento espontáneo modificó el espacio público que debió ser regulado por la ley referida y por procesos administrativos en cada delegación. Ciertamente, la informalidad, el trabajo precario, la falta de protección legal significaban un riesgo: el de desvirtuar la finalidad del servicio que se presta, y cómo, de la misma manera que los vendedores en la vía pública, podían ser víctimas del clientelismo, del intercambio desigual de favores, modificando sus proyectos de vida y sus trayectorias. Sin embargo, su historia muestra un proceso de construcción de ciudadanía.

En las conclusiones del libro partimos de nuestro análisis empírico, histórico, estructural y de los casos concretos, para presentar los rasgos esenciales de la ciudadanía en Xochimilco (como caso típico de México), de cómo se desarrolla ésta dentro del Estado de excepción y volvemos a la discusión teórica formulada en el primer capítulo con la finalidad de especificar su utilidad para conocer nuestra realidad.

Al final del libro presentamos un apéndice con el listado de las entrevistas realizadas.

AGRADECIMIENTOS

El autor de este trabajo es deudor del apoyo de varias instituciones y muchas personas. Entre las primeras quiero resaltar al Instituto de Investigaciones Sociales de la UNAM que me ha brindado su ayuda permanente, a la Dirección General de Asuntos del Personal Académico de la UNAM que financió parte de mi estadía sabática en la Universidad de São Paulo (USP), donde redacté la primera versión del proyecto de investigación, y, más adelante financió, durante tres años, la realización de la investigación y dio los fondos para la publicación de este libro; al Departamento de Ciencia Política de la Facultad de Filosofía, Letras y Ciencias Sociales de la Universidad de São Paulo (USP) por haberme acogido y brindado las facilidades para trabajar. Como es obvio, debo a muchas personas el haber logrado la realización del trabajo; quiero mencionar de manera especial a Lúcio Kovarik que facilitó mi ida a la USP y me apoyó en la tarea de encontrar la bibliografía adecuada para mis propósitos.

Más adelante, ya de regreso en el IIS-UNAM, me vi favorecido por el trabajo y discusión de los miembros del Seminario sobre Marginalidad y Ciudadanía que organicé en el IIS durante el año de 2005: Javier Farrera Araujo, Carlos Bravo Vázquez, Marco Calderón Mólgora, David Aguilera, Mariana Barros Licea e Isabel Talamantes. A los becarios que participaron en la realización de la investigación: Isabel Talamantes, David Aguilar, Mariana Barros Licea y Dení Aguilar Ballamy, Francisco Javier García y Adíram José Salmerón, que me auxiliaron en la recolección y sistematización de la información empírica, tanto cualitativa como cuantitativa. El manejo de los programas de cómputo estadístico SPSS y de análisis cualitativo N-Vivo fue en gran parte su responsabilidad.

Durante la realización de la investigación impartí los talleres de investigación I a IV en la carrera de sociología de la Facultad de Ciencias Políticas y Sociales. Los alumnos que asistieron a los cuatro semestres, al mismo tiempo que aprendieron a diseñar y a hacer una investigación, me apoyaron en la realización de entrevistas tanto a vendedores en vía pública como a participantes de las fiestas de la Virgen de los

Dolores de Xaltocán, ellos son: Marisol Arzate Rivera, Byanka Barbosa López, Eréndira Cristina Cabrera Muñoz, Pia Elizabeth Espínola,
Francisco Javier García Godínez, Marisol Hernández Guerrero, Melisa Isabel López Morales, Brenda Gabriela Pérez Vázquez, Adriana
Ramos Olivares, Adíram José Salmerón Arroyo, Valeria Tirado Miran-
da, Dení Aguilar Bellamy, Ena Eugenia Reséndiz Santillán y Fátima
Khayar Cámara, cuyo trabajo fue de gran valor, así como la discusión
con ellos de los primeros resultados de la investigación.

En la realización de la investigación hubo tres personas que con
enorme generosidad compartieron conmigo sus amplios conocimiento sobre Xochimilco y posibilitaron mi inmersión en su compleja realidad; ellos son Carlos Bravo Vázquez, Santa Eslava y Facundo Millán.

Como siempre debo mi agradecimiento especial a Marcia, sin cuyo
apoyo y crítica nada me sería posible.

A todos quiero expresar mi más profundo reconocimiento.

CAPÍTULO 1. DESIGUALDAD Y CIUDADANÍA PRECARIA

1.1. INTRODUCCIÓN

El estudio de la ciudadanía nos ubica en la relación entre sociedad y Estado. Quizá se pueda pensar que hablar de sociedad es una exageración. Pareciera que la ciudadanía sólo se refiere al individuo, a la persona; sin embargo, si nos quedamos en ese plano no alcanzamos a comprender ni el estatus que guarda la ciudadanía ni los determinantes de la relación. Se afirma con razón que la ciudadanía es un conjunto de derechos y obligaciones de los actores y del Estado, pero esos derechos y obligaciones son parte constitutiva de la sociedad, son el marco normativo e institucional que contribuye a la organización y reproducción tanto de los actores como de la sociedad. Más aún, la vigencia de las normas, su aplicabilidad, su transgresión o su suplantación por otras reglas (como la corrupción o los acuerdos al margen de la ley), así como las relaciones que se dan en la vida cotidiana de los actores, no pueden ser entendidas sin el análisis social.

Los derechos inherentes a la ciudadanía tienen un origen social, aunque lo sea en una sociedad extraña a la que se estudia, en cuyo caso se copia o se adapta.[1] Tales derechos expresan la necesidad de regular relaciones sociales, cumpliendo así la función de ordenar las interacciones sociales y políticas.[2] Ahora su cumplimiento y observancia, tanto por parte de las autoridades como de los actores, depende tanto del arreglo institucional, de la racionalidad administrativa y de

---

[1] Si uno observa las constituciones mexicanas del siglo XIX, la de 1824 y la de 1856, podemos observar ese fenómeno de la copia de modelos externos, que respondían a realidades sociales de los Estados Unidos de Norteamérica o de Francia, y su desvinculación de la realidad mexicana. Sobre este tema volveremos en el capítulo siguiente.

[2] Siguiendo a Tilly (1998, citado por Jorge Cadena, 2008: 288): "Solamente se puede hablar de derechos cuando una parte puede insistir con éxito que la otra le entregue bienes, servicios o protecciones, y terceras partes actúen para reforzar (o al menos no impedir) su entrega. Esos derechos se convierten en derechos ciudadanos cuando el objeto de la demanda es un Estado o alguno de sus agentes, el agente tiene acceso [...] por el solo hecho de ser miembro de una amplia categoría de personas sujetas a la jurisdicción del Estado".

la existencia de una sociedad civil que esté dispuesta a defender esos derechos y ese arreglo institucional; finalmente depende de la cultura política de los ciudadanos. El Estado de derecho implica necesariamente una ciudadanía comprometida con las normas, un consenso básico acerca de la importancia de su observancia. No basta la racionalidad individual para explicar la construcción de la ciudadanía y del orden; esa racionalidad está siempre enmarcada en un sistema normativo y en un sistema institucional; además, la racionalidad no es unívoca por más que se le quiera identificar con la categoría de lo óptimo (Giannotti, 2000: 144 y ss.).

El Estado de derecho, de acuerdo con Diego Valadés: "…consiste en la sujeción de la actividad estatal a la Constitución y a las normas aprobadas conforme a los procedimientos que ella establezca, que garantizan el funcionamiento responsable y controlado de los órganos del poder; el ejercicio de la autoridad conforme a disposiciones conocidas y no retroactivas en términos perjudiciales, y la observancia de los derechos individuales, sociales, culturales y políticos" (Valadés, 2002: 134).

Además existe algún consenso en considerar que los elementos básicos o principios del Estado de derecho comprenden: 1. Los derechos fundamentales, que garantizan la libertad del individuo. 2. La división de poderes, que permite el control del poder por el poder, y 3. La seguridad jurídica, que garantiza el juicio justo y la pena debida, dando seguridad a los individuos, en cuanto propietario y, en general, en su mundo privado (familia, religión, mercado). (Rubio, 1994: 15).

Junto a estos principios se suele colocar la vigencia de la legalidad como cultura y base del comportamiento de los ciudadanos.[3] Es decir, el Estado de derecho para ser tal debe estar acompañado de un consenso sobre el papel del derecho en la sociedad, de la necesidad de aceptarlo aun cuando en ocasiones pueda ser opuesto a los intereses particulares del ciudadano.

En este sentido es central el señalamiento de Habermas: "La esfera

---

[3] "…La legalidad –escribe Rubio *et al.*, (1994)– es un concepto integral que no puede ser compartimentalizado: es decir, no puede tener un marco jurídico que funcione de manera distinta para la economía que para los derechos humanos, para las elecciones de modo diverso que para la agricultura. Los principios generales de un sistema jurídico tienen que ser aplicables a todas las actividades o no cumplen con la condición central que les da vida: ser predecibles y conferir certidumbre" (p. 219).

pública burguesa (como receptáculo de la legalidad) se rige y hará efectiva con el principio de acceso de todos. Una esfera pública en la cual ciertos grupos fuesen *eo ipso* excluidos, no es apenas digamos incompleta: mucho más, ella ni siquiera es una esfera pública..." (1984: 105).

De acuerdo con el Estado de derecho, la ciudadanía representa una igualdad de todos los individuos frente a la ley y el Estado, todos los ciudadanos tienen los mismos derechos y obligaciones básicos. Dependiendo de variables socioeconómicas o culturales, los ciudadanos pueden contar con otros derechos y obligaciones (como suele suceder con los derechos sociales o culturales), pero aun en esos casos los derechos específicos son válidos para todos los que se encuentren en la situación aludida. Los derechos y obligaciones ciudadanos son universales.

Ahora bien, para nosotros el problema teórico central de los estudios de la ciudadanía es que esa igualdad formal es, o puede ser, contradicha o negada por la desigualdad social, por la desigual distribución de la riqueza, de la propiedad, de etnia o género, que diferencia a los ciudadanos y los puede volver distintos frente al derecho y las instituciones. Dicha contradicción se expresa en la realidad de cada país de muchas formas, siempre particulares. La forma clásica, que se corresponde con la teoría liberal, en el Estado de derecho, cuyo modelo lo encarnan países como Inglaterra, Holanda, Bélgica, Francia, Estados Unidos, Canadá, Australia, Nueva Zelanda, entre otros, logró, en conjunto con otros factores, administrar la contradicción reduciendo la desigualdad real y sus efectos, canalizando adecuadamente los conflictos y la diversidad de intereses. Pero aun entre ellos, en cada nación-Estado, encontraremos una forma específica de operar.

El tema de la desigualdad social y su contraposición con la igualdad formal es una antigua preocupación. Siguiendo la exposición de Bendix (1996: 88) la tensión está en la preocupación de Tocqueville (1957: 190-195) acerca de la situación del criado: "Legalmente el criado es igual al patrón, económicamente el criado es un subordinado –una confusión que crea un impreciso e imperfecto fantasma de la igualdad"–. Traduciendo la igualdad legal en lo público, lo universal, y lo económico en lo privado, lo particular, reflexiona Tocqueville, tal distinción se confunde fácilmente cuando esa ambigüedad sirve a los intereses del criado, el cual puede protestar en contra de su subordinación en el mundo privado y asumir rápidamente un carácter político.[4] La solución al problema de la inestabilidad política en Francia era, según Tocqueville, que esa nación se aproximara "de la igualdad segura de los Estados Unidos" (basada en el desarrollo de la sociedad civil) y puediera combinar la libertad con el orden (Bendix, 1996: 88). La solución depende de que la desigualdad social real disminuya y sea tolerada por el conjunto de la sociedad y que sus posibles consecuencias conflictivas puedan ser absorbidas por el orden establecido.

La idea de que la oposición puede desembocar en conflictos políticos, en revoluciones, como era el caso de la época analizada por el clásico francés, y el cómo resolverlos, está en el centro de nuestro estudio. Por una parte, se trata de la creación de un orden social, de un Estado estable, y, por la otra, de la realización de la igualdad individual ya no sólo en lo formal sino también en la realidad de los ciudadanos. La desigualdad aparece como la variable dependiente, la que puede y debe ser controlada, disminuida hasta límites tolerables para una sociedad. La propuesta de Tocqueville para que Francia adopte el modelo estadunidense, de una sociedad civil altamente organizada que impida que el Estado se vuelva contra los ciudadanos y logre la vigencia de los derechos, era una propuesta valiosa que desembocaba en el concepto del régimen democrático, de desarrollo de la sociedad civil y, también, en el control de los abusos que existen en la economía, en el mundo privado. En términos generales el problema de la relación entre libertad e igualdad es el meollo de la justicia que debe privar en una sociedad (Kymlicka, 2006).

[4] Es importante señalar que en este trabajo utilizaremos el término público con contenidos muy específicos. Siguiendo a Habermas (1984) denominamos "público" al conjunto de ciudadanos dotados de razón que, surgiendo de su mundo privado, se agrupan para criticar al Estado, conforman así la opinión pública. El lugar donde el público o los públicos debaten, se comunican, crean opinión, lo denominamos "espacio público", en la actualidad diferentes autores lo identifican como un lugar privilegiado de formación de la ciudadanía. El Estado es el poder público por el hecho de servir al bienestar público, de todos los ciudadanos sin distinción. Finalmente, limitamos el término de espacio público a su sentido jurídico, es decir: como un espacio sometido a una regulación específica por una parte de la administración pública, propietaria o que posee la facultad de dominio del suelo (o espacio virtual), que garantiza la accesibilidad a todos los ciudadanos y fija las condiciones de su utilización y de instalación de actividades; incluye las vías públicas, los edificios públicos (con o sin acceso libre al público, los espacios de esparcimiento, etc.). Cabe distinguir espacios públicos que son privados y que en la actualidad han cobrado gran importancia como los centros o plazas comerciales, los *malls*, donde los individuos tienden a socializar más que en la vieja plaza pública, nos referiremos a ellos como espacios públicos (ya no en su relación estatal, sino como de acceso libre al público, a los consumidores) privados.

La contraposición de igualdad formal y desigualdad social ha tenido especificaciones reales muy diversas e historias muy disímiles. Podemos identificar situaciones que implican la negación de la desigualdad como problema público, como un problema que alude a la vida privada de los actores y a su libertad: los individuos son desiguales porque han empleado de forma diferente su libertad, algunos son pobres o se ubican en la parte baja de la estructura social por ser vagos, malvivientes, incompetentes y deben ser castigados, deben ser sometidos a la pedagogía del hambre para que aprendan a trabajar y valoren la vida digna. Tal fue la tónica desde finales del siglo XVIII y casi todo el XIX en muchos países de Europa y también en México. En el lado opuesto encontramos la siguiente interpretación: el problema de la desigualdad es el tema central de lo público y el Estado es el responsable de que la desigualdad social sea la menor posible; el desarrollo del Estado de bienestar, de los treinta años gloriosos (Castel, 1997) de Europa en el siglo XX son su evidencia histórica más importante. En medio encontramos muchas situaciones o arreglos donde la coerción, la represión se combinan con políticas públicas relacionadas con el bienestar de al menos algunos de los ciudadanos, como es el caso del México posrevolucionario.

La igualdad formal tampoco es un simple producto de la promulgación de una ley, no basta que la Constitución defina que todos los ciudadanos que comprende dicha normatividad son iguales, deben serlo efectivamente ante las instituciones encargadas de velar por ello; en especial deben funcionar las instituciones que administran la justicia. Por lo anterior, no es posible utilizar el concepto de Estado de derecho sin su opuesto, su no aplicación, su excepción, esto es, su suspensión total (dictadura) o parcial (aplicación incompleta, ambigua, etcétera).

En este sentido, quizás la formulación más crítica del Estado de derecho liberal se originó con el trabajo que realizó Carl Schmitt (1997) acerca del Estado de excepción y especialmente en la polémica que desató su formulación, en particular con Walter Benjamin (1987, 1990). Como es bien conocido, el Estado de excepción para el teórico fascista existe cuando el soberano suspende el Estado de derecho, por razones mayores como la guerra con otro país o una revuelta popular. En su formulación, el poder de decisión del soberano (radicado en su carácter natural o divino) sustituye (o intenta restaurar) la fuente de la soberanía que los liberales colocan en la ley. La excepción no puede estar en el propio cuerpo jurídico, es su negación.

Independientemente del fracaso de la teoría schmittiana, cuya crítica él mismo realizó,[5] es importante volver a la posición de Benjamin,

[5] Vale la pena reproducir la larga cita del argumento, pues aparece como si él mismo fuese su más extremado enemigo; escribe Laymer G. dos Santos, Schmitt (1969) afirma que una liquidación de la teología política debería instrumentarse en las siguientes líneas de pensamiento:

1. Para un conocimiento científico, rigurosamente científico, no existe teología en el sentido de una ciencia discutible con categorías científicas específicas y propias; tampoco existe una nueva teología política científica, en el sentido de la transposición de posiciones teológicas anteriores, no existe ni una teología política democrática (sustituyendo una teología política anterior monoteísta) ni teología política revolucionaria en lugar de una teología política anterior contra-revolucionaria), todos los conceptos desteologizados arrastran detrás de sí la herencia de su origen científico; no es posible reconstruir, por así decir *ad ovo*, una teología política; en realidad, no existe ningun *ovum*, ya sea en el sentido antiguo o renovable; sólo hay lo *novum*; todas las desteologizaciones, las despolitizaciones, las desjuridificaciones, las desideologizaciones, las deshistorizaciones y otras des-cualquiera cosa que van en el sentido de una *tabula rasa* desaparecen; la propia *tabula rasa* se destabiliza y zozobra al mismo tiempo que la mesa; la nueva ciencia, puramente mundana y humana, es proceso-progreso ininterrupto de una ampliación y de una renovación del saber, confinados en lo puramente humano y mundano y provocados por una curiosidad humana sin límites.

2. El *homem novo* que se produce a sí mismo en este proceso no es un nuevo Adán, ni tampoco un nuevo pre-adanita y menos aún un nuevo Cristo-Adán, sino cada vez el producto no pre-estructurado del proceso-progreso que el mismo hace funcionar y que mantiene en funcionamiento.

3. El proceso-progreso no produce sólo a él mismo y al hombre nuevo, sino también las condiciones de posibilidad de sus propias renovaciones de lo nuevo; eso significa lo inverso de una creación *a partir* de la nada, en otras palabras, es la creación *de la* nada como condición de posibilidad de la autocreación de una mundanidad incesantemente nueva.

4. La *libertad del hombre* es el valor supremo; la condición de posibilidad de la libertad del hombre es la libertad de la ciencia y del conocimiento humano en relación con todo *valor*; la condición para activar la libertad de la ciencia con respecto al valor es la libertad de *valoración* de sus resultados en un régimen de libre producción; es la *libertad de evaluación* en un régimen de libre consumo. El síndrome universal de la libertad en relación con los valores, de la libertad de valorización y de la libertad de evaluación es la sociedad libre, sociedad del progreso, sociedad científica, técnica e industrial.

5. El hombre nuevo produce para sí mismo en el mismo proceso-progreso tres libertades: libertad en relación con los valores (valoración y evaluación); tal hombre no es un nuevo Dios, y la ciencia nueva que le es conferida no es una nueva teología, no es una autodivinización contra Dios, como tampoco es una nueva "antropología religiosa".

6. El hombre nuevo es agresivo en el sentido de un progreso sin límite y de incesantes novedades colocadas en la existencia; él rechaza la noción de enemigo y toda secularización o transposición de antiguas representaciones del enemigo; él supera lo

quien opone al concepto de Estado de excepción de Schmitt, la concepción de un Estado de excepción permanente que encuentra su realidad en el cotidiano de los sectores dominados de la sociedad, de aquellos que no se benefician del derecho establecido, que protege los derechos de los sectores o clases dominantes. Ese Estado de excepción no es producto de la decisión del soberano, sino de la violencia, de una violencia que explica primero la imposición de un cuerpo jurídico de derecho, la implantación de una nueva constitución, y otra violencia que se encarga de mantenerla vigente y de hacerla respetar.

A la violencia que constituye (poder constituyente) el Estado de derecho y la violencia que lo conserva (poder constituido), Benjamin agrega otra forma: la violencia pura que establece una nueva constitución. En el segundo momento, el del derecho constituido y la violencia que lo acompaña, los oprimidos sufren un Estado de excepción permanente, que sólo puede superarse mediante la violencia pura o divina y el Estado de excepción efectivo, la revolución que suprime el derecho constituido.[6]

antiquísimo gracias a lo nuevo obtenido de la ciencia, de la técnica, de la industria; lo antiguo no es el enemigo de lo nuevo; lo antiguo se disuelve a sí mismo y por sí mismo en el proceso-progreso científico, técnico, industrial, que valoriza lo antiguo si es posible valorizarlo –en el inicio de las nuevas valorizaciones posibles– o entonces lo ignora, o aun lo aniquila como un no-valor que le perturba.

7. Él arrancó el rayo del cielo,
él arrancó al cielo la divinidad,
él construyó espacios nuevos.
El hombre es para el hombre objeto de las metamorfosis por venir.
Nadie es contra el hombre salvo el propio hombre

Termino con una pregunta. ¿A cuál de las siguientes tres libertades es inherente la más intensa agresividad: la libertad científica en relación con los valores, la libertad de producción técnica e industrial o la libertad de evaluación del libre consumo humano? Suponiendo que tal pregunta no tenga ningún sentido desde un punto de vista científico pues, en el tiempo, hasta la noción de agresividad se liberó de cualquier valor, entonces la situación sería clara: "Stat pro ratione Libertas, et Novitas pro Libertate" (En el lugar de la Razón, la Libertad, en lugar de la Libertad, la Novedad). Schmitt, 1988: 180 ss., citado por Dos Santos, 2007: 349-351.

Si uno compara esta crítica con las que se han realizado al neoliberalismo por distinguidos intelectuales contemporáneos se puede aquilatar la agudeza del pensamiento de Schmitt, sin que ello disminuya para nada su lamentable compromiso con el fascismo y su pasividad ante los crímenes de guerra y del genocidio.

[6] El estado de excepción que refiere Schmitt, que es la suspensión del Estado de derecho por el soberano, dentro del segundo momento, Benjamin lo denomina Estado de excepción ficticio y lo contrapone al Estado de excepción real que se corresponde a

En la interpretación benjaminiana el Estado de excepción, aquel que los oprimidos conocen, es inherente a todas las sociedades capitalistas y sería sólo superable por la violencia revolucionaria. Si sustituimos la tesis de la violencia revolucionaria por la posibilidad de desarrollar la política en el sentido que le otorga Rancière (1996), la acción de los que están afuera del orden constituido, de la policía según el mismo autor, podemos darle un nuevo sentido al Estado de excepción: rehacer al Estado de derecho.

Así, debemos aceptar que hay otras situaciones en las cuales la excepción parece la regla, en las cuales el Estado de derecho no se aplica en su plenitud, convive con otro tipo de normas, con negociaciones, al margen de la ley, entre las autoridades del gobierno y otros actores o agentes sociales, donde el resultado es la existencia de una verdadera desigualdad jurídica y, por lo tanto, una injusticia generada por la supuesta igualdad formal.[7] Como veremos a lo largo de este libro el concepto de Estado de excepción es fundamental para entender la realidad mexicana.

El concepto de Estado de excepción permanente (tanto por la desigualdad de los oprimidos, según Benjamin, como por la debilidad del Estado de derecho) requiere de dos aclaraciones. Primero, el concepto de Estado de excepción no significa que se instaure el caos o la crisis. Segundo, la condición de excepción de los oprimidos, como del mismo Estado de derecho, tiene una dinámica que debe ser considerada para poder comprender las condiciones en que se desarrolla la ciudadanía y para determinar el contenido de la excepcionalidad.

---

un tercer momento de la violencia, el de la violencia pura, divina, por medio de la cual los oprimidos destruyen el orden establecido.

La diferencia que establece Benjamin entre Estado de excepción efectivo y Estado de excepción ficticio (*tout court*), ya estaba en Schmitt en su tratamiento acerca de la dictadura: "[…] en su crítica tenaz de la concepción liberal del Estado de derecho. Schmitt llama Estado "ficticio" a un Estado de excepción que pretende regularse mediante la ley, con el objetivo de garantizar en alguna medida los derechos y las libertades individuales y lo separa de la decisión fáctica del presidente del Reich de suspender la constitución de Weimar (Dos Santos, 2007).

[7] Un elemento consustancial al Estado permanente de excepción es que institucionalmente el Estado es débil, depende de la coerción y de una serie de negociaciones con los grupos que detentan el poder, los cuales no se someten al derecho, para mantener el orden. Una aproximación interesante puede consultarse en Escalante (1992).

1.2. ESTADO DE EXCEPCIÓN Y ORDEN SOCIAL

Respecto de la primera aclaración, el Estado de excepción no se opone a la concepción de un orden posible, de un Estado-nación que se desarrolla a través del tiempo sin grandes conflictos, Así, cabe señalar lo siguiente.[8] Desde luego la tesis de Tocqueville acerca de la explosividad de igualdad formal y desigualdad real, cuando es asumida como contradicción por los subordinados, se tornaría más grave, más peligrosa, pues los sectores dominados tenderían a oponerse a la arbitrariedad de los gobernantes, de las élites (violencia pura, según Benjamin), pero no es necesariamente así. Bendix nos permite acercarnos al problema con mayor prudencia: "Es verdad que ese proceso (construcción de la ciudadanía) fue afectado todo el tiempo por fuerzas que emanaban de las estructuras de la sociedad. Sin embargo, sostengo que la distribución y redistribución de derechos y obligaciones no son meros subproductos de esas fuerzas, que ellas son vitalmente afectadas por la posición internacional del país, por las concepciones sobre lo que debería ser dentro de la comunidad nacional la distribución adecuada y por el toma y daca en la lucha política" (1996: 108).

"Su tesis –continúa– está de acuerdo con el énfasis dado por Tocqueville a la reciprocidad de derechos y obligaciones como una marca de comunidad política. En Europa, la creciente conciencia de la clase trabajadora expresa sobre todo una experiencia de *alienación política*, es decir, la sensación de no tener una posición reconocida en la comunidad cívica, o de no tener una comunidad cívica a la cual se pueda pertenecer" (*idem*). Sin embargo, esta insatisfacción les lleva más a reclamar su ciudadanía de segunda clase que a buscar un nuevo orden social, su protesta una vez que aceptan las reglas de su participación se vuelve conservadora.

Así, las limitaciones de la comunidad cívica no se traducen necesariamente en protestas sociales o en revoluciones, aunque no las excluye, lo que sí es una relación fuerte es que una comunidad cívica bien lograda, el desarrollo de una ciudadanía plena, es garantía de estabilidad política y de un orden duradero, incluso con propensión al cambio y a mayor igualdad.

Los problemas derivados del desarrollo injusto de la comunidad cívica,

---

[8] Un ejemplo de una nación con estabilidad política y al mismo tiempo con un Estado de derecho débil es México, que desde los años treinta ha gozado de esa estabilidad sin Estado de derecho pleno o con un Estado de excepción permanente.

la falta de reciprocidad, se resuelven en la comunidad política, en la definición de un espacio público en el cual las partes se excluyen y se oponen.

Una comunidad cívica que no permite la identidad de todos los sectores sociales coloca el problema de la integración. La tesis de que existe una comunidad basada en la voluntad general (Rousseau), o en una fuerte solidaridad social (Durkheim), no se mantienen; la integración debe pensarse entonces como el producto de una sociedad civil, en la cual los individuos se agrupan de acuerdo con sus intereses materiales o ideales (Habermas), y de un Estado, o como la define Weber, basada en una creencia compartida acerca del orden legítimo, y donde el ejercicio de la autoridad depende de una organización administrativa con imperativos propios.[9]

Así es el ejercicio de la autoridad pública (del Estado) y la existencia de una "comunidad política" en la cual hay una cierta subordinación del interés privado al público y de la decisión privada a la pública; por lo tanto hay cierto consentimiento o confianza individual y legitimidad del orden,[10] que garantiza el orden social. Este consentimiento o confianza y la legitimidad del orden se acompañan con la coerción, con el uso legítimo de la fuerza –diría Weber– para asegurar el orden y el sometimiento de todos.

Las soluciones que encuentra la oposición (entre formal y real) tampoco han mostrado una tendencia siempre positiva, una tendencia en la cual la desigualdad social tienda siempre a disminuir, a hacer que los ciudadanos sean cada vez más iguales en la realidad. En la historia de la ciudadanía, en especial dentro del Estado-nación, ha habido regresiones, ha habido momentos en los cuales, después de épocas de mayor igualdad, se regresa a situaciones de mayor polarización social y de pérdida en la calidad de la ciudadanía.

En el desarrollo de los sistemas políticos no existe tampoco un tránsito lineal, mecánico, de una sociedad tradicional, patrimonial por ejemplo, hacia otra moderna o basada en el Estado de derecho y el

[9] Debemos recordar que al lado de estas definiciones de Weber existe su aceptación del individualismo inglés que basa en el comportamiento humano y sus intereses el punto de partida del análisis y del mercado donde los hombres libres, propietarios, encuentran un orden en el mercado. Las oposiciones existentes en la sociedad civil encuentran solución en el mercado y en el Estado.

[10] Cuando un ciudadano –escribe Bendix– enfrenta políticas que reprueba violentamente basado en razones o principio morales, la rápida sumisión como lo marca la buena práctica ciudadana se vuelve una virtud dudosa (1997: 55). Por lo tanto, cabe considerar que la sumisión tiene siempre límites y puede sufrir alteraciones.

régimen democrático, sino que se producen combinaciones diversas entre cambios y continuidades en cada caso, en cada Estado-nación. Por más que fuese deseable el Estado de derecho y una ciudadanía plena como modelo racional de funcionamiento e integración, no hay ninguna evidencia de que las sociedades que lograron la realización institucional adecuada sean un "destino" para las demás. Los arreglos particulares y su explicación deben recurrir al análisis histórico y empírico. Además, dado que la sociedad no se desarrolla linealmente, que experimenta cambios bruscos, como es el caso de una guerra o de los cambios en el modo de producción capitalista, los arreglos para limitar la desigualdad pueden verse afectados, el balance entre derechos y obligaciones puede verse alterado, obligando a la búsqueda de nuevos diseños institucionales y políticos.

Regresando a los elementos básicos del Estado de excepción, en el funcionamiento del capitalismo en los países periféricos encontramos un tercer criterio definitorio, que se refiere al funcionamiento del capitalismo, del orden burgués. Francisco de Oliveira lo define así en la síntesis presentada por Laymert G. dos Santos:

Motivado por la cuestión de la política en el Brasil contemporáneo, Chico (Francisco) de Oliveira, en (los) tres textos resumidos ("Política en una época de indeterminación: opacidad y reencantamiento", 2007; "Crítica á razão dualista o Ornitorrinco", 2003; "El momento Lenin", 2003), recurre al concepto de Estado de excepción tal como fue pensado por Carl Schmitt y Walter Benjamin, pero atribuyéndole múltiples sentidos, cuyo interés es cada vez más intenso. En la argumentación, el Estado de excepción aparece primero como una categoría analítica de la teoría política para señalar una situación singular de indeterminación, en la cual ya no se da el ejercicio de la política, realizándose apenas una combinación de gestión cotidiana con coerción renovada. En el segundo texto, el alcance del concepto se amplía en el espacio y en el tiempo, al punto de mostrar que la "excepción permanente" se vuelve la propia política en el capitalismo periférico –como si ella marcase permanentemente nuestra sociabilidad, volviéndose la norma; y si la excepción es la norma subdesarrollada, sólo es excepción como reverso de la medalla de la norma civilizada–. En el tercer texto, el Estado de excepción que configura la suspensión de la política se da cuando la economía domina a la política por completo –sustituyendo los sujetos políticos, incluso al soberano: quien decide indefinidamente es el mercado, legitimado por su "racionalidad" (Santos, 2007: 312).

En un texto revelador Roberto Schwarz condensa la esencia del razonamiento, en su introducción a la "Crítica á razão dualista o Ornitorrinco", de Francisco de Oliveira, escribe: "El avance nos vuelve, quien diría, contemporáneos de Machado de Assis, que ya había descubierto en el contrabandista de esclavos la excepción del *gentleman* victoriano; en el agregado (especie de burócrata que vivía alrededor de los señores de ingenio) de habla ampulosa la excepción del ciudadano compenetrado; en las maniobras de la vecindad pobre (chisme) la excepción de la pasión romántica; en los consejos de un parásito vestido de frac la excepción del hombre culto" (Schwarz, 2003: 18. Prefacio a Oliveira, 2007).

Ése es nuestro drama y nuestro futuro.

Resumiendo, el concepto de Estado de excepción que utilizamos en este trabajo se basa en las siguientes tres premisas: 1] la tesis benjaminiana, que parece inobjetable en las sociedades capitalistas. Para los oprimidos se trata de un Estado de excepción permanente, el derecho siempre los desfavorece; 2] el Estado de derecho no se aplica en alguno de sus principios, o no es universal en los derechos fundamentales, o no realiza el equilibrio de poderes, o no garantiza la justicia para todos o no logra realizar ninguno; 3] el funcionamiento del orden burgués, capitalista en las sociedades periféricas, es siempre excepcional y por ende dificulta realizar la política.

Así, en el caso de México, quizás también en otros países de América Latina, el análisis del Estado de derecho y consecuentemente el de ciudadanía debe hacerse tomando en cuenta su opuesto: el Estado de excepción, que en nuestro caso ha sido históricamente permanente[11] y, en consecuencia, la ciudadanía precaria, esto es, la ciudadanía que los individuos pueden ejercer en un Estado de excepción, donde los derechos y las obligaciones son escamoteados y el estado de legalidad brilla por su ausencia.

No buscamos una interpretación radical o dogmática del Estado de derecho en la cual la norma debe aplicarse ciegamente. Conocemos

[11] A finales del periodo salinista, después de las reformas "modernizadoras", Rubio y sus coautores (1994) escribían: "En México, la seguridad jurídica no constituye un "bien público", en la medida en que las reglas formales e informales existentes excluyen a importantes sectores de la población. Un bien público se caracteriza, en la definición de los economistas, por ser accesible a todos, pues nadie queda excluido de su consumo (no exclusividad), y por asegurar que el consumo del mismo por una persona no prive del bien a otros (no rivalidad) (p. 39).

[...] "Así, en muchas áreas no se cumple en realidad con uno de los requisitos esenciales del Estado de derecho: la igualdad de todos los individuos ante la ley con independencia del grupo socio-económico o político al que pertenezcan, lo que mina la aspiración de imparcialidad e impide que se tenga el contenido mínimo de justicia que exige un trato equitativo" (p. 40). La observación era y continúa siendo correcta.

que existe cierta tolerancia y en ocasiones es pertinente que el juez no aplique la norma. Como sostiene Diego Valadés:

Ocurre que todo sistema político contemporáneo, fundamentalmente los más abiertos, admiten la posibilidad de límites para la aplicación de la ley. Esos límites consisten, principalmente, en la libertad de valoración atribuida a los representantes para que determinen en qué casos, y hasta qué extensión, es posible tolerar conductas transgresoras de la legalidad. Los casos más frecuentes son aquellos en que se producen manifestaciones tumultuarias que, desde la perspectiva del orden legal estricto pueden incidir en acciones normalmente sancionadas... (p. 153).

No obstante, y después de haber analizado cuidadosamente el problema de los daños a terceros, el autor atinadamente concluye:

La no aplicación de la norma debe tener un carácter excepcional; cuando se convierte en un fenómeno recurrente sí lesiona al Estado de derecho, en tanto que la conducta de quienes no acatan la norma y de los agentes de la autoridad que no la aplican se presenta como una regularidad tendencia. Una regularidad al margen o en contra de la regla sí perjudica al Estado de derecho (p. 182).

Para nadie es un secreto que entre nosotros los mexicanos la excepción es la norma.

1.3. DINÁMICA DE LA DESIGUALDAD Y EL ESTADO DE EXCEPCIÓN

En la dinámica impuesta por el capitalismo a la desigualdad social encontramos otras de nuestras categorías centrales: la marginalidad y la exclusión por medio de las cuales podemos hacer la segunda aclaración que nos propusimos arriba respecto al Estado de excepción. Con la primera categoría aludimos a sectores sociales que quedarán fuera del mercado capitalista, que viven del autoconsumo o con niveles de intercambio muy bajos, como los grupos indígenas que no fueron integrados por la sociedad colonial o por la sociedad preindustrial o industrial en México; sectores que mantienen pobres relaciones de intercambio con el resto de la sociedad.[12] Con la segunda categoría hace-

---

[12] Estamos conscientes de que la marginalidad alude o hace recordar la sociedad dual que fue propuesta por algunos analistas en los años sesenta. Por nuestra parte

mos referencia a sectores sociales que viven y se desarrollan dentro de la sociedad, participan del intercambio, son dependientes de él, pero no forman parte del sector formal de la economía porque son expulsados del mercado formal o porque siempre han formado parte del informal.[13] La pertenencia a una u otra categoría, cuyas fronteras son siempre difusas, es una situación fluida; las trayectorias de los individuos cruzan las fronteras. Asimismo, a diferencia de la marginalidad, la exclusión no significa que no se forma parte del sistema de producción y de intercambio; se forma parte y además se cumple con funciones relevantes para el sistema como un todo; por baja que sea la productividad de los excluidos, siempre satisfacen necesidades de consumo y de producción y su contribución tiene influencia en la determinación del costo de vida de los trabajadores y de los salarios: son parte de la economía. La situación de exclusión tiene costos sociales importantes para los ciudadanos que en ella viven, costos que varían entre los que sufren la desafiliación y la movilidad social descendente y los que llevan tiempo, o incluso generaciones que sobreviven en esas circunstancias (Castel, 1997). Algunos autores (Roberts, 2007) hablan con razón de formas de inclusión precarias a la sociedad, limitada pero al final de cuentas inclusión.

La exclusión social implica la mayoría de las veces que se vive en una zona de ilegalidad; el trabajo no formal que se desarrolla sin cumplir con lo que mandan las leyes laborales es lo más obvio, pero también hay otros espacios en donde la ilegalidad se manifiesta: la venta de productos de contrabando o producto de la piratería, la invasión o compra ilegal de terrenos para autoconstruir las viviendas, la proliferación de transportes tolerados, la obtención ilegal de servicios públicos, etc. Exclusión e ilegalidad son parte importante del Estado permanente de excepción y de la ciudadanía precaria.[14] La margina-

rechazamos tal interpretación y asumimos la interpretación de Francisco de Oliveira (2003) que rechaza tal separación y muestra cómo la marginalidad o la exclusión forman parte del sistema de producción capitalista y de la sociedad y cumplen funciones de reproducción y realización del capital y de la propia sociedad.

[13] La exclusión no hace referencia sólo a la variable económica o del empleo; es un concepto multidimensional en el que puede haber exclusión legal, cultural, de género, racial, etc. En general la exclusión tiende a ser estructural, es decir el ser excluido en un área de la realidad implica una alta probabilidad de estar excluido o llegar a estarlo en las demás.

[14] No hay duda de que otras formas de desvíos como la corrupción y venalidad en los altos niveles del gobierno, de las instituciones encargadas de administrar la justicia, de las empresas privadas, del crimen organizado son más graves para la economía y la

lidad y la exclusión implican la existencia de una comunidad cívica en la cual no hay balance entre derechos y obligaciones, donde sectores importantes de la población no logran identificarse como parte de la comunidad.

Es importante señalar que pese al predominio de la ilegalidad no se puede sostener que el derecho o las leyes no funcionan; lo hacen, pero no siempre, ni en todos los casos, incluso los sectores excluidos las utilizan para defender sus derechos o para reclamar justicia cuando sufren delitos. Más aún, desde la exclusión hay procesos de creación de derecho y de ciudadanía.

Así pues, la ciudadanía, tema de nuestro interés, no se puede entender al margen del desarrollo de la sociedad y del Estado y de la forma específica que asume la contradicción entre igualdad formal y desigualdad real en cada sociedad y su expresión en el Estado de derecho o en sus formas de excepción.

En síntesis, el concepto de ciudadanía nos permite enriquecer, contextualizar, las formas de participación en el mundo de la marginalidad y la exclusión y establecer su relación con el sistema político. Pero también nos previene de cosificar el concepto, definiéndolo como una meta o tomándolo como elemento de juicio normativo: hay o no hay ciudadanía. Nos obliga a asumirlo como un proceso tanto positivo como negativo o incluso como insuficiente en las nuevas condiciones de la transformación social y, por lo tanto, como un proceso que puede ser redefinido, por ejemplo, frente a los riesgos mundiales (Beck, 2002).

1.4. DESARROLLO DE LA CIUDADANÍA

Del análisis anterior se desprende el problema de cómo se puede legitimar un Estado basado en la desigualdad evidente de sus miembros. De acuerdo con Bendix la alienación de los trabajadores sería la explicación. En la sociedad patrimonial el paternalismo era la base de las relaciones entre amos y sirvientes; en la vida dentro de la sociedad moderna, el principio de igualdad recoloca el sentido de las relaciones

sociedad, pero los sectores excluidos son relevantes tanto por la cantidad de personas incluidas como por su significado para la economía.

sociales, lo que implica un gran avance para los trabajadores, por ello aceptan las normas del nuevo Estado. Marx ofrece otra explicación que nos parece promisoria, de acuerdo con el análisis del fetichismo de la mercancía: la explotación del trabajo vivo se transmuta y se presenta como si la mercancía (o el capital) se valorizase a sí misma en el proceso de intercambio, en donde todos somos iguales poseedores de mercancías. La igualdad formal de los poseedores de mercancías en el mercado, esconde la desigualdad producida, la explotación, entre los productores y los capitalistas; la igualdad en el mercado se iguala a la igualdad formal. Esta igualdad como poseedores de mercancías oculta el verdadero origen de la desigualdad y crea la apariencia de que puede ser resuelta por medios políticos o policiales. La relación de explotación implica que la desigualdad no es superable dentro del capitalismo; aunque sí es manejable gracias al fetichismo, se le puede limitar o agravar, según el régimen de bienestar que se adopte, pero siempre estará allí y disminuirá o aumentará según un cúmulo de determinantes.

El fetichismo tiene otra consecuencia fundamental y es que una vez producida la mercancía su origen (la forma como fue producida) desaparece, es simplemente una mercancía que se vende o se compra. No importa si fue producida bajo relaciones de producción esclavistas, serviles o del trabajo asalariado, la clase dominante que comanda su producción y mercantilización puede mostrarse como liberal, democrática, moderna; la violencia existente en el mundo privado de la economía se transmuta en virtud del espacio público, en el mercado. Esta transmutación implica que los sectores de la sociedad que operan fuera del marco legal son opacados, velados, por la ideología dominante, liberal, moderna, democrática.[15]

Por lo tanto, las diferencias concretas, específicas en una sociedad no son un producto mecánico sólo del capital o de factores económicos. La desigualdad puede ser regulada por la vía de la lucha de clases o en términos más amplios de la sociedad civil: la lucha para elevar los salarios y las prestaciones, por la calidad del empleo, la lucha por

---

[15] En el nuevo capitalismo encontramos una lucha del capital contra la violación de estos derechos, especialmente los de propiedad de marca y de patente, contra la producción pirata, para ello apelan y exigen que los estados ejerzan la presión sobre los productores ilegales. La demanda de la vigencia del derecho de propiedad intelectual contrasta con el uso de las empresas de mano de obra tercerizada, sin derechos, mal pagada, la cual es afanosamente buscada por el capital en las regiones más pobres y desprotegidas del planeta.

el respeto de los derechos humanos, por la demanda de reducir desigualdades para garantizar una participación social amplia y eficiente,
por la política que lleve al Estado a redistribuir la riqueza producida
y disminuir la desigualdad, pero también puede ser opacada por la
ideología. También influye la construcción de una cultura que permita los consensos básicos (democracia) y posibilite las relaciones sociales y políticas modernas. Pero, insistimos, la desigualdad y sus causas
pueden ser ocultadas, veladas por la ideología. En parte por este ocul-
tamiento es posible que el Estado de excepción permanente no sea
incompatible ni con el desarrollo del capitalismo, ni de la sociedad,
aunque es obvio que implicará costos más altos para la sociedad y para
la ciudadanía y riesgos más altos para la estabilidad.

En el análisis de Marx hay dos precisiones necesarias para alejarnos
del marxismo vulgar o del economicismo e impedir su rechazo ideo-
lógico: la primera es que el Estado capitalista, capitalismo como modo
de producción, es un estado de clase, de la clase dominante, pero su
forma más adecuada es aquella en que las contradicciones, los conflictos, son enfrentados y resueltos en el marco de la ley: la democracia
es la solución; no es la monarquía absoluta o la dictadura, ni tampoco
el que reprime a sus opositores, como quedó demostrado a lo largo
de la historia, especialmente después de la segunda guerra mundial;
la segunda precisión es que el individuo sí es un actor; en el ámbito
del capitalismo tiene amplia libertad, el agente desarrolla su acción
en una sociedad determinada, con una normatividad, un entramado
institucional y una cultura que lo antecede y lo condiciona, dentro de
la cual tiene libertad y autonomía para luchar por sus intereses, para
participar en la vida pública, para proponer cambios, etc.[16] Es importante recordar que en ningún modo de producción anterior el agente
o el ciudadano tuvieron mayor libertad e independencia de acción.

En la democracia los actores con libertad y autonomía participan
en la decisión de cuál será el curso de la nación, definen la circula-

---

[16] En los escritos de Marx sobre Francia (1955: 124-224; 1955: 225-308; 1955: 451-
524) encontramos la posición contraria a la democracia, pero se debe recordar que su
duda de que se pudiera implantar la democracia con voto universal se debía al supuesto
de que la burguesía no aceptaría la participación de los trabajadores cuya mayoría implicaba que podían perder el control del gobierno; la democracia exacerbaría las contradicciones de clase. Por lo tanto, su rechazo a la democracia no era por considerarla
una farsa de dominación burguesa, como en Lenin, sino por inviable. Ese reparo era
compartido, desde la óptica contraria por liberales como J.S. Mill (1982) y Tocqueville
(1957). Un análisis al respecto se encuentra en Offe (1982: 9 y ss.)

ción de las élites, eligen a los gobernantes y resuelven sus conflictos mediante el concurso de la ley y de la negociación. Esta participación eficaz es la esencia de la ciudadanía. Sin embargo, como ya vimos, no todos los ciudadanos tienen, necesariamente, la misma autonomía y libertad; no siempre el Estado tiene la capacidad de hacer valer los derechos para todos, de que sean realmente universales. Ello nos habla de que la ciudadanía se concretiza en situaciones diferentes, así como la democracia puede tener diferentes calidades o características.

1.4.1. *Los desarrollos específicos de la ciudadanía y su relevancia*

La ciudadanía de acuerdo con Marshall (1967) tiene tres componentes: uno jurídico, que contiene los derechos del individuo; otro moral, referido a las obligaciones (pagar impuestos, respetar la ley, etc.), y otro de identidad o cultural, es decir, sentirse parte del Estado-nación. En el caso de los derechos, distingue los civiles, las garantías individuales y los derechos de propiedad; los políticos, el votar y ser votado, el participar en la vida pública, el organizarse, etc., y los sociales, derecho a participar equitativamente de la riqueza social.[17]

En la secuencia inglesa cada uno de estos derechos se logró por medio de luchas y reformas a lo largo de siglos mostrando su complicada y difícil concreción; desde luego el orden señalado no es el mismo en todos los países. Rosanvallon (1999) indica que en Francia los derechos políticos fueron anteriores a los civiles. En los mismos años

---

[17] La formulación del autor es: El elemento civil está compuesto de derechos necesarios a la libertad individual –libertad de ir y venir, libertad de prensa, pensamiento y fe, derecho a la propiedad y realizar contratos válidos y el derecho a la justicia–. Este último difiere de los otros porque es el derecho a defenderse y afirmar todos los derechos en términos de igualdad con los demás y por el correcto encauzamiento procesal. Esto nos muestra que las instituciones más íntimamente asociadas con los derechos civiles son los tribunales de justicia.

Por el elemento político se deben entender los derechos de participación en el ejercicio del poder político, como miembro de un organismo investido de autoridad pública o como un elector de los miembros de tal organismo. Las instituciones correspondientes son: el parlamento y los consejos o el legislativo del gobierno local.

El elemento social se refiere a todo lo que va desde el derecho a un mínimo de bienestar económico y seguridad, hasta el derecho de participar, por completo, en la herencia social y llevar la vida de un ser civilizado de acuerdo con los patrones que prevalezcan en la sociedad. Las instituciones íntimamente ligadas con el elemento social son el sistema educacional y los servicios sociales (Marshall, 1967: 62-63).

en que se publicó el libro de Marshall, Richard Bendix señaló que las cronologías de los distintos países europeos eran distintas, así como los procedimientos para lograrlos (Bendix, 1996: 114). El orden en que los ciudadanos obtienen sus derechos en un país determinado tiene especial importancia pues responde y define una estructura social y un régimen político y al final la construcción de una nación. En el caso mexicano la secuencia, como veremos, también es muy particular.

En el caso inglés la primacía de los derechos civiles se explica por la conformación de una sociedad civil que defiende los derechos de la libertad individual ante el Estado absolutista. La libertad individual es la base para definir derechos civiles (garantías individuales) y políticos que especifican no sólo el derecho a decidir quién gobierna y cómo, sino también a limitar la acción del Estado frente a los individuos dando lugar al régimen democrático. En el caso francés, por el contrario, el Estado aparece como el representante de la nación,[18] de la sociedad en su conjunto, y se define como responsable de los ciudadanos. Los derechos civiles son una consecuencia de la racionalidad estatal y no de una sociedad organizada, como conjunto de individuos, autónomos y libres, frente al Estado.

En ambos casos los derechos sociales son vistos como el producto de la ciudadanía, del ejercicio de los derechos civiles y políticos que a través de las luchas sociales acaban por obligar democráticamente al Estado a redistribuir la riqueza social, a definir los derechos de los desposeídos. En el modelo marshalliano la libertad del ciudadano se combina con la igualdad o con la disminución de la desigualdad social entre los ciudadanos. La lucha de clases realizada por ciudadanos tiende a resolver democráticamente el conflicto, el Estado benefactor es el producto de dicho proceso.[19]

[18] Debido a las características de la Revolución francesa el Estado absolutista es remplazado por el Estado republicano que pasa a ser el representante de todos los ciudadanos (la voluntad general), sin que éstos tengan su libertad individual claramente definida y diferenciada (Rosanvallon, 1999). Es el Estado el que otorga y garantiza los derechos a los miembros de la comunidad.

[19] Siguiendo el trabajo de Gösta Esping-Andersen (1999) podemos expresar puntualmente qué debemos entender por Estado benefactor o *welfare state*.

"Pocos estarían en desacuerdo con la proposición de T.H. Marshall de que la ciudadanía social constituye la idea fundamental de un Estado de bienestar (*welfare state*). Sin embargo el concepto requiere de un enfoque más riguroso. Antes que nada, debe abarcar la garantía de los derechos sociales. Cuando los derechos sociales adquieren el *status* legal y práctico del derecho de propiedad, cuando son inviolables y cuando

De los casos referidos vemos que existe una dialéctica entre derechos y luchas sociales; los derechos civiles son básicamente el producto de la revolución burguesa en Inglaterra, la lucha de los burgueses en contra del Estado absolutista; en el caso del reconocimiento de los derechos políticos, de la implantación del régimen democrático, también son producto de las luchas en contra del Estado absolutista (la Revolución francesa) y más tarde de las luchas de los trabajadores por su participación y representación. Finalmente, los derechos sociales son producto de la lucha de clases de los trabajadores en los siglos XIX y XX por una mayor justicia y la repartición de la riqueza social y una garantía de bienestar mínimo.

Aunque la observación anterior es correcta debemos recordar que esas revoluciones se dan dentro del complejo proceso de formación del Estado-nación, en donde la guerra entre los soberanos, entre los reinos, tenía un papel muy importante. La organización basada en la coerción o en el capital o en distintas combinaciones de ambos, las relaciones de alianzas o conflicto con otras naciones, eran factores determinantes.[20] Los derechos –según Tilly– eran, en buena parte, logrados por los ciudadanos como pago a sus sacrificios y ante la necesidad del Estado de contar con recursos financieros y humanos y ejércitos para sus guerras.[21] No sólo los derechos ciudadanos, básicamente civiles, se crearon así, había también una organización que administraba la guerra y garantizaba los derechos ciudadanos (Tilly, 1996), dando lugar a las instituciones de la administración pública.[22]

son asegurados con base en la ciudadanía, en lugar de estar ligados al desempeño, implican una 'desmercantilización' del *status* de los individuos *vis à vis* el mercado. Pero el concepto de ciudadanía social también envuelve una estratificación social: el *status* de ciudadano va a competir con la posición de clase de las personas y hasta puede sustituirlo.

"El *welfare state* no puede ser comprendido sólo en términos de derechos y garantías. También es necesario considerar cómo las actividades estatales se entrelazan con el papel del mercado y de la familia en términos de provisión social. Ésos son los tres principios más importantes que es necesario elaborar antes de cualquier especificación teórica del *welfare state*" (*idem*: 102).

[20] Obviamente en el caso de las naciones europeas los procesos son mucho más complejos como puede leerse en las obras de Bendix (1996), Rosanvallon (1999), Polanyi (2003) o Tilly (1996).

[21] Por ejemplo, en la Revolución inglesa, el enfrentamiento entre el Parlamento y el monarca no se comprende sin el fenómeno de las guerras y del uso de los recursos para financiarlas (Tilly, 1996: 266).

[22] Un análisis importante del carácter conflictivo y contradictorio del desarrollo de las fases de la ciudadanía establecidas por Marshall es el realizado por Alberto Hirsch-

Habermas presenta otra clasificación de los derechos atendiendo más a la conformación de las esferas pública y privada, que nos da otra perspectiva de la conformación de la ciudadanía. Escribe el autor alemán:

En donde el ordenamiento jurídico estatal no es obtenido, de hecho, como en Inglaterra, de formaciones más antiguas del Estado estamental, sino que es, como en el continente europeo, sancionado en una ley definida como basamento, o sea en la ley fundamental o constitución, se encuentran ahí claramente articuladas las funciones de la esfera pública. Un grupo de derechos fundamentales se refieren a la esfera del público pensante (libertad de opinión y de expresión, libertad de imprenta, libertad de reunión y de asociación) y a la función política de las personas privadas en esa esfera pública (derecho de petición, derecho electoral y de voto igualitario, etc.). Otro grupo de derechos fundamentales se refiere al estatus de libertad del individuo fundado en la esfera íntima de la pequeña familia patriarcal (libertad personal, inviolabilidad de la residencia, etc.). El tercer grupo de derechos fundamentales se refiere al intercambio de los propietarios privados en la esfera de la sociedad burguesa (igualdad ante la ley, garantía de propiedad privada, etc.). Los derechos fundamentales garantizan: las *esferas* de lo público y de lo privado (con la esfera íntima como su núcleo); por un lado a las *instituciones* e *instrumentos* de lo público (prensa y partidos políticos) y por el otro lado a la base de autonomía privada (familia y propiedad); por fin, a las *funciones* de las personas privadas: a sus funciones políticas en cuanto ciudadanos, así como a sus funciones económicas en cuanto dueños de mercancías (y en cuanto "seres humanos" a la función de la comunicación individual, por ejemplo por medio de la inviolabilidad de la correspondencia) (1984: 103).

El planteamiento de Habermas es interesante pues muestra cómo en la formación del Estado moderno, del Estado-nación, se crean al mismo tiempo las esferas públicas y privadas, el Estado de derecho que les garantiza su funcionamiento y viabilidad y la ciudadanía que surge de la vida íntima para hacer política, para formar opinión pública.[23]

man (1991). En la interpretación de Tilly el proceso de la creación de la ciudadanía, en Europa, tuvo tres fases: "En la primera, la creación de ejércitos nacionales de masas dio los elementos rudimentarios de una [ciudadanía] en los estados europeos; la segunda fue impulsada por la burguesía que buscaba el reconocimiento de sus derechos civiles y políticos; la tercera fue encabezada por las clases trabajadoras emergentes que negociaron con mayor autonomía con el Estado, expandiendo dramáticamente los derechos asociados a la categoría de ciudadanos de un Estado nacional" (Tilly, 1998ª; 68, citado por Jorge Cadena, 2008: 291).

[23] El planteamiento de Habermas corresponde al momento inicial, donde ciudada-

Por otro lado debemos considerar que la permanencia de los derechos ciudadanos, en sus distintas modalidades, depende de varios factores, de la organización y eficacia de la sociedad civil, del compromiso de los ciudadanos con el régimen democrático (el consenso democrático) y su supervivencia, de las relaciones del Estado-nación con los otros estados, de su independencia y autonomía. La permanencia también depende del desarrollo capitalista y de la complejidad social, de las tasas de crecimiento de la economía, de los cambios en la producción y en el mercado de trabajo; los derechos sociales son directamente afectados por las crisis económicas o por los cambios en el modo de producción.

En todo caso es muy importante considerar que los derechos señalados operan como un conjunto que hace posible un cierto orden social y que define de manera diferenciada el carácter de la ciudadanía y el contexto de legitimidad en que se mueve. Debemos recordar que hay visiones claramente contrapuestas, como muestra Álvaro Moisés en su análisis que a continuación presentamos. En su versión clásica el ciudadano, siempre con restricciones ligadas a la propiedad, fue concebido como parte de la comunidad política nacional y se le reconocía el derecho de elegir a las autoridades gubernamentales y a sus representantes. En su versión liberal el objetivo central de la ciudadanía es proteger al individuo de la opresión y de la violación de sus derechos por parte del Estado. De acuerdo con Álvaro Moisés, "El modelo protector (Locke) y minimalista (Dahl, Bobbio) de la democracia, basado en el principio normativo de la igualdad formal de los ciudadanos ante la ley, supone que las diferencias de posesión de bienes materiales, de poder o de estatus social no eliminan la igualdad frente a la ley" (Moisés, 2005: 77). Lo importante no es la igualdad social, sino la protección del individuo frente al Estado.

Como ya señalamos antes, la visión liberal fue contrapuesta por Marx para quien la desigualdad social, la explotación, niega la igualdad formal; el esquema marxista se recupera en la obra de Marshall, los ciudadanos, solos o colectivamente, usan sus derechos para obtener sus intereses. La visión liberal también recibió la crítica de los

---

nos eran sólo los burgueses, por ello es anterior a los derechos sociales, a la inclusión de las masas de la política que como es conocida, para el autor, modifica radicalmente a la esfera pública. Vale la pena señalar que la referencia de la ciudadanía a la política no implica que ésta se agote en ella o que el ciudadano sólo tenga derechos políticos; como está implícito en el texto, el ciudadano depende del funcionamiento del conjunto de derechos. (Al respecto puede verse O'Donnell, 2002: 240.)

comunitaristas (Sheldon Wolin, 1992, o Michael Sandel, 1982), para quienes

...la tradición liberal relegó las preocupaciones normativas de la política al campo de la moralidad privada. La política habría sido despojada de su componente ético para adoptar una concepción esencialmente instrumental, sólo orientada a la realización de los intereses privados definidos independientemente de la discusión pública [...] dando origen a una noción carente de compromiso con el ser político, empobrecedora de la ciudadanía, como comunidad constitutiva (*idem*).

A esa visión los comunitaristas oponen una propuesta de ciudadanía más activa, más participativa, orientada a la definición del bien común, con lo cual se regresa a la idea de que la política tiene como fin el bien común que desconoce el conflicto y la diversidad social. (*idem*: 79).

Frente a los límites de los dos modelos, escribe Moisés:

...autores como Chantal Mouffe (1992) y Jean Leca (1992) argumentan recientemente que una concepción de la ciudadanía adecuada a las exigencias de las sociedades complejas contemporáneas –desiguales, diferenciadas y reestructuradas por nuevos procesos de producción y comunicación derivados de la globalización– tiene que articular las conquistas democráticas de los últimos tres siglos, con los aspectos de la tradición cívico-republicana. Esa nueva concepción debe incorporar simultáneamente, en un único proceso constitutivo, la prioridad de los derechos individuales sobre la noción de un bien común sustantivo y la importancia de la idea de la integración de los individuos en la comunidad política, como consecuencia de sus intereses por asociarse para actuar y para participar del proceso de la toma de decisiones públicas [...]. Lo que los ciudadanos comparten no es la presunción de un consenso previo o una visión homogénea en cuanto a la solución de los conflictos en disputa, sino el compromiso derivado de la decisión de actuar en común para alcanzar objetivos públicos. Ese compromiso incorpora la aceptación de principios como la libertad y la igualdad, decurrentes de las transformaciones democráticas y, al mismo tiempo, establece las bases de las relaciones de lealtad entre los actores que, por circunstancias o por elección, están asociados entre sí. Esa lealtad los une y funda las bases de la noción de derechos de ciudadanía que se refieren no sólo a diferencias de *estatus* político o social, sino a la diversidad de identidades derivadas de relaciones de género, raza, etnia, religión o cultura.

La idea –que Mouffe toma prestada del filósofo inglés Michael Oakeshott (1975)– supone que esa asociación envuelve una práctica común, por medio de la cual sus miembros definen condiciones específicas para la realización de su compromiso público. Esa práctica cívica, designada como *república*, en lugar de definir los intereses últimos de los ciudadanos, establece las reglas y las prácticas que ellos aceptan honrar para actuar en común" (*idem*: 81).

Nuevamente debemos recalcar que las formas concretas en que se desarrollan las sociedades correspondientes al Estado-nación y los derechos correspondientes son particulares y no repetibles, por ello es indispensable hacer el estudio en cada caso. Sin duda el análisis comparativo es importante y ayuda a aclarar las diferencias, pero de ninguna manera puede pretender establecer categorías o secuencias fijas.[24]

1.5. CIUDADANÍA Y DESIGUALDAD EN LA HISTORIA

Como ya lo mencionamos en la introducción de este capítulo, aun en las sociedades más desarrolladas, dentro del capitalismo, aparecen las desigualdades sociales que provienen de la historia de cada país y, en especial, del mundo de la producción, desigualdades que se expresan en grupos estratificados, sean clases, etnia, género, que suelen traducirse en desigualdades ante la ley. Antes vimos que la oposición entre igualdad formal y desigualdad social era inevitable aunque administrable. Ahora queremos destacar que la desigualdad social tam-

[24] Al respecto es importante reproducir el resumen que Charles Tilly hace de su análisis de la conformación de los estados-nación en Europa. "Resumiendo —escribe el autor—: *¿Qué explica la gran variación en el tiempo y en el espacio de los tipos de Estado que predominó en Europa a partir del 900 d.C., y por qué los estados europeos terminaron convergiendo en variantes diferentes del Estado nacional? ¿Por qué las direcciones del cambio fueron tan semejantes y los caminos que adoptaron tan diferentes?* Los estados europeos comenzaron en posiciones muy diferentes en función de la distribución del capital y la coerción concentrados. Cambiaron en la medida en que se alteraron las intersecciones del capital y de la coerción. Sin embargo, la competencia militar los acabó empujando en la misma dirección general. Fortalecen al mismo tiempo la creación y la predominancia del Estado nacional. En el proceso los europeos crearon un sistema de Estado que dominó el mundo entero. Hoy vivimos dentro de ese sistema de Estado. Sin embargo, el mundo afuera de Europa sólo se asemeja superficialmente a Europa. Alguna cosa cambió en la extensión del sistema de Estado europeo en el resto de la tierra —incluso en la relación entre la actividad militar y la formación del Estado—. El conocimiento de la experiencia europea ayuda a identificar algunas peculiaridades preocupantes del mundo contemporáneo" (Tilly, 1996: 271).

bién puede afectar la calidad y universalidad de la administración de la justicia, de la efectividad de la ley como regulador de la sociedad (tesis benjaminiana). Esta característica sólo puede ser corregida gracias a las luchas sociales, a las luchas de la sociedad civil, a su participación política, que obligue al Estado a intervenir y garantizar los derechos de todos los ciudadanos, para asegurar la cohesión social, la integración y el orden. Pero la desigualdad ante la ley también puede permanecer como una característica del Estado-nación, lo que hemos identificado como el Estado de excepción permanente, en el cual la desigualdad y la libertad están constantemente contrapuestas.

En este apartado y en los siguientes tratamos de especificar cómo se determinan las desigualdades en las distintas épocas del capitalismo y cómo afectan, positiva o negativamente a la ciudadanía y al Estado de derecho.

La contradicción entre la desigualdad real que se produce en el mundo de la producción y se plasma en la estructura social y la igualdad ante la ley, garantizada en el marco jurídico, nos permite comprender la dinámica de las sociedades capitalistas.[25] Esa contradicción se procesa en todos los países por medio de la política y encuentra su definición específica en arreglos institucionales y en sistemas políticos y culturales propios de cada Estado-nación. En cambio, la convergencia de la desigualdad social con desigualdad en la libertad efectiva de los ciudadanos, lo que implica la negación de la igualdad formal, nos conduce a tipos diferenciados de ciudadanía, ciudadanía plena y ciudadanía precaria, de segunda clase o limitada.

El liberalismo, como ideología, en la medida en que privilegia la libertad de los individuos y del mercado, sostiene que la desigualdad es un producto de la habilidad de los distintos individuos para hacerse de capacidades y aprovechar las oportunidades, por lo cual encuentra que la desigualdad social es algo inevitable; la pobreza o la marginalidad social son apenas el resultado de malas decisiones individuales, de seres incompetentes en el mundo del mercado (Kovarik, 2000).[26] En su extremo sostiene que la intervención para ayudar a los per-

---

[25] El estudio de Karl Polanyi, *La gran transformación* (2003), es una muestra del poder explicativo de esa contradicción.

[26] Esta posición no es nueva; durante el siglo XIX, cuando se defiende la libertad de los individuos se contrapone cualquier idea de asistencia social a los pobres, que lo son por su propia responsabilidad, se combate el asistencialismo, el paternalismo y se criminaliza la pobreza (Bendix, 1996: 109 y ss.).

dedores sólo incentiva su parasitismo y perjudica la libertad de los ganadores.

La democracia es ajena a ese razonamiento, ella se une al liberalismo justamente por la necesidad de resolver la conflictividad social que tiene su base en la desigualdad social cuyo agravamiento amenaza el orden social y la libertad de los poderosos o burgueses.[27] Es decir, después de que en el liberalismo el libre mercado fracasa como orden social, dado que produce desigualdad y conflicto (en otras palabras, después de que la definición de los pobres como un asunto de la policía y de que su confinamiento y represión no aportó una solución socialmente durable), la democracia aparece como el régimen que permite administrar "civilizadamente" los problemas creados por el mercado. La democracia, incluso cuando está consolidada, no resuelve el conflicto derivado de la producción capitalista, pero lo encauza y lo administra, permite formar el consenso acerca de cómo debe funcionar la sociedad, crea las reglas para resolver los conflictos, decide cómo deben repartirse los bienes y qué grado de desigualdad es tolerable.[28]

El marco jurídico que se desarrolló, como producto de las luchas sociales y de la organización de la sociedad civil (Tocqueville, 1957), consagró los derechos civiles para todos los blancos, independientemente de su posición en la producción, y posteriormente garantizó los derechos políticos: creó la ciudadanía. Al mismo tiempo, en el mismo proceso, se crea el Estado-nación moderno, que circunscribe un territorio, una población que por adscripción, independiente de la voluntad de los individuos, define a los ciudadanos o a los nacio-

[27] "Los escritores liberales clásicos –escribe Claus Offe (1982: 7)– creían que la libertad y la independencia eran los logros más preciados de la sociedad, logros que merecían ser protegidos en toda circunstancia de las amenazas igualitarias de la sociedad de masas y de la política democrática de masas, amenazas que, a su parecer, conducirían a la tiranía y a la 'legislación de clase' llevada a cabo por la mayoría desposeída e ignorante."

[28] Respecto de la concepción de la democracia hay una clara divergencia entre el enfoque liberal, o neoliberal, que supone que el carácter racional de los individuos les puede permitir la formación de consensos básicos, por ejemplo que la sociedad sea regulada por el mercado, y el enfoque que asume la existencia de conflictos sociales y de contradicciones; por lo tanto, de la presencia permanente del disenso, y que sostiene que la administración de los conflictos sólo puede lograrse por medio de la política, los acuerdos temporales definen la hegemonía (Chantal Mouffe, 2006). El primer enfoque privilegia al mercado y a la moral como principios reguladores en la formación del consenso y deja a la política en un segundo plano.

nales y se organiza mediante un sistema jurídico, una constitución y las leyes que de ella derivan. El Estado que resultó de ese proceso tiene la capacidad de hacer cumplir las obligaciones y derechos de los ciudadanos y de gobernar con estricto apego a la ley; es el Estado de derecho que sólo excepcionalmente puede dejar de serlo. Como afirma Charles Tilly, la ciudadanía sólo es posible donde hay un Estado relativamente poderoso y centralizado (Cadena, 2008: 302).

1.6. LA CIUDADANÍA EN LOS ESTADOS-NACIÓN DE LA PERIFERIA

En el caso de los países capitalistas periféricos la realidad es diferente, específica. En el inicio de la formación de los Estados-nación, el liberalismo entra en las vidas de sus habitantes, especialmente de la oligarquía, por la vía del capitalismo internacional, por los requerimientos del mercado con las naciones del capitalismo central. El comercio es el vínculo que junta a los productores de la periferia con los del centro y en esa relación la cultura y el sistema jurídico dominante se imponen.[29] La cultura de la libertad y de la legalidad se establece y opera en el ámbito del comercio internacional sin importar que las relaciones locales de la producción sean esclavistas o serviles; el producto, la mercancía, es lo que importa. Una vez en el mercado se metamorfosea y se vuelve como cualquier otra, el mercado lava su origen esclavista o servil. Las ideas liberales conviven pues con formas de producción que son su negación; las relaciones sociales y las ideas liberales se mezclan y producen un orden que no sólo es jurídico, sino patrimonial (Weber, 1964).

En las sociedades del capitalismo periférico la libertad y la legalidad funciona pero sólo para una parte de las relaciones sociales, básicamente las que tienen que ver con el comercio internacional y en menor medida con el nacional. Asimismo, en las relaciones de los propietarios (los oligarcas) entre sí y en el ámbito de su cultura,

---

[29] Charles Tilly escribe al respecto: "Observemos más cerca: ¿exactamente qué es lo heterogéneo acerca de los estados del Tercer Mundo? No tanto sus estructuras organizativas sino las relaciones entre los ciudadanos y los estados. En efecto, las características de organización formal de los estados del mundo convergieron ardientemente en el discurso, más o menos, del último siglo, la adopción de uno u otro modelo occidental pasó a ser un prerrequisito virtual para el reconocimiento por parte de los miembros más antiguos del sistema de Estado (1996: 277).

hay un gusto por imitar la cultura producida en los países centrales, pero desde luego no lo hay por la de sus *dependientes*. Las relaciones de producción generalmente son premodernas, esclavistas o serviles; hay relaciones de dependencia y de falta total de autonomía de los trabajadores. Asimismo, las relaciones de los sectores medios, burocracias públicas, pequeños burgueses, son definidas por el favor de los señores de la tierra, no existe propiamente una burocracia racional en sentido weberiano, los trabajadores dependen del favor de los señores o de los líderes políticos. La corrupción y el abuso de poder de los burócratas es consustancial a la falta de vigencia del derecho y a la prolongación del patrimonialismo, del intercambio de favores.[30]

La conformación del Estado-nación en la periferia responde a procesos de independencia de la metrópoli colonial, sin que medie, como en los países capitalistas originales, la revolución burguesa, el surgimiento de una clase que lucha por abolir las relaciones premodernas, que expande las nuevas relaciones salariales que liberan al individuo. Priva en ellas la voluntad de productores tradicionales, oligárquicos, que copia las formas vigentes en los países capitalistas, pero trastoca su funcionamiento; la Constitución y el marco jurídico regulan la vida nacional, pero deben subordinarse al privilegio de los poderosos que les permite imponer su voluntad, la elección de los gobernantes, a que la justicia opere según su interés; en síntesis, el Estado de derecho debe convivir con el arbitrio, es un Estado de excepción permanente.

En el caso mexicano, como veremos en el siguiente capítulo, la casta o la clase social, la posición en la estructura social, determinan la precariedad de la ciudadanía y dada esa precariedad el Estado es incapaz de alterar la condición de las clases sociales. El proceso histórico que dio lugar al círculo virtuoso encontrado por Marshall en el caso inglés, en México se concretó en un círculo vicioso que limita a

---

[30] Citemos nuevamente a Tilly: "...Las estructuras de Estado contemporáneas, en sentido estricto, se parecen entre sí en la creación de tribunales, legislaturas, burocracias centrales, administraciones de campo, ejércitos permanentes, fuerzas de policía especializadas y una serie de servicios públicos; aun las diferencias entre economías socialistas, capitalistas y mixtas no eliminan esas propiedades comunes. Sin embargo, tales organizaciones formalmente semejantes no funcionan de la misma manera. Las diferencias residen tanto en el funcionamiento interno de los tribunales, de las legislaturas, de las instituciones de la administración, o de las escuelas, superficialmente indistinguibles, cuanto en las relaciones entre los organismos gubernamentales y los ciudadanos" (*ibid.*).

la ciudadanía e incrementa la desigualdad social, y que prevalece aun después de la crisis del régimen nacional revolucionario.

1.7. EL FIN DE UNA ÉPOCA Y LOS NUEVOS PROBLEMAS PARA LA CIUDADANÍA

Hoy es un lugar común decir que desde finales de la década de los años setenta las sociedades contemporáneas sufrieron un cambio de época.[31] El cambio es de época en virtud de que se transforma la cultura, las visiones céntricas se diluyen, se ponen en cuestión los meta-discursos, los referentes simbólicos se transforman (se empieza a hablar del posmodernismo, de la multiculturalidad); como afirma Frederic Jameson (1998), hay una "vuelta cultural". Las relaciones sociales se modifican, la revolución en los medios de comunicación redefine el espacio y el tiempo (la interacción en tiempo real y el desarrollo del mundo virtual, la aparición de Internet). Las instituciones otrora centrales (la familia, el Estado, las iglesias, los partidos políticos) se debilitan. Las formas de individuación se aceleran y no sólo se abandonan los marcos únicos, como la religión o la ideología, sino que se inicia la construcción de identidades producto de diferentes fuentes, que se pueden expresar incluso de manera absolutamente virtual. La economía se transforma con el surgimiento del posfordismo, la flexibilización del trabajo, la introducción de la robótica y de las máquinas, herramienta de control numérico, pero fundamentalmente se transforma con la introducción maciza del conocimiento científico y tecnológico que reformula al capital constante (potenciándolo productivamente), que decodifica a toda la naturaleza y con ello asume la capacidad de recodificarla, de transformarla a su voluntad, con lo cual revoluciona las mercancías (nuevos materiales o, incluso, formas de vida) creando un ciclo de acumulación cualitativamente muy diferente.[32]

[31] El cambio fue registrado desde sus inicios por diferentes autores; destacan entre otros: Daniel Bell por su libro sobre la sociedad postindustrial, Claus Offe (1982, 1990) y sus trabajos acerca de la ingobernabilidad, Schmitter y otros colaboradores en sus trabajos acerca del neocorporativismo (1992), M. Crozier *et al.* (1975) por el acercamiento a la crisis de la democracia. En América Latina José Nun fue quien primero alertó sobre el cambio de época (1969).

[32] Sergio Ordóñez define que: "Una fase de desarrollo del capitalismo se constituye cuando una revolución tecnológica se traduce en una nueva base productiva y una nue-

De acuerdo con Dos Santos (2001) el cambio más importante se ubica en el terreno de la información, no sólo en los medios de comunicación, sino porque se establece en todos los ámbitos. La codificación, la digitalización molecular, genética, de todos los campos, que penetra la materia inerte, al ser vivo y al objeto técnico. Ese cambio facilita el paso de una dimensión de la realidad a otra; lo virtual se hace posible como realidad, deja de ser potencial y se vuelve real. Así es la información, que permite al capital global y a la tecnociencia pasar de la dimensión "actual" de la realidad a la dimensión virtual; con ello se vuelve posible invertir en toda la creación, incluso en la creación de la vida. El capital va a tratar de dominar el futuro, incluso el de la naturaleza humana.

El cambio en la producción capitalista es notable; sin duda, es en el capital financiero en donde lo virtual alcanza su perfección. El capital financiero, afirma Jameson (2001: 172), instaura un juego de entidades monetarias que no requiere ni de la producción (como el capital) ni del consumo (como el dinero); que puede vivir, de forma suprema, como el ciberespacio, de su propio metabolismo interno y circular sin ninguna referencia por un tipo anterior de contenido.

Pero la revolución en la información, el cambio cibernético, también produce una verdadera mutación en la producción industrial, la cual afectó incluso la lógica de las inversiones en las empresas de punta: a partir de mediados de los años ochenta el principio del retorno del capital comenzó a perder el comando, el proceso de la sustitución de tecnologías; en su lugar se impuso el principio del *surf*: hay olas tecnológicas que las empresas tienen que surcar, ya no hay tiempo

va forma de producción, que trae consigo el surgimiento de nuevos productos, servicios y ramas de actividad, los cuales se convierten en los sectores que tienden a articular al resto de la actividad económica y a dinamizar su crecimiento." En notas de pie de página aclara que "se entiende por revolución tecnológica al conjunto de innovaciones incrementales (de continuidad en una misma base tecnológica), radicales (de ruptura con ella) que puede abarcar un conjunto de nuevos sistemas tecnológicos con repercusiones directas o indirectas en casi todas las ramas de actividad, es decir un cambio en lo que C. Preeman y C. Pérez (1998) llaman paradigma tecnoeconómico". Asimismo nos informa que: "J.A. Schumpeter (1938) y los neoschumpeterianos (G. Dosi, 1988) distinguen la existencia de distintos sectores tecnológicamente originados o revolucionados por una revolución tecnológica, que dinamizan el crecimiento en cada ciclo industrial, cuya duración es de 50 a 60 años (aun cuando la evidencia empírica muestra que ese lapso tiende a reducirse). En ellos parece estar implícita la noción de que tales sectores tienden a articular el crecimiento de los demás (*induced growth sectors*), lo cual F. Fajnzylber (1983) hace explícito en su noción de patrón industrial.

para esperar el retorno del capital invertido, las propias olas tecnológicas exigen que se esté en la cresta para no morir, para no salir de la competencia (Dos Santos, 2001: 5).

La nueva era de la información se expresa en cambios en la sociedad, el más radical es quizá el del mercado de trabajo en el cual sólo un segmento de la población económicamente activa es incorporado, mientras el resto queda desafiliado, excluido. Sin embargo, también se expresa en otros ámbitos como el derecho, sus categorías de referencia cambian radicalmente. Los derechos de propiedad consagran la desacralización total de la vida al legitimar la apropiación, explotación y monopolización de sus componentes.[33]

Para los objetivos de nuestro trabajo es fundamental ver las repercusiones del cambio de época en la ciudadanía. Para ello nos concentraremos en los procesos sociales de diferenciación-integración, de desigualdad-igualdad y de libertad-sujeción individual. Iniciaremos nuestro análisis con el nuevo capitalismo y después veremos lo referente a las instituciones, la cultura y al nuevo individualismo o nuevas formas de individuación.

1.7.1. *El nuevo capitalismo y la ciudadanía en la periferia*

En el nuevo capitalismo se modifica radicalmente la relación del capital constante con el capital variable, del capital con el trabajo vivo. El trabajo concreto disminuye su importancia como fuente de valor, sólo el trabajo altamente calificado, el que crea conocimiento científico y

---

[33] "¿De dónde venimos?, ¿para dónde vamos?", se pregunta el jurista Bernard Edelman: "Hasta el primer tercio del siglo xx el derecho estaba en paz con las ciencias y con la técnica y nada perturbaba ese idilio. La forma mediante la cual se consideraba al 'ser vivo', ya fuese vegetal, animal o humano, como una totalidad no apropiable [...] correspondía idealmente con el modelo técnico-científico de naturaleza. Si el hombre era el señor de la naturaleza todavía nadie era su poseedor o más precisamente su 'propietario'. La técnica de la patente expresaba perfectamente el dominio del hombre sobre la naturaleza inanimada. ¿Dónde estamos y para dónde vamos?: La intromisión del ser vivo en el campo de las patentes a partir de los años treinta es una verdadera revolución jurídica. Y para poder entender correctamente tal revolución, es necesario destacar un doble fenómeno: el de la transformación profunda del papel de la patente y las condiciones jurídicas que permitirán que el ser vivo sea patentado. Es importante destacar cómo el jurista fue poco a poco elaborando un modelo jurídico que partió de una concepción sagrada del ser vivo, y por lo tanto intocable, y desembocó en una concepción instrumental y hasta industrial" (Edelman, 1999: 307, citado por Dos Santos, 2001: 7).

técnico lo conserva; asimismo, el nuevo capitalismo trastoca la relación del capital con la sociedad; lo que parecía indisolublemente unido en el capitalismo industrial, el fordismo, ahora se disocia, se redefine.

La valorización del capital ya no se da principalmente por la explotación del trabajo vivo, aunque ello subsiste, sino por la incorporación de los productos del conocimiento (ciencia-tecnología) en el capital fijo; se potencia al capital constante. El trabajador, encargado de la producción de mercancías en este nivel de alta tecnología, es relegado a ser un vigilante del proceso, desaparece su relación con el objeto. Si antes el capital se diferenciaba (en términos sistémicos) por incorporar mano de obra, explotar a una mayor parte del proletariado, absorber al ejército de reserva, ahora el capital se diferencia por excluir; el binomio ciencia-tecnología suple a los trabajadores y los expulsa del proceso altamente productivo, los vuelve inútiles para el capital de vanguardia.

La contradicción entre capital y trabajo que Marx y Engels, en el *Manifiesto del Partido Comunista* (1894), pensaron que se resolvería por el lado del trabajo, por su emancipación del capital en el comunismo, se resolvió por el lado del capital; por su productividad sostenida en el conocimiento, el capital, se libera de buena parte de la clase trabajadora. Con ello la riqueza creciente del capital se diferencia de la riqueza de las sociedades, la reproducción del capital se diferencia de la formación nacional, se mundializa, se desterritorializa. El capital crea riqueza como nunca, pero las sociedades no se apropian de ella, sólo algunos sectores se benefician, otros, paradójicamente, se empobrecen. Los orígenes o las fuentes de la desigualdad social son alterados, y con ello la desafiliación y la exclusión adquieren una magnitud masiva y un nuevo significado.

A diferencia del capitalismo industrial en el cual se daba una separación funcional de la sociedad para integrar a todos los sectores, en el nuevo capitalismo se da una diferenciación para excluir; por lo tanto, se modifica la conformación de la sociedad, de la sociedad salarial que planteaba como un imperativo la integración de los miembros de la sociedad por medio del trabajo asalariado; ahora el capitalismo produce una sociedad segmentada, una parte de ella continúa articulada por el trabajo asalariado, la otra es desafiliada por el desempleo tecnológico y pasa a trabajar en actividades carentes de protección legal: es excluida, aunque continúa siendo explotada.

Una parte de las sociedades está diferenciada e integrada al nuevo capitalismo; mientras el resto queda relegado, sólo un segmento se integra al capitalismo de alta productividad y se rige por la dinámica mundial; la otra parte trabaja, produce, vende, presta servicios dentro de su "localidad", con una productividad bajísima y un costo de la mano de obra que se acerca a la miseria. El trabajo aumenta y paradójicamente, dada su condición precaria, también se incrementan la miseria y la desigualdad. La confrontación entre la igualdad formal, la del ciudadano ante la ley, y la desigualdad real, la existente dentro de la sociedad, se agrava. El Estado de excepción se vuelve crítico.

Ciertamente todos son integrados en el mercado como consumidores de mercancías; el nuevo capitalismo tiene la virtud de alcanzar a todos los sectores sociales y hacerles consumir sus productos y mercancías; para ello incorpora al trabajo informal. La igualdad social ya no se da en el trabajo asalariado, ni en los derechos que de él se derivan, sino en el consumo: ser parte del mercado y comprar las últimas novedades, la moda; el prestigio vano trata de esconder la miseria material y social. La igualdad por el consumo es virtual, imaginaria, pero culturalmente atrapa a las personas, especialmente a los oprimidos.

La riqueza del capital se diferencia de la riqueza de la sociedad, las enormes ganancias del nuevo capitalismo fluyen al centro, a las empresas multinacionales, mientras que en los lugares en donde operan sólo quedan bajos salarios a algunos de los impuestos. Así como en el capitalismo industrial había en los países subdesarrollados un sector de la población "no capitalista" (productores no asalariados *que con su trabajo no logran siquiera pagar la reproducción personal y de su familia*), mientras que en los desarrollados se hablaba de pleno empleo como una realidad, ahora, en el capitalismo actual en todos los países (aunque más en los subdesarrollados) se generan sectores de la sociedad expulsados del capital, que pasan a contribuir como satélites del mismo, realizando trabajos precarios, con alto riesgo y alta vulnerabilidad[34] o viviendo del seguro de des-

---

[34] La vulnerabilidad social significa sacrificar la autonomía y la confianza en sí mismo, debido a las transacciones efectuadas por razones que escapan al control de las personas pobres; éstos se ven obligados a aceptarlas para sobrevivir indignamente. Las razones de la vulnerabilidad están ligadas a las estructuras de poder, al cierre de espacios de alternativas aceptables, y a la débil resistencia de los pobres para aceptar alternativas más costosas y dolorosas (Naila Kabeer, 1996, citada por Contreras, 2002: 24). Se pueden enumerar algunos ejemplos de dichas transacciones desfavorables en que incurren los pobres: subordinándose a patrones locales poderosos, ofrecer lealtades y trabajos no pagados a cambio de protección, pedir asistencia o refugio en situaciones catastróficas, ofrecer los servicios del propio cuerpo y tolerar formas cotidianas de vio-

empleo; es lo que Beck (2002) denomina prejuiciadamente la "bra-sileñización de Europa".[35]

Debemos insistir en que la existencia de sectores expulsados, desa-filiados, que no participan del proceso de producción capitalista, en la relación salarial, no implica que estén fuera del sistema (no están en otro modo de producción, ni conforman una parte de una socie-dad dual); son funcionales a la reproducción del capital y de la sociedad en su conjunto. Sin embargo, esa participación funcional no garanti-za, como se suponía en el capitalismo anterior, que serán integrados socialmente, vía el mercado de trabajo formal, y que participarán de la riqueza social de manera equitativa. No significa que la sociedad se hará más homogénea, por el contrario, la norma es que sea más desigual y segmentada. La nueva dinámica del capital reproduce y profundiza la heterogeneidad y la desigualdad.[36]

lencia física y psicológica (abuso policiaco, participar en luchas por los límites de la propiedad, involucrarse en litigios falsos, ser víctima de evicciones forzosas, extorsión, asalto, violación, asesinato, etcétera).

[35] La propuesta de un piso salarial o de un salario universal desligado del empleo o por tanto como ruptura entre trabajo asalariado y bienestar, es la muestra fehaciente de la nueva situación.

[36] En los acercamientos al tema desde el neoutilitarismo ha existido el presupuesto de que la integración a la sociedad es posible, que el progreso, el desarrollo y la dife-renciación de las sociedades pueden proporcionar los empleos y los recursos fiscales necesarios para ampliar las políticas y alcances del Estado benefactor, de que en prin-cipio todos los individuos pueden y deberían ser integrados. En la teoría económica dominante, la neoclásica o economía política, se mantiene ese presupuesto básico de que el desarrollo económico basado en el libre mercado, en la competitividad de las naciones, como requisito de éxito en la participación en el mercado mundial, posibili-tará la asimilación de los pobres y la desaparición de la pobreza extrema. Hay incluso metas propuestas por Naciones Unidas para lograr ese objetivo (PNUD, 2004:66). Este enfoque dominante también es sostenido por corrientes del nuevo institucionalismo y de los acercamientos culturalistas; en general se afirma que realizando los cambios pertinentes en las estructuras económicas, en las instituciones o en las mentalidades, el desarrollo será posible, se dará la convergencia de los mercados y de las sociedades y los marginados y excluidos serán integrados a la sociedad (Stiglitz, 2002 y 2004). Sobre la tesis de la convergencia es necesario hacer la siguiente aclaración: La posibilidad de que la convergencia absoluta se verifique (hipótesis acerca de la convergencia entre países desarrollados y subdesarrollados, modelo de Solow) puede justificarse en un plano intuitivo por el hecho de que los países con menos capital por persona presen-tarían tasas de rendimiento de capital físico mayores en relación con las de un país desarrollado, pues en una economía abierta el capital fluye de los países desarrollados a los menos desarrollados. Además se justifica que un país rico presente tasas salariales altas y rendimientos sobre el capital bajos, de modo que importará fuerza de trabajo y exportará capital; un país pobre, en cambio, importará capital y de manera indirecta

En la nueva sociedad las clases sociales, sujetos privilegiados del capitalismo industrial, no desaparecen, desde luego, pero su importancia para el curso de la sociedad se torna reducida; por definición conforman la parte integrada al proceso de valorización y son los que más (aunque muy diferenciadamente) se benefician. Los sectores que trabajan sin protección legal son dispersos, atomizados, carentes de organización o, lo que es peor, sometidos en organizaciones clientelares locales, con muy baja capacidad para participar e influir en los rumbos de las políticas públicas. Los trabajadores excluidos no tienen la capacidad de organizarse (no hay un patrón) para disputar derechos, están condenados a depender del Estado.

El vacío político que deja el debilitamiento de los viejos sujetos sociales (sindicatos, organismos profesionales, incluso partidos políticos –muy especialmente los comunistas–) se trató de llenar con la llamada sociedad civil, la sociedad organizada y las asociaciones civiles u organizaciones no gubernamentales. Su trabajo, valioso sin duda, no logró su propósito de establecer nuevas formas de representación.[37] Pese a sus grandes beneficios, el movimiento de la sociedad civil profundizó la crisis del Estado, al denunciarlo –con razón– por ineficiente, corrupto, etc., y creó, en una primera instancia la polaridad entre el Estado como ente malo, ruin, incompetente, y la sociedad civil como la parte buena, confiable, democrática. Esta oposición se expresó en una visión equivocada de la sociedad civil, como si ella fuera homogénea, libre de conflictos sociales y políticos en su seno, y atribuyéndole una representación social que no tenía y una vida interna democrática que tampoco existía. Al Estado se le despojó de su carácter de clase y se le definió como un ente neutro de carácter más administrativo que político y también se le consideró como homogéneo, carente de conflictos y contradicciones internas (Dagnino *et al.*, 2006: "Introducción").[38]

tecnología, mientras exportará bienes intensivos en fuerza de trabajo y aún exportará a la fuerza de trabajo (Ramón Tirado Jiménez, 2003: 921). El autor sostiene que la hipótesis ha sido descartada por la evidencia empírica donde no se advierte una relación inversa estadísticamente significativa entre la tasa de crecimiento del producto y el nivel inicial del ingreso por persona.

[37] En algunos países como Brasil se avanzó mucho (destacan los comités de salud, el presupuesto participativo y el Movimiento de los Sin Tierra) pero aun allí no se conforma una nueva forma de representación. Acerca de los problemas de la sociedad civil y la representación, véase Gurza, 2006.

[38] Es importante tomar en cuenta la observación de Guillermo O'Donnell (2002: 241) acerca de que: "...los intentos actuales de reducir el tamaño y las deficiencias del Estado-como-burocracia *también* están destruyendo el Estado-en-tanto-ley y su legitima-

La lucha de la sociedad civil durante los regímenes autoritarios por la democratización y más adelante por la consolidación democrática, por la democracia participativa, por la democracia posliberal, etc., se empalmó con el discurso neoliberal que también defiende la democracia y su consolidación, pero sin participación, sin política. Coinciden en que el Estado es incompetente, corrupto y que debe ser controlado, disminuido, coinciden en que la democracia debe ser sostenida y profundizada, pero disienten en el proyecto político. Esta situación ha sido denominada por Evelina Dagnino, con mucho acierto, como *confluencia perversa*.[39] El producto más acabado de esta situación es lo que se ha denominado como Tercer Sector, ubicado entre el Estado y el mercado, y que ha sido ocupado por una colaboración entre las empresas (se les llama socialmente responsables) y el Estado para generar asistencia social o apoyo a políticas sociales en socorro de los pobres; programas como "Teletón", "Bécalos" u otros, evidencian cómo se despolitiza y se ideologiza la relación con las masas marginales y excluidas; se trata de un nuevo asistencialismo.

La desigualdad social ahora trata de ser administrada, socorrida, con políticas públicas para combatir la pobreza; aun las propuestas más inteligentes como la de Amartya Sen (2001, 2003) no dejan de ser una forma de administrar algo que jamás se integrará plenamente al nuevo sistema capitalista.

Esa dinámica del nuevo capital no se expresa de manera mecánica, ni ciega sobre las sociedades, lo hace por medio de la política, de la lucha de clases, de las protestas de los excluidos con frecuencia violentas, del régimen político y de las políticas públicas. Sin embargo, la dominación también se transforma.

ción ideológica, en parte inadvertidamente pero con nefastas consecuencias de todo tipo (incluso para el éxito a largo plazo de las políticas económicas inspiradas en dichos intentos, para no mencionar el logro de una democracia institucionalizada)".

[39] "La utilización de esas referencias que son comunes (democracia y papel del Estado), pero que abrigan significados muy distintos, instalan lo que podría llamarse una crisis discursiva: el lenguaje corriente, la homogeneidad de su vocabulario, oscurece diferencias, diluye matices y reduce antagonismos. En ese oscurecimiento se construyen subrepticiamente los canales por donde avanzan las concepciones neoliberales que pasan a ocupar terrenos insospechados. En esa disputa, donde los deslizamientos semánticos, los dislocamientos de sentido, son las armas principales, el terreno de la práctica política se convierte en un terreno minado, donde cualquier paso en falso nos lleva al campo adversario" (Dagnino, *et al.*, 2006: 19).

El neoliberalismo es la expresión descarnada de esa política;[40] se basa en proponer el predominio del mercado como forma de integración social, donde todos los consumidores son iguales, donde el Estado es reducido a garantizar el libre funcionamiento del mercado, donde la redistribución del ingreso por la vía del Estado de bienestar es denigrada, donde lo único que cuenta es la competitividad, esto es, el más bajo costo posible para la operación del capital (especialmente del multinacional), donde los sindicatos son satanizados por interferir en el mercado, por distorsionarlo, donde los contratos colectivos son mutilados para dar lugar a la polivalencia y la flexibilización del trabajo: el fin de la estabilidad en el empleo. Asimismo, la transformación también niega la vías de representación de los trabajadores, presiona al régimen democrático para excluir a las organizaciones laborales; el régimen democrático queda reducido a representar individuos formalmente iguales, se debilita como espacio de representación social y de posible solución de conflictos, lo cual se agrava por la separación entre economía (capital) mundial y política nacional. En realidad el neoliberalismo es la negación de la política, se le supedita al mercado y a la acción racional y ética de los actores. La democracia pierde, al menos en parte, su capacidad regulatoria del conflicto.

El Estado se desentiende de sus obligaciones, de hacer cumplir los derechos sociales de los ciudadanos, o mercantiliza dichos derechos produciendo viviendas de ínfima calidad que llevan a una brutal sociabilidad, sin perspectiva de futuro, a diferencia de los antiguos pies de casa y autoconstrucción. El mercado desplaza la igualdad, procurada por el Estado de bienestar, al consumo de los actores; todos son potencialmente consumidores y allí está la fuente de la realización, del disfrute. Incluso la vida pública se desplaza de los lugares públicos privados, los centros de las ciudades, las explanadas, los parques,

---

[40] "Hoy en día –escribe Edward W. Said (2003: 34)–, casi universalmente, expresiones como 'libre comercio', 'privatización', 'menos gobierno' y otras semejantes se volvieron la ortodoxia de la globalización, son sus falsificados valores universales. Son la base del discurso dominante, idealizado para crear un consenso y una aprobación tácitos. De este nexo surgen configuraciones ideológicas como 'el Occidente', 'el choque de civilizaciones', 'valores tradicionales', e 'identidades' (quizá las expresiones más abusadas en el léxico global de hoy). Todas ellas son lanzadas no como pareciera ser (invitación al debate), sino, al contrario, para sofocar, excluir y aplastar (siempre que los falsos valores encuentren resistencia o cuestionamiento) el disenso. [...] El principal propósito de este discurso dominante es hacer que la lógica cruel de la ganancia y del poder se vuelva el estado normal de las cosas."

etc., a la plaza comercial, a los *malls*. En lo político la oposición entre capital y sociedad se esfuma en la figura del consumidor y su éxito se expresa en la publicidad, virtualmente. Como afirma Francisco de Oliveira (2003: 144): "Falta decir, al modo frankfurtiano, que esa capacidad de llevar el consumo hasta los más pobres de la sociedad es el más poderoso narcótico social."[41]

Un elemento importante de estas transformaciones es que el propio derecho es afectado, su capacidad de producir categorías sociales se debilita, el trabajador que definen la Constitución y las leyes del trabajo se restringe a una minoría; la mayoría trabajadora no cabe en la definición, y lo mismo pasa con el ciudadano, su derecho a la justicia, al trabajo, a la vivienda, a la salud, etc.; todo ello sólo existe como reflejo de una política demagógica e irresponsable que prometió, como derecho formal, aquello que en la práctica negaba y que en la nueva época volvió aún más alejado de la realidad. El derecho pierde su capacidad de clasificar, pero sobre todo de normar; la realidad social se desarrolla al margen: ¿en la ilegalidad?

1.7.2. *Cambios institucionales y ciudadanía*

A finales de los años setenta el modelo económico anterior entra en crisis, sus señales son el fin del acuerdo de Breton Woods y la pérdida de la hegemonía del esquema keynesiano como política económica (fin del Estado interventor y del crecimiento económico basado en el

---

[41] Dígase de paso que esa ilusión de ser parte de la sociedad vía el consumo, se rompe violentamente por el crimen organizado, por el narcotráfico al menudeo, que reporta ganancias desproporcionadas a los dedicados a ello, genera la posibilidad de tenerlo todo (mujeres, autos, ropa, casas), aunque con alto, muy alto riesgo. En la realidad, como señala Zygmunt Bauman (1998: 64), en la nueva sociedad el consumo es la vida normal, es la vía de realización, de gozar de los placeres que ofrece; sin embargo, los pobres son consumidores defectuosos que no tienen acceso pleno a esa vida normal, sufren una degradación social. Hay una ruptura de valores, el énfasis en el trabajo honrado (aun el realizado en la informalidad) en el esfuerzo personal para ganarse la vida, incluso en condiciones precarias, es sustituido por el goce inmediato, tenerlo todo ahora, no importa si dura poco, lo que se rechaza es la idea de vivir en la pobreza y aplazar permanentemente el disfrute de aquello a que todos deben tener derecho. En síntesis destruye el espacio público creado por el mercado y sus valores. En la otra punta de la escala social, los ricos se liberan de toda atadura moral, lo que importa es consumir, disfrutar de todos los placeres que brinda el consumo, es la autoconstrucción del individuo (Bauman, 1998: 48).

incremento de la demanda). La crisis tiene profundas consecuencias en el arreglo institucional de las sociedades capitalistas y en la vigencia de los derechos ciudadanos; entre los más significativos están las transformaciones en el régimen de bienestar y en el régimen político.

La crisis del régimen de bienestar (Esping-Andersen, 1991, 1999) involucra al Estado, que se ve imposibilitado (crisis fiscal y más adelante costos para la competitividad global) para mantener (salvo raras excepciones nacionales) todos los servicios y prestaciones que conformaban el bienestar de los ciudadanos.[42] Con ello la igualdad social básica se debilita y da paso a mayores desigualdades. Los problemas del Estado de bienestar se agudizan debido a las modificaciones del mercado de trabajo y a la crisis de la sociedad salarial (Castel, 1997) que crea más desempleo, pero que sobre todo torna vulnerable a un amplio sector de la población fomentando la demanda por bienestar de los desafiliados.

Dentro del deterioro del régimen de bienestar influye la transformación del mercado de trabajo, el fin de la sociedad salarial, a lo cual

---

[42] Los efectos sobre el régimen de bienestar varían en función de cómo se desmercantiliza y por ello se torna más o menos independiente del trabajo como medio de sobrevivencia. En los términos de Gösta Esping-Andersen: Los derechos desmercantilizados se desarrollaron de maneras diferentes en los *welfare state* contemporáneos. En aquellos en que ha predominado la asistencia social, los derechos no están tan relacionados al desempeño en el trabajo y sí a la comprobación de la necesidad. Certificados de pobreza y de forma típica, beneficios reducidos, sirven, sin embargo, para limitar el efecto de la desmercantilización. De esta manera, en los países en que predomina (principalmente los países anglosajones), su aplicación resulta en verdad en el fortalecimiento del mercado, una vez que todos, salvo los que fracasaron en el mercado, son motivados a servirse de los beneficios del sector privado (*idem*: 102).

Un segundo modelo adopta la providencia social estatal y obligatoria con derechos bastante amplios. Pero este modelo tampoco asegura automáticamente una desmercantilización sustancial, pues depende mucho de la forma de elegibilidad y de las leyes que regulan los beneficios. [...] En otras palabras, no es la mera presencia de un derecho social, sino las reglas y precondiciones correspondientes, lo que define la extensión de los programas de bienestar social que ofrecen alternativas genuinas a la dependencia en relación con el mercado (*idem*: 103).

El tercer modelo dominante de *welfare state*, el modelo Beveridge, de beneficio universal a los ciudadanos, puede, a primera vista, parecer el más desmercantilizante. Ofrece beneficios básicos e iguales para todos, independientemente de las ganancias, contribuciones o actuaciones anteriores en el mercado. Puede ser realmente un sistema más solidario, pero no necesariamente desmercantilizante, pues raramente esos esquemas consiguen ofrecer beneficios de tal calidad que ofrezcan una verdadera opción al trabajo (*idem*: 103).

En el caso de América Latina también encontramos el mismo tipo de variaciones, véase Katzman y Wormald, 2002.

ya nos referimos arriba; también la crisis de la familia provoca que se debilite como soporte para administrar riesgos (por ejemplo, acoger a los desempleados) en una sociedad que los incrementa. La incertidumbre, la precarización de las condiciones de trabajo y la creciente vulnerabilidad de amplios sectores de la sociedad, carecen de contraparte para apoyar a los afectados. En resumen, los derechos sociales se ven limitados, amenazados, en algunos casos se abandona la universalidad de los derechos y se cambian por focalizados a los sectores sociales excluidos o más apremiados por la pobreza.

Otro cambio institucional que tiene importancia para la ciudadanía es el referente al funcionamiento del régimen político, especialmente en lo que se refiere a la representación de los ciudadanos y su eficacia ante las instituciones de gobierno o en la definición de las políticas públicas. Con las trasformaciones en las relaciones capitalistas, la modificación profunda de la clase trabajadora y el debilitamiento de sus organizaciones sindicales, se pierde la vieja distinción entre partidos obreros, socialistas, socialdemócratas, comunistas y partidos conservadores, cuya oposición giraba alrededor de la ampliación o restricción de los derechos sociales, es decir, en la definición de las políticas públicas.

La política entre los partidos, en los Parlamentos, se ve limitada por la necesidad de los estados de respetar los acuerdos macroeconómicos globales (no inflación, no déficit público), y de mantener bajos los costos del funcionamiento de la economía (infraestructura, servicios, costo de la mano de obra, etc.) para ser competitivos en el mercado global.

La política cede lugar a la definición técnica de las políticas públicas, la economía se separa de la política. No importa si el partido que está en el poder es de izquierda o derecha, con alta probabilidad aplicará la misma política macroeconómica. Estos factores llevan a que la representación social de los partidos se diluya, no hay más partidos de clase, ahora hay nuevas temáticas como el ecologismo, pero son socialmente minoritarios. La gran mayoría de los partidos procuran representar a las mayorías de los votantes, son policlasistas, o acuden a formulas populistas como el representar al pueblo, a los pobres, etcétera.

Estas modificaciones alteran los derechos políticos de los ciudadanos, no tanto en su fase electiva sino en su capacidad de hacerse oír ante las autoridades públicas y de lograr que sus demandas sean atendidas. Los ciudadanos se tornan ineficientes ante el poder (Durand, 2004, 2007) en la medida en que las políticas públicas son definidas en bases "técnicas" y con una racionalidad y una ética que sólo tienen sentido para el gobierno. La participación ciudadana puede ser hasta un estorbo, se aísla la negociación política, piénsese en la política macroeconómica o en la política social, para constatar cómo los programas son definidos al margen de la población. La participación pierde espacio y sentido para el gobierno.

Dos consecuencias son posibles: por una parte el creciente desinterés de los ciudadanos por la política (Durand, 2007); por el otro, el crecimiento del interés por una sociedad civil que pueda rehacer la mediación entre los ciudadanos y el Estado, lo que también está siendo cuestionado, sobre todo en su utilidad para los más pobres (Putnam, 2003; Pharr y Putnam, 2000). La ciudadanía política pierde calidad, se degrada.

1.7.3. *Los cambios en la cultura y la individuación*

En la nueva época se dan dos fenómenos identitarios que parecen contrapuestos; por un lado, el surgimiento del individualismo extremo, que muchos autores identifican con la hipermodernidad, otros con el posmodernismo, al mismo tiempo que renacen con fuerza viejas identidades comunitarias, étnicas, nacionales o religiosas. Ambos fenómenos están asociados a la descentralización de los metadiscursos (de clase o religiosos), y en especial a la pérdida de centralidad del Estado, es decir, de referentes únicos o principales para la definición de la identidad de los ciudadanos. El desarrollo de la identidad multirreferenciada (*bricolage*) y orientada hacia sí misma, al goce personal, al hedonismo, lleva hacia una ciudadanía individual radical, la cual, por cierto, para funcionar requiere de instituciones eficientes que garanticen la acción de esos individuos, que brinden el funcionamiento del derecho, de sus derechos.[43] En ese espacio de libertad individual

[43] A mayor individuación mayor es la dependencia de los ciudadanos de las instituciones públicas y privadas que den soporte a sus vidas. Sin lazos fuertes de solidaridad o de colaboración comunitaria o barrial, los actores sólo pueden resolver sus necesidades de educación, salud, trabajo, consumo y alimentación, recreación, transporte, etc.; por medio de una complicada red de instituciones, sin las cuales se vería obligado a recurrir a los lazos primarios. En una sociedad donde las instituciones funcionan mal la individuación encontrará dificultades para evolucionar.

crecen o surgen identidades antes reprimidas, especialmente las relacionadas con las preferencias sexuales; el actor es libre de elegir su
preferencia y la sociedad debe ser más tolerante, se generan nuevos
movimientos que luchan por el reconocimiento de esas libertades, se
crean nuevos derechos y nuevas obligaciones para el Estado. Los derechos relacionados con el género y con la etnia también se ven favorecidos por el desenvolvimiento de las nuevas formas de individuación.
El hiperindividualismo tiende a alejar a los ciudadanos de la política
y de la participación ciudadana.

Al lado de la radicalización de la individualidad se fortalecen las
identidades colectivas basadas en lo étnico, en lo comunitario. En este
caso el individuo es limitado, subsumido en la identidad colectiva, no
se impone la tolerancia sino lo contrario, se fortalece la diferencia, la
identidad por la negación del otro. Los pueblos originarios o indios
tienen el derecho a definir su forma de gobierno según la OIT y ahora
la ONU, deben contar con un territorio y disponer de los recursos naturales asociados. Movimientos étnicos fuertemente tradicionalistas se
afirman y aseguran un espacio que parece alejarlos de la hipermodernidad. En el mundo globalizado donde los mercados de trabajo han
fomentado fuertes movimientos migratorios de los países periféricos
a los centrales, esas identidades étnicas y religiosas se hacen presentes
en las sociedades dominadas por las nuevas formas de individuación,
creando oposiciones culturales y sociales, confrontando el derecho a
tener derecho de las minorías, que niegan los derechos individuales
básicos, los de la mujer por ejemplo, y el deber del Estado de garantizar los derechos fundamentales o humanos de toda la población dentro de su territorio. Además, entre las comunidades de inmigrantes se
crea una situación de ciudadanía mutilada, pues tienen obligaciones
con el Estado (pagan impuestos, respetan las leyes, etc.) pero carecen de derechos políticos, no son miembros de pleno derecho de la
nación (incluido el ser considerado nacional) por el hecho de haber
nacido fuera del territorio.

El multiculturalismo ha sido una de las expresiones del surgimiento de esas identidades étnico-religiosas. Pero en los términos propues-
tos por Amartya Sen (2006) el multiculturalismo ha sido más del tipo
autoritario que democrático; es decir, el actor ubicado en una posición social no tiene la libertad de elegir dentro del multiculturalismo
sus preferencias, permanece preso en su identidad originaria. En un
sistema democrático, abierto, el actor debería poder elegir y transitar

entre las múltiples culturas.[44] El multiculturalismo ha corrido en la dirección opuesta del hiperindividualismo.

Además debemos anotar que la individuación radical en la sociedad, lejos de corresponderse a la igualdad de los ciudadanos (que debería resultar de su participación en el mercado) y al refuerzo de su libertad, una vez que fueron suprimidas las mediaciones (Estado, sindicatos, monopolios, etc.) que limitaban su acción, deja al descubierto las desigualdades que vienen de las relaciones sociales de producción; las diferencias sociales son evidentes, transparentes y se inicia su segmentación. La individuación muestra diferentes tendencias según el estrato socioeconómico y el capital cultural, algunos son más libres que otros (Martuccelli, 2007: cap. 3).

De la misma manera, en el multiculturalismo, como lo han señalado muchos autores, los grupos identificados e incluidos como portadores de derechos de minoría se segregan unos a otros, provocando más aislamiento que inclusión e igualdad social. En realidad, y pese a los avances en los derechos adquiridos, la desigualdad social ha crecido y la polarización es más extrema.

Tanto el hiperindividualismo como el multiculturalismo debilitan a la "comunidad política", que agregaba al conjunto de ciudadanos alrededor de reglas compartidas.

1.8. LA REPRODUCCIÓN DEL NUEVO CAPITALISMO EN LA PERIFERIA

Los cambios que hemos señalado en el apartado anterior tienen mayor impacto en las sociedades periféricas. Puesto que en el capitalismo anterior, el industrial, la reproducción del capital es incompleta, por fuerza deben pasar por una dinámica global, por el accionar de las grandes compañías multinacionales. La centralidad del conocimiento científico y tecnológico implica una mayor concentración del capital en pocas manos, en las grandes transnacionales, que por supuesto incrementan su poder sobre el mercado y sobre los estados de todos los países (aquí radica la idea de "imperio" de Hardt y Negri, 2004). El monopolio del conocimiento y de la capacidad de traducirlo en

---

[44] El trabajo de Kymlicka (1996) contiene un importante análisis de las relaciones entre ciudadanía y multiculturalismo. Nosotros tratamos el tema, para el caso de Oaxaca, en Durand, 2007ª.

mercancías produce una diferencia fundamental con el capitalismo anterior y con el papel que desempeña el capitalismo periférico.[45]

En el modelo anterior los países subdesarrollados tenían frente a sí la posibilidad de llegar a ser desarrollados y progresar; supuestamente estaban en un proceso que iba del subdesarrollo al desarrollo (Rostow, 1968); la industrialización por sustitución de importaciones era la evidencia de ello en América Latina, sin importar que en todos los países latinoamericanos fracasara. La tecnología asociada a los bienes de capital era posible comprarla por el tipo de capital constante, era posible apropiarse de los avances tecnológicos y competir con ellos en el mercado. Ahora esa posibilidad ya no existe, la idea de subdesarrollo como etapa se agotó; en el capitalismo basado en el binomio ciencia-tecnología cuya producción se traduce en bienes desechables (electrodomésticos, automóviles, aparatos de comunicación, etc.), es casi imposible quemar etapas, si se copian los bienes desechables en el siguiente momento. Cuando surge el nuevo producto, basado en una nueva tecnología y con nuevos materiales, se estará en la misma situación anterior; romper el monopolio de la capacidad de traducir conocimiento en mercancías es casi imposible. El resultado es una dependencia de los países periféricos del capital internacional, entre ellos hay una pelea para atraer al capital, para que participe (o se maquile) en la economía nacional y fomente el crecimiento local.

Frente a esta realidad de dependencia y subordinación, existe la ilusión de que fortaleciendo el fomento de la investigación científica y tecnológica (única "etapa" que podría se quemada), de la inversión en ciencia y tecnología, se podría acceder al nuevo capitalismo, pero para que ello fuese posible el esfuerzo por realizar es de tal naturaleza que resulta inviable en los países periféricos. El argumento de la posibilidad se sostiene en los ejemplos de países que tuvieron éxito como Japón, Corea el Sur, Irlanda, China o India; sin embargo, se omite el hecho de que esos países formaron científicos e ingenieros, creando una masa crítica indispensable al desarrollo propio. Antes del advenimiento del nuevo capitalismo, los posgrados estadunidenses o europeos fueron ampliamente aprovechados y con sus egresados se formaron los núcleos de investigación nacionales. América Latina, y en especial México, pagan el precio de las malas decisiones políticas tomadas durante el periodo de la industrialización por sustitución de

---

[45] Hardt y Negri se equivocan cuando creen que ese conocimiento está a disposición de las masas (Giannotti, 2003).

importaciones, de no haber apostado por crear sistemas de educación pública eficientes, universales y de alta calidad, así como de no formar suficientes cuadros en las universidades latinoamericanas como lo hicieron los países antes referidos, de aceptar que los profesionistas fuesen en su gran mayoría orientados a la abogacía y a la contaduría (encargados de administrar las corruptas burocracias del sector público y lucrar en el sistema judicial burlando la ley y alimentando la corrupción), mientras que las profesiones relacionadas con la ciencia y tecnología permanecieron en la minoría. [46]

La propuesta de que mediante los avances parciales en ciencia y tecnología puede emparejarse a la economía del país con los sectores de punta va en contra de la lógica del nuevo capitalismo cuya esencia es la apropiación de la ciencia y tecnología, su privatización, su transformación en patentes, en propiedad intelectual.[47]

En el mismo sentido se puede apreciar la ruptura o el debilitamiento del vínculo entre la escolaridad y el empleo y consecuentemente el ingreso. La escolaridad va perdiendo fuerza como factor de movilidad

[46] Según el reporte Puertas Abiertas del Instituto de Educación Internacional (IEI) con sede en Nueva York, reportado por Andrés Oppenheimer (2007), mientras la India envía a las universidades de Estados Unidos cerca de 84 000 estudiantes por año, China 68 000, 76 000 si se incluye Hong Kong, y Corea del Sur 62 000, México envía 14 000 al año. Oppenheimer agrega que los estudiantes asiáticos en su mayoría cursan posgrados (70%) relacionados con la administración de empresas, ingenierías y ciencias, mientras que los latinoamericanos estudian mayoritariamente licenciaturas de humanidades, comunicaciones y ciencias sociales. Otro dato significativo es que la mayoría de los asiáticos son financiados por sus familias, quienes dan un alto valor a la educación.

[47] La ilusión de la salida por el conocimiento surge de la apariencia de que el conocimiento es un bien universal al cual se puede acceder con relativa facilidad, pareciera que no es una mercancía. Pero no es así, en la actualidad el conocimiento científico se fundió con el técnico, no se puede acceder a uno sin poseer el segundo, el nuevo capital anuló la frontera entre ciencia y tecnología, es decir, hablamos de productos para el consumo, desechables, pero cuando son durables son protegidos por patentes. El nuevo conocimiento, como el genoma humano, sólo puede ser traducido en mercancías (fármacos, por ejemplo) por aquellas empresas que poseen los conocimientos, las tecnologías, el dinero y los recursos humanos necesarios para experimentar y crear productos nuevos; el resto sólo puede hacer ciencia deporte, simular, realizar en el mejor de los casos avances puntuales de escasa significación y rápida obsolescencia. Suponer que es posible crear empresas como Google gracias al ingenio de una persona aislada no pasa de una quimera, esas innovaciones sólo se dan en donde existe la masa crítica de creadores o innovadores, que hacen el evento probable; no por casualidad la mayoría de esas grandes novedades empresariales se dan en los grandes valles Del Silicio en California o de Boston u otros "valles" fuera de Estados Unidos, como Irlanda o la India, donde se agrupan grandes cantidades de científicos y tecnólogos.

social ascendente. Cada vez es más evidente que la alta educación no se traduce en mejores y más estables empleos, la segmentación del mercado de trabajo lo impide, así como la reducción de mercado salarial de alta productividad. El nuevo capitalismo sólo requiere de alta escolaridad y especialización en los sectores de punta, en el resto se apoya en trabajo descalificado o escasamente calificado, los requerimientos de la mano de obra están cambiando, flexibilidad, polivalencia, capacidad de adaptación, de aprender rápido, inestabilidad en el trabajo, es más un énfasis en las capacidades, en las aptitudes, que en los conocimientos fijos rápidamente obsoletos (CEPAL y Secretaría General Iberoamericana, 2007).

Sin embargo, y paradójicamente, sin educación, sin alta escolaridad de calidad todo es peor tanto para el individuo como para la nación. La escolaridad como parte del capital humano es una de las variables fundamentales de la competitividad; sin una población bien educada el país estará en desventaja, si la población no sabe el idioma inglés no podrá ubicarse en el mercado de los servicios, como es el caso de los *call centers*, y sin una masa crítica de ingenieros no podrá aspirar a que las empresas ubiquen en su territorio instalaciones de alta tecnología que incluyan las tareas de investigación. Pero el hecho de que hablen inglés o tengan suficientes ingenieros no garantiza que puedan innovar autónomamente y pasen a competir en el mercado mundial.

Lo que ocurre en la realidad de los países periféricos es nuevamente la dependencia de las empresas multinacionales que controlan los procesos y de los centros financieros que posibilitan financiar su presencia. La idea de la interdependencia dentro de la globalización es pura ilusión, la dependencia es mucho más profunda y más difícil de superar.

Volviendo nuestra atención sobre los efectos del nuevo capitalismo en la estructura social, es claro que esa igualdad aparente que ofrecen el mercado y el consumo, cuyos efectos subjetivos son sin duda importantes, no logra borrar las diferencias sociales que se expresan sobre todo en el espacio geográfico ya sea rural urbano o dentro de la segmentación de los distintos sectores de las ciudades. En la parte urbana destaca, por una lado, la segregación de los barrios ricos, la arquitectura del miedo, las calles cerradas, los barrotes, las cercas electrificadas, las policías privadas, los helipuertos, etc., y, por otro lado, las periferias en donde los servicios son precarios, decadentes, la pobreza creciente, igual que el hacinamiento, la violencia intrafamiliar y barrial.

Las ciudades van perdiendo sus característicos lugares comunes, de convivencia obligada entre distintos sectores o estratos sociales. La inseguridad lleva a que los grupos se enfrenten, los ricos exigen que se controle a los pobres, que se les reprima, que no se acerquen, que se les criminalice, que se les desaloje; en tanto, los pobres reclaman empleo, que se les permita vender en la vía pública, que sus transportes ilegales sean tolerados, que puedan apropiarse de la vía pública para poder ganarse la vida, los "franeleros", los vendedores de chácharas, vendedores de los cruceros, etc. Además de la violencia, de las pandillas o bandas, se presenta el robo a transeúntes, a casas habitación, de vehículos cuyos actores se refugian en los barrios periféricos. La polarización destruye el espacio público, lo segmenta, se vuelve cotidiano y consustancial.

Estas diferencias irritantes no son vistas como un producto del capitalismo periférico, son asumidas como una herencia, como el resultado de decisiones individuales equivocadas o como el producto de políticas públicas equivocadas, lo cual es en parte cierto, pero se insiste en que es posible crear más empleo formal bien remunerado y que si se invierte en ciencia y tecnología puede ser superado; mientras tanto (o para siempre) se adoptan políticas públicas orientadas a administrar la desgracia de los pobres, en el mejor de los casos buscando crearles nuevas capacidades que les permitan aprovechar las oportunidades (¿cuáles?) y en el peor horizonte clientelizando las relaciones para controlarlos.

1.8.1. *¿La nación tiene futuro en la periferia?*

El nuevo capitalismo modificó la geopolítica del mundo, Manuel Castells la llama "sociedad red"; las empresas multinacionales dejaron atrás el mapa de las naciones y han configurado redes de comunicación, financiamiento, producción y distribución que abarca a todo el planeta. Los estados nacionales tienen aún importantes funciones como preservar el funcionamiento local e internacional del mercado, mantener sistemas legales que den certidumbre a las inversiones, promover sistemas de infraestructura, puertos, aeropuertos, carreteras, sistemas de información, para que el capital funcione con los costos

más bajos posibles, proteger a los dueños del conocimiento de la piratería y el contrabando, etcétera.

Sin embargo, el nuevo capitalismo ha retirado de los estados nacionales la posibilidad de definir un proyecto económico propio,
nacional. Los proyectos son definidos afuera, qué se invierte, qué
compañías se instalan, qué sectores se favorecen, son decisiones externas que toman las empresas trasnacionales, basadas en sus análisis
estratégicos y en los desarrollados por las grandes calificadoras del
riesgo y las oportunidades que ofrecen los países. Ocurre lo mismo en
lo referente a la macroeconomía, todos los estados deben mantener
baja la inflación, tasas de interés variables, presupuestos equilibrados,
superávit fiscal, etcétera; de no hacerlo, las empresas privadas que
califican a los países pueden castigar la nota y alejar las inversiones,
provocar la salida de capitales. En los países periféricos una variable
importante es el costo de la mano de obra: mientras más bajo, más
miserable, más atractivo para la máquina capitalista.

El concepto síntesis de ese proceso es el de competitividad, es la
competencia para atraer las inversiones extranjeras y ésa debe ser la
meta que debe lograr todo Estado "responsable".

En pocas palabras los estados nacionales, salvo muy contadas excepciones debidas a sus historias particulares, ya no son capaces de
definir un proyecto nacional, un proyecto sustentado en una base
material autónoma como lo pretendía el desarrollismo; paradójicamente, sin la participación de los grandes capitales ya no hay desarrollo nacional posible. Pero la participación de esos capitales, como ya
señalamos, escinde a las sociedades.

A diferencia del periodo capitalista anterior en el que claramente
existía la definición de un proyecto nacional, proyecto de una nación
industrializada, autosuficiente, autónoma, soberana y con una población que sería integrada por medio del empleo formal, productivo,
y con prestaciones sociales, con una cultura nacional que expresara
sus particularidades y su diferencia con el resto de las naciones, en
la época actual esa idea de proyecto está en duda. Ahora el nuevo
capitalismo dificulta, casi anula, las posibilidades de definir proyectos
nacionales autónomos.

En el caso de México el proyecto nacional anterior obviamente no
se completó, pero al menos se formuló y creó cierta identidad; ahora
la definición de otro proyecto parece difícil dentro de las limitaciones
que impone la mundialización. En este contexto vale la pena pregun-

tarse –como lo hace Roberto Schwarz (1999: 57 y ss.)– cómo queda la idea del proyecto nacional, ¿es posible? Caben, siguiendo su pensamiento, varias respuestas:

La primera respuesta que se puede formular es que la idea perdió sentido al ser descalificada por el nuevo rumbo que tomó la historia. La nación ya no se va a formar o no se va a terminar de formar como unidad, sus partes se van a desligar unas de otras, habrá sectores avanzados de la sociedad que se integren a la nueva sociedad capitalista mundial y el resto va a ser abandonado, dejado a su suerte.

La segunda es que en el supuesto de que la economía deje de impulsar contra la dirección de la integración nacional y de un sistema relativamente autorregulado y autosuficiente (como en la realidad la economía está empujando), la única posibilidad de continuar afirmando que la integración nacional es posible, que la nación es un todo, es la unidad cultural que mal o bien se formó históricamente y que se completó en la literatura, en el patrimonio, etc. En ese sentido la cultura formada, que alcanzó una cierta organicidad, puede funcionar como un antídoto para las tendencias disgregadoras de la economía.

Sin embargo, y asumiendo que debemos pensar sin incluir un proyecto económico nacional (en la medida que está globalizado), que ya dejó de tener un sentido fuerte, determinante, el deseo de la formación de la nación parece vaciarse de contenido y perder su dinámica propia. Sin embargo, ni por eso deja de existir. La idea vacía del proyecto nacional puede ser utilizada en el mercado de las diferencias culturales y hasta del turismo, su significado cambia.

La idea de construir una nación autosuficiente y autónoma quedó en desuso. La nación no va a desaparecer, no se disolverá como espacio geopolítico, pero sí cambió de significado y función. Para realizarse como nación debe integrarse en el mundo globalizado, y dependiendo de la forma en que lo haga su población se podrá integrar más o, por el contrario, se fragmentará, se polarizará, siendo apenas integrada por las necesidades de realización del capital, que buena parte puede llevarse a cabo en actividades "informales" y de la reproducción de la población.

Los referentes colectivos nacionales se debilitan, ser parte de una nación como principio de identidad se diluye, compite con la necesidad de pertenecer o estar en otra nación que ofrezca mejores oportunidades; en el cotidiano de las familias y las personas el compartir lealtades con dos naciones se vuelve cada vez más común. En contraparte se fortalecen las identidades colectivas locales, étnicas, regionales.

Pero en los espacios concretos, comunidades, barrios, colonias, pese a los avances limitados en la ciudadanía, especialmente en la parte política por la democratización, hay que insistir en que los procesos de exclusión y precarización del empleo afectan a crecientes sectores de sus habitantes y que otros grupos de las clases medias son cada vez más vulnerables. La nueva situación afecta incluso a los ámbitos familiares, pierden sus tradicionales zonas de solidaridad por cambios en las familias y en los barrios (Mercedes de la Rocha, 2007). Su situación los aleja aún más de la política, entendida como la capacidad de disenso (Rancière, 1996), para colocar sus intereses dentro de un nuevo orden, no como intercambio clientelar que, en nuestra opinión, no es política sino control y negación de la ciudadanía.

En conclusión, el nuevo capitalismo introduce cambios fundamentales en las economías nacionales, la globalización las integra en un sistema cuyo funcionamiento no depende de las dinámicas locales; en especial en el caso de los países periféricos, modifica el mercado de trabajo segmentándolo en un mercado formal altamente productivo cuya dinámica está asociada al capitalismo global, y en un mercado de menor productividad de carácter local que maquila para el capitalismo global y atiende las necesidades de las sociedades locales, especialmente de los sectores excluidos. El nuevo capitalismo está incrementando la desigualdad social en la gran mayoría de las sociedades y al mismo tiempo debilita al Estado complicando su tarea de reducir la desigualdad social, aumentando así la inequidad y la injusticia. La contradicción entre la igualdad formal y la desigualdad real se vuelve más difícil de manejar.

En consecuencia de lo anterior cabe plantearse las siguientes preguntas: ¿Cómo se puede ejercer la ciudadanía en esas condiciones? ¿Los sectores marginales y excluidos en sus diferentes modalidades tienen la posibilidad de formar ciudadanía? ¿En la lógica marginalizante del capital, el Estado puede hacer algo para remediar o, mejor dicho, hay espacio en la política para que los sectores excluidos (una vez organizados) participen, recuperen su voz y puedan luchar con algún provecho por sus intereses?

1.9. RECAPITULACIÓN

En las páginas anteriores hemos señalado que la ciudadanía en México debe ser comprendida atendiendo a la forma en que se desarrolló, se conformó el Estado-nación. Especialmente la manera en que se creó una igualdad formal de los ciudadanos frente a la ley y el Estado y la desigualdad social. Esa relación debe ser desmenuzada dentro de sus partes para lograr explicar sus consecuencias a lo largo de nuestra historia. La igualdad formal no se consolidó como un Estado de derecho en la práctica, sino que dio lugar a un Estado que hemos denominado de excepción permanente, en el cual la ambigüedad en la aplicación del derecho asume diferentes formas. Ese Estado de excepción tiene tres pilares, la tesis benjaminiana de la excepción que viven los oprimidos, a los cuales nunca se aplica plenamente el Estado de derecho; las deficiencias en la aplicación del Estado de derecho establecido que lo hace impredecible, y, el carácter excepcional del funcionamiento del orden burgués en los países periféricos.

Ese Estado de excepción en lugar de administrar y disminuir la desigualdad social y sus efectos conflictivos los agravó. Los de abajo nunca contaron con el derecho, con las vías de la modernización, para salir de su situación de exclusión o marginalidad, sólo algunos, negociando o siendo parte del corporativismo, mejoraron, pero aun ellos viven en la ambigüedad.

La relación entre igualdad formal y desigualdad real, entre Estado de derecho y desigualdad social es dinámica y debe ser comprendida en las diferentes épocas de la historia de un país. En el nuevo capitalismo el Estado de excepción, ahora con su régimen democrático, con su democracia incapaz de consolidarse como sistema, de armonizar la igualdad formal y la desigualdad real, no logra enfrentar una desigualdad creciente, la exclusión atrapa a sectores más amplios de la población, la polarización se hace más cruda, la sociedad se segmenta. Los sectores excluidos se refugian en lo local, en su particularismo; desde ellos se integran precariamente y participan de la vida de las ciudades o del campo como consumidores defectuosos. Se desarrollan procesos que debilitan la política, que se expresan como la incapacidad de definir un proyecto nacional, en el debilitamiento de la comunidad política tanto por el hiperindividualismo como por el multiculturalismo y en una dificultad creciente para enfrentar el problema de la desigualdad social creciente.

En los capítulos siguientes estudiamos este complicado proceso de construcción de la ciudadanía y de su funcionamiento actual en una de las delegaciones de la ciudad de México: Xochimilco.

CAPÍTULO 2. LA FORMACIÓN DE LA CIUDADANÍA EN XOCHIMILCO

2.1. INTRODUCCIÓN

La historia de cómo se formó la ciudadanía en Xochimilco es muy compleja, como lo es en el resto del país. Se trata de un largo proceso a través del cual los habitantes de Xochimilco han experimentado relaciones con el Estado que se asemejan más a la servidumbre, a la sumisión patrimonial, al intercambio clientelar, que a la ciudadanía; es decir, a una relación basadas en leyes universales (obligaciones y derechos).

Ello no quiere decir que los xochimilcas a lo largo de su historia no hayan conquistado derechos o no se hayan beneficiado de marcos jurídicos que establecen disposiciones universales; lo cierto es que en el plano formal a partir de la Constitución de Cádiz (1812-1824) los derechos ciudadanos se han ampliado y se pueden equiparar formalmente a los de cualquier Estado-nación moderno; no obstante, en la realidad, en el día a día de las personas, esos derechos no se aplican de manera regular siempre. No se puede afirmar que el derecho no exista, o que en el extremo no exista el Estado de derecho; existe, sí, pero está lleno de excepciones, de lagunas, temporales y espaciales, en que la relación se rige por otro tipo de normas contrarias u opuestas al derecho racional establecido; se trata de la negociación al margen de la ley, el favor, las clientelas, la corrupción, la impunidad, el influyentismo, todos son términos que denotan esas excepciones que se dan día con día.

En este capítulo describimos, en líneas generales, cómo se ha conformado la ciudadanía en Xochimilco; arrancamos con la llegada de los pobladores al valle de México y nos detuvimos a finales de la década de los años sesenta del pasado siglo, cuando se produjeron múltiples cambios en el país y en la capital, entre ellos el inicio de la crisis del sistema político mexicano, que afectó profundamente la realidad sociopolítica de la delegación; se puede decir que la historia de la ciudadanía entró en nueva etapa.

Dividimos el presente capítulo en cuatro apartados: el prehispánico, la colonia, de la Independencia al porfiriato y de la Revolución de
1910 a 1968. La división responde a cambios evidentes en las relaciones entre el Estado y los habitantes. En el primer periodo prevalece
el Estado despótico tributario y la sociedad gentilicia, en el caso de
Xochimilco sus habitantes acaban viviendo en condición de "siervos"
de los mexicas; en el segundo apartado, el periodo colonial, caracterizado por la monarquía absoluta y la sociedad de castas, sus habitantes
están diferenciados por su origen étnico y social, y la condición de
súbditos; el tercer apartado está dedicado a la lucha liberal, desde
la Constitución de Cádiz, la crisis de la monarquía (española y del
imperio de Iturbide), el advenimiento de la república en el México
independiente hasta el porfiriato, marcado por un desarrollo de la
ciudadanía imaginaria (Escalante, 1992), donde priva la ambigüedad
entre la comunidad y el individuo, entre la igualdad jurídica universal
y las diferencias sociales cada vez más profundas que ponen en entredicho la igualdad ante la ley en los hechos; el último apartado, que
abarca desde la crisis del porfiriato hasta la crisis del nacionalismo
revolucionario, se caracteriza por el Estado corporativo autoritario,
el nacionalismo revolucionario que limita el liberalismo y define una
nueva forma de la ciudadanía marcada por la ambigüedad entre la
comunidad, la corporación y el individuo.

2.2. EL PERIODO PREHISPÁNICO

El origen de Xochimilco se remonta a la época prehispánica y pre-
mexica. Las tribus que conformaron el *altepetl* (pueblo con una historia) de Xochimilco llegaron a la cuenca de México en el siglo x.
Según las fuentes disponibles tenían antecedentes chichimecas y toltecas. De acuerdo con los autores de *Xochimilco ayer I* (Pérez Z., 2002:
19), los xochimilcas iniciaron su migración hacia el valle de México
después de la caída de Teotihuacan (750 d.C.) que sucumbió en la
guerra con los señores de Cholula, Xochicalco, Tula y Teotenango.
En su largo transcurso los xochimilcas permanecieron en Tula, donde se aliaron a los señores locales. Fue Tlotzin, *tercer gran chichimeca
Tecuhtli*, quien les dio el espacio de Xochimilco y también lugares en
Tula. En aquel entonces Xochimilco abarcaba un amplio espacio geo-

gráfico del valle de México (Tenochtitlan) que iba de la orilla sur del lago hasta los altos del actual estado de Morelos y la cordillera que colinda con el estado de Puebla (llamada en aquel entonces Tuchimilco u Ocopetlayuca).

Después de la caída de Tula (1175) los xochimilcas se traban en una serie de guerras y alianzas para defender y conservar o para expandir su territorio. En esas guerras los xochimilcas, en alianza con los ayapancas, pelearon para liberarse de la hegemonía tolteca, quienes aliados a los chichimecas logran derrotarlos. Ésta es la primera derrota registrada de los xochimilcas, la cual se dio a finales del siglo XII. Posteriormente, los xochimilcas fueron nuevamente derrotados por los culhua en alianza con los mexicas, después por los tepanecas (1378) y finalmente por los mexicas que lideraban la Triple Alianza (colhua-mexicas, chichimecas de Texcoco y Tlacoapan) constituida en 1428; el pueblo xochimilca pasó casi un siglo bajo su dominio, hasta la llegada de los españoles (Pérez Z., 2002: 19).

En este periodo, la guerra (que en buena parte respondía a factores religiosos), entre los pueblos indígenas es el factor o la dimensión más importante para comprender la dinámica política y estatal de aquellas sociedades. Es por medio de la guerra, del sometimiento de los pueblos vencidos y de su incorporación a la estructura de dominio impuesta por los vencedores, como se van formando las organizaciones que dan lugar a las primeras conformaciones estatales, sea de los tepanecas de Atzcapotzalco, sea de los mexicas de Tenochtitlan.

Las guerras son de gran importancia como motor del desarrollo de los pueblos prehispánicos, los conflictos bélicos implican, necesariamente, la existencia de una organización que se encarga de los preparativos para la guerra, así como de su realización, de garantizar la existencia de recursos materiales y humanos para ello. La organización nos indica la existencia de un Estado (no en el sentido moderno del Estado-nación) que daba unidad a los pueblos dominantes y sojuzgados, y se encargaba de la recolección y administración de los tributos que los pueblos sojuzgados entregaban a los dominantes. La historia de los mexicas hasta la llegada de los españoles en 1520 al valle de México, nos muestra la grandeza del territorio que era controlado por ese pueblo y su compleja organización administrativa.

En este proceso los xochimilcas, en tanto que pueblo sojuzgado, sometido al dominio de otros pueblos, sufrieron la guerra, perdieron desde los orígenes su autonomía, fueron obligados a pagar tributo y a entregar a sus miembros para combatir en las guerras sirviendo a los tepanecas o a los mexicas. Los efectos de la guerra conforman una dinámica que corta su desarrollo; sus organizaciones gentilicias ya no experimentaron ningún desdoblamiento hacia organizaciones más complejas.

Los xochimilcas fueron un pueblo sojuzgado al menos desde el siglo XII. Los *tlahtoani* del *altepetl* no siempre estuvieron al frente de sus pueblos, algunos *altepetl* que los derrotaron imponían a sus propios miembros; en otros casos dejaban intacta la estructura xochimilca. Lo importante es que dada la organización gentilicia y dado que prevalecían los lazos de sangre, los genes xochimilcas, *techan,* sobrevivieron durante todo el periodo y aún en parte del siguiente periodo colonial. La sociedad local mantuvo su organización preestatal, *societas,* y una identidad local.

El *tlahtocayo* correspondía a una unidad política de gobierno que se encargaba del control de varios *Tecpan* o casas de "nobles" y de varios *tlaxilacalli* o barrios donde se encontraban los *macehualtin* o campesinos (Pérez Z., 2002: 25). En Xochimilco cada *tlahtocayo* se encontraba dirigido por un *tlahtoani* o gobernante, quien se encontraba en la cúspide de la estructura social y estaba acompañado por varios *teteuhtin* o "señores", quienes ayudaban al gobierno del *tlahtocayo.*[1] El *tlahtoani* junto con todos los *teteuhtins,* integraban el estrato de *pipiltin* o los "nobles" indígenas, clase heredera y con derecho a las tierras (Pérez Z., 2002: 24). Los *macehualtin* eran los trabajadores, campesinos, artesanos, sirvientes, no tenían derecho a la tierra y pertenecían a los distintos *tlahtoani,* eran parte de la *gens,* estaban ligados por lazos de sangre y por sus dioses, sus creencias religiosas.

Esta organización social fue sometida a organizaciones estatales más complejas, estados, que les negaban una pertenencia a la sociedad dominante, eran excluidos y explotados, pero se les respetaban, aunque no siempre, sus características gentilicias. En ese sentido no eran parte, ni por lazos de sangre, ni por el territorio (*civitas*) de ese Estado más complejo.

En el Estado del pueblo dominante, que controlaba a los demás pueblos, hubo transformaciones. Cuando los mexicas derrotaron a

---

[1] La sucesión del *tlahtoani* no se realizaba de padre a hijo, sino que se hacía de hermano a hermano y en caso de que no hubiese ninguno vivo se privilegiaba al sobrino. (Pérez Z., 2002: 29).

los tepanecas, hubo un cambio en la estructura de poder. Del consejo de ancianos tepaneca, menos centralizado, se pasó al gobierno de los *pipiltin,* como una nobleza hereditaria que descendía de los gloriosos gobernantes toltecas. Su interpretación de la cosmogonía, del quinto sol les otorgaba un origen mítico del poder y legitimidad sobrenatural; no obstante, el Estado mexica se asentaba más en el poder político que en el religioso (Florescano, 2001: 108). A los pueblos sometidos se les respetaba su gobierno local, aunque al final del periodo los *tlahtoanis* mexicas impusieron miembros de sus familiares para gobernar Xochimilco (Pérez Z., 2002: 33).

Dado el carácter despótico tributario, a los pueblos dominados se les imponían pesadas cargas (Florescano, 2001: 107); los derrotados debían dar tributos en especie, materiales y humanos, sin contar con los prisioneros de las guerras que eran sacrificados a los dioses. Los tributos, además de posibilitar la preparación y ejecución de las guerras, daban a la casta dominante y a sus dependientes lo necesario para satisfacer sus necesidades y lujos. Con el Estado teotihuacano se establece la diferenciación social, se estratifica la sociedad, las castas se separan y se excluyen, el Estado se torna despótico y a los sojuzgados, los *macehualti,* se les convierte en casi esclavos.

Durante el crecimiento y dominación del imperio mexica, los xochimilcas fueron sojuzgados, se les impuso la pesada tarea de la construcción de una calzada para conectar la orilla del lago a la isla mexica, "para que por allí tuvieran trato y comercio los unos con los otros" (Pérez Z., 2002: 20).

La sociedad xochimilca era importante para los mexicas pues tenía una producción abundante de agricultura, pesca y productos forestales, así como un artesanado que construía canoas y realizaba trabajos en piedra y en barro. Es particularmente importante la creación de las chinampas como espacio agrícola altamente productivo, que consistía en ganarle espacio a la laguna mediante la construcción de enramadas que eran rellenadas con limo y tierra y fijadas al fondo de la laguna con estacas de ahuejotes; esos espacios tenían la capacidad de producir varias cosechas al año, lo que les permitía a los xochimilcas contar con abundante producción, sobre todo de hortalizas. Los lagos además proporcionaban abundante pesca y otros productos, como el tule y el zacate, que eran utilizados para la construcción de las casas-habitación; los cerros les proporcionaban madera y piedra. El mayor riesgo natural lo constituían las inundaciones del valle que impedían la producción y arruinaban los asentamientos, causando hambre y sufrimiento entre los habitantes.

Bajo la dominación mexica la situación del pueblo bajo xochimilca, los *macehualtin*, empeoró, pues además de las tierras que los mexicas usufructuaron hasta la llegada de los españoles, existían las tierras de los *tlahtoque* xochimilcas. Éstas eran: *1*] las que les correspondían por derecho patrimonial; *2*] las que se podían heredar, es decir, las *huehuetlalli* y otras que les correspondían por derecho señorial por el hecho de ser gobernantes; *3*] las *tlatocatlalli*, distribuidas todas en distintos lugares; *4*] otro tipo de tierras eran las dedicadas a la subsistencia de los *macehualtin*, asignadas a cada unidad familiar; *5*) por último, las tierras "del gran monte", de donde se obtenían madera, piedra y otros productos para el pago de sus tributos y necesidades (Pérez Z., 2002: 25). Todas las tierras eran trabajadas por los *macehualtin*, que debían soportar cargas de trabajo y explotación crecientes.

Antes del imperio mexica la sociedad xochimilca estaba organizada en comunidades con igualdad social mayor, con baja diferenciación del trabajo. No había tanta injusticia, aunque sí exclusión (expulsión) por faltas en contra de la comunidad. No había hambre, salvo la ocasionada por las desgracias naturales. La desigualdad y el empobrecimiento creciente de los *macehuales* era tanto producto de las exigencias mexicas, como de sus *tlahtoanis* que nunca renunciaron a que trabajasen sus tierras y les dotasen de lo necesario para su vida y posición.

La sociedad xochimilca –como ya hemos señalado– estaba dividida en *gens*, con su estratificación interna, ligada por lazos de sangre y por reglas hereditarias. En los sistemas gentilicios no existe la ciudadanía, hay miembros de la *gens* con diferentes atributos y responsabilidades, hay una división social basada en las funciones que desempeñan, los sacerdotes y gobernantes; son hereditarias y no hay movilidad entre las funciones. En todos los casos hay explotación del trabajo de las castas inferiores.

La religión de los xochimilcas era politeísta, su lengua era el náhuatl. A pesar de que en el "imperio" mexica se compartía la creencia de algunos dioses, no existía una religión universal, ésta era siempre particularizada en los distintos pueblos e incluso en las *gens*. Los mexicas extendieron el uso del náhuatl a lo largo y ancho del imperio, renombrando lugares, pueblos e incluso dioses; sin embargo, no eliminaron las lenguas locales, ni impusieron a sus dioses.

Con los datos anteriores nos quedan claros cinco elementos: el primero es la existencia del Estado y de una administración central mexica; el segundo es la organización gentilicia tanto de los xochimilcas como de los pueblos mexicas; el tercero es que entre los xochimilcas no había ciudadanía, los *macehuales* no participaban de la propiedad (salvo la colectiva), eran explotados por los *tlahtoani* y después sujetos a trabajo forzoso por los mexicas; el cuarto es que la situación de sometidos, dominados, dejó a los *pipintli* sólo como un gobierno local, que no participaba en el gobierno mexica, tampoco los miembros del *pipintli* xochimilca podían ser considerados como ciudadanos del Estado mexica; el quinto es que después de la dominación mexica la desigualdad social se incrementó dentro de la sociedad xochimilca, la condición del *altepetl* se degradó, pero los *macehuales* sufrieron una mayor explotación, sufrimiento y degradación social.

Antes de terminar este periodo es necesario recuperar el debate sobre si existía o no en la sociedad mexica (en el caso de los xochimilcas parece no haber dudas) una organización gentilicia o si, por el contrario, ésta ya había sido dejada atrás y se desarrollaba una sociedad al margen de los lazos de sangre, basada en la pertenencia a un territorio, y había principios de ciudadanía.

La polémica surge del análisis de Morgan (2004) sobre la organización de los mexicas, o de la Triple Alianza, en el cual afirma que la sociedad mesoamericana no era feudal, como aseguraban los conquistadores. La sociedad mexica continuaba clasificada, en el esquema de Morgan, dentro de la categoría de *societas,* en la cual las relaciones se cimentaban en los lazos sanguíneos, en la gens, a pesar de no haber alcanzado la *civitas,* en la cual se disolvía la relación sanguínea para dar lugar a la relación con el territorio, en donde la identidad dejaba de ser con el clan, el tótem, y se basaba en la demarcación territorial, *township,* constituyendo un Estado democrático militar. El tránsito habría ocurrido por las propias dimensiones del "imperio" y habría dado lugar al Estado y a una participación dentro de los órganos del gobierno.

Morgan afirma que la Triple Alianza se encontraría, siguiendo su clasificación, en una etapa media de salvajismo, en la cual se domina la alfarería, pero aún no se cuenta con el alfabeto fonético y con una escritura que reproduzca el sonido articulado. En términos del régimen político, Morgan dice que en la *societas* amerindia existía una *democracia,* en la medida en que las decisiones eran tomadas por la colectividad; sin embargo, esa denominación de democracia omite o deja de lado el hecho de que en esa sociedad eran excluidos de sus asambleas los extranjeros, las mujeres y los adolescentes y además los cargos de los señores eran vitalicios.[2] La consideración de Morgan implicaba que habría un Estado.

Morgan sostiene que los mexicas tomaban sus decisiones de abajo hacia arriba. En los *calpulli*, equivalente a la *gens* según el autor, se discutía hasta la saciedad para tomar las decisiones y el representante, *calpuleque*, llevaba el acuerdo a una asamblea en la que participaban los veinte calpuleque, quienes en discusiones similares llegaban por unanimidad a las decisiones finales. Jaime Labastida (2004: XXXII) afirma que Morgan tiene razón en decir que la sociedad mesoamericana no era feudal, ni autoritaria. Sin embargo, Labastida sostiene que esta forma de organización o de gobierno no la hacía democrática; por el contrario, era genocrática y vitalicia, la elección de los calpuleque se hacía entre los miembros de la familia, la unanimidad de las decisiones mostraba que no había pluralidad, dominaba la unidad social tradicional, del gobierno se excluía a las mujeres, a los jóvenes, etcétera.

Otro elemento sustancial de la discusión es el carácter del Estado. Para Morgan había Estado; otros autores (Moreno, 1962; López Austin, 1961; F. Katz, 1966) coinciden con la afirmación y, en general, lo denominan como Estado despótico tributario. Labastida en una amplia y sólida argumentación sostiene que no había tal Estado, que en última instancia éste, siguiendo a Kelsen, sólo aparece cuando hay una unión indisoluble entre Estado y derecho escrito, el texto de la ley.

El problema radica en la definición del Estado. Si se asume la postura esgrimida por Labastida, la Triple Alianza no conformaba un Estado en la medida en que no contaba con una legislación escrita y su organización social aún no superaba los lazos de sangre, no había identidad basada en el territorio, no había igualdad abstracta de los miembros de la sociedad, por ende no había ciudadanía; es decir, si sólo hay ciudadanía en el Estado de derecho al que se refiere Kelsen, entonces sólo habrá ciudadanía a partir del Estado-nación, cuando se unen Estado, territorio y derecho. El Estado podría ser anterior a la

---

[2] En la actualidad existe la misma discusión al respecto de los municipios que eligen a sus autoridades municipales por el sistema de "usos y costumbres" en el estado de Oaxaca y que algunos autores (Hernández-Díaz, 2007) identifican como democracia directa, pese a las mismas exclusiones.

ciudadanía, como es el caso de las monarquías durante el feudalismo donde los súbditos eran siervos con derechos diferenciados.

Si, por el contrario, en lugar de la definición de Estado utilizada por Labastida aceptamos una más amplia, más generosa, como lo hace Charles Tilly, podemos llegar a otras consideraciones. Tilly define el Estado "como aquellas organizaciones que aplican coerción, distintas de las familias y grupos de parentesco y que en algunos aspectos ejercen prioridad acerca de otras organizaciones dentro de extensos territorios" (1996: 46).[3] Para Tilly, la historia de la formación de los estados es muy amplia y variada y responde a múltiples factores y variables tanto internos a la dinámica del Estado como externos a él, es decir a su relación con otros estados. Lo central es la existencia de esa organización diferenciada que aplica la coerción, diferente de la gentilicia, sobre otras unidades en un amplio territorio.

Para nosotros esta perspectiva, aunque menos rígida, nos permite rastrear la formación del Estado en México y, consecuentemente, también de la ciudadanía.[4]

Siguiendo la senda de Tilly podemos considerar que los mexicas contaban con un Estado, los *calpullis* estaban en la base pero la asamblea era claramente intercalpullis, por lo tanto ajena a los lazos de parentesco directo, tenía prioridad sobre los propios *calpullis* y sobre todos los pueblos dominados a los cuales mantenían bajo la coerción. En estos términos se podría discutir si dentro de la sociedad mexica existía algún tipo de ciudadanía o la población contaba con derechos y obligaciones frente al Estado, derechos reconocidos por la asamblea; sin embargo, ello escapa a nuestros propósitos.

Esta distinción nos es relevante para calificar la condición de los xochimilcas, como la de los demás pueblos sometidos al dominio mexica. En los pueblos sometidos no había ninguna organización con primacía y tampoco se separaba, se diferenciaba funcionalmente de los *gens*, en el caso de Xochimilco de los *techan*. Los habitantes de Xochimilco, desde los *tlahtoani* hasta los *macehualtin*, tenían obligaciones ante el gobierno mexica, pero no derechos, en especial los *macehualtin*. Los *tlahtoani* tuvieron la concesión de permanecer en el poder y

---

[3] De acuerdo con el autor, el Estado puede identificarse desde 6000 años a.C., y corresponde aproximadamente a la aparición de las ciudades. En esencia, nos dice, en su principio fueron ciudades Estado (Tilly, 1996: 46).

[4] Desde luego que no desechamos la definición de Kelsen utilizada por Labastida, pero la reservamos para la época del Estado-nación, es decir a partir de finales del siglo XVIII.

de explotar a los *macehualtin* para su provecho y para el pago de los tributos. Independientemente de la posición de los miembros de la sociedad mexica, no puede considerarse que los xochimilcas tuvieran en esa época cualquier tipo de ciudadanía.

Veremos a continuación cómo esta posición de pueblo sometido de los xochimilcas, más su alianza con los españoles para derrotar a los mexicas y liberarse de su dominio, los diferenció de los mexicas y de los otros pueblos que se opusieron a la conquista y fueron derrotados viendo su organización social y política destruida.

2.3. EL PERIODO DE LA COLONIA

El periodo colonial se puede subdividir en tres subperiodos claramente diferenciados: el primero, muy corto, corresponde a la vigencia de las encomiendas, donde los indios eran considerados como inhumanos y por ello esclavizables; el segundo, el más largo, que se inicia con las leyes de Indias y termina con las reformas borbónicas que abren el periodo liberal o de la lucha por la implantación de las reformas liberales; el tercero, arranca con las reformas y se interrumpe con la Independencia de México; decimos que se interrumpe dado que pasado el breve periodo del imperio de Iturbide, la lucha por implantar el liberalismo en el país se extiende hasta la dictadura de Porfirio Díaz

2.3.1. *La caída de Tenochtitlan y la supervivencia de las estructuras xochimilcas*

La llegada de los españoles al Valle de México motivó una serie de luchas con los distintos pueblos, entre ellos los xochimilcas; no obstante, en el sitio a Tenochtitlan, los *tlahtoani* de Xochimilco se aliaron a los españoles para librarse de la dominación mexica, con lo cual obtuvieron algunas ventajas.

Una vez consumada la derrota de Tenochtitlan en 1521, los xochimilcas recibieron un trato diferenciado por parte de los españoles de manera semejante al que obtuvieron los tlaxcaltecas. En efecto, al contrario de otros pueblos a los cuales los invasores les destruyeron sus formas de gobierno y dispersaron su sociedad, en Xochimilco se mantuvo la vieja organización gentilicia.

Hernán Cortés otorgó Xochimilco en encomienda a Pedro de Alvarado, el cual cuando partió a conquistar nuevos territorios dejó a Luis Delgado al cargo (Pérez Z., 2002: 37); en ese momento existían aproximadamente veinte mil tributarios, parte de los cuales fueron integrados al ejército de Alvarado. A su muerte, en 1541, la encomienda pasó a manos de su esposa Beatriz de la Cueva, quien murió en el mismo año. A partir de entonces Xochimilco pasó, como pueblo y tierra, a manos de la corona (Bravo, 2007: 43).

En general los españoles no permitían que se mantuvieran las viejas formas de gobierno, ni que los gobernantes indígenas ocuparan puestos en la nueva organización. Sin embargo, en Xochimilco, dada su alianza, hicieron una excepción: se conservó su organización social, económica y política; en esta última se mantuvo la estructura del *altepetl* a través de los *tlatocayos*. Cada una de las cabeceras (*Tepetenchi, Tecpan* y *Olac*) conservó su *tlahtoani*, que los españoles denominaron como caciques o señores. Esta forma de gobierno se extendió hasta 1558, pero ya bajo las ordenanzas de 1553 que regulaban la existencia de un solo cabildo en la ciudad de Xochimilco; el cargo de gobernador se debía rotar entre los caciques, generándose un principio de centralización. En 1558 los miembros del *pipiltin*, los caciques, perdieron el privilegio de no pagar tributo a la corona (Pérez Z., 2002: 52).

La permanencia de la organización gentilicia fue mezclándose con el sistema monárquico absolutista; la situación del pueblo trabajador, de los *macehualtin* se tornó más difícil, para ellos las ventajas de verse liberados de los mexicas fueron nulas. Como es bien conocido, en el primer momento de la conquista española de los pueblos, la creación de la encomienda altera brutalmente la estructura de los pueblos indígenas, se les impone el servilismo o se les somete a la esclavitud; en los primeros años los *macehualtin* deben haber sufrido dichos abusos.

A diferencia de los siervos del feudalismo europeo, los indígenas sometidos no eran parte de una sociedad en donde por tradición se aceptaba la autoridad del noble e incluso se le reconocía su autoridad y superioridad natural; aquí había una relación basada en la coerción, en la violencia ejercida contra quien era considerado como inferior y carente de cualquier derecho.

En Xochimilco el sometimiento fue menos brutal debido al mantenimiento de la estructura social gentilicia; sin embargo, los *mace-*

hualtin tenían sus obligaciones tradicionales y además ahora debían trabajar las tierras de la corona, pagar tributos, realizar los trabajos para la construcción de caminos, templos, etc., y fungir como guerreros al servicio de los capitanes españoles. La organización del trabajo estaba a cargo de los *pipiltin,* que proveían de trabajadores al repartimiento, función que fue siendo responsabilidad del cabildo pero que no desapareció.

Consumada la conquista, los frailes iniciaron inmediatamente la evangelización; en Xochimilco participaron fray Martín de Valencia, fray Bernardino de Sahagún y Motolinía. Ya en 1525 se inició la construcción de la iglesia de San Gregorio Atlapulco y en 1535 comenzó la construcción de la iglesia y convento de Xochimilco, San Bernardino de Siena. La evangelización y la conversión al catolicismo es un largo proceso en el cual en el monoteísmo se van acomodando otras creencias anteriores, generando una religiosidad particular, así como una visión del mundo compleja, que mezcla elementos de ambas culturas y que persiste hasta nuestros días.

Respecto de la organización social, junto a la llegada de la Iglesia católica se inició, casi inmediatamente, la conformación de las cofradías como forma de organización social de ayuda mutua que en un principio sólo agrupaba a españoles y cuya finalidad era, entre otras, proporcionar ayuda a sus miembros para que recibieran cristiana sepultura y, por supuesto, para apoyar al santo patrono (Bravo, 2007: 63).

En este primer subperiodo de la colonia la estructura política devolvió privilegios a la nobleza xochimilca pero no generó derechos a los trabajadores, que quedaron atrapados en una mayor explotación. Sus señores debieron sobreexplotarlos para mantener sus privilegios. A los excesos de trabajo y abusos cometidos sobre los indios hay que agregar las "pestes" que azotaron a la población (1541-1548, 1571-1581) y las inundaciones (1555, 1577 y 1592), que llevaron a la población a pasar hambre y a sufrir una enorme mortalidad (Pérez Z., 2002: 95).[5]

---

[5] El hundimiento demográfico en el siglo XVI fue dramático: de 10 o 15 millones (algunos hablan de 25) en 1492, se redujo, por la desastrosa sujeción de epidemias, a un millón hacia 1630; en 1810 sumaban dos millones y medio de individuos (Florescano, 2001: 279).

2.3.2. *Las leyes de Indias, la segregación y la formación de las castas*

En el segundo momento, a partir de las leyes de Indias, con la creación de las repúblicas, de los españoles y de los indios, cada una con su cabildo, se creó una separación social radical. La diferenciación de la sociedad en grupos étnicos diferentes –que no eran ni indios ni españoles– como los negros o los mezclados, quedan en la indefinición jurídica. Su presencia da lugar a la sociedad de castas, rígidamente estratificada.

La organización política de Xochimilco se puede seguir en su transformación o transición del gobierno indígena al cabildo indígena. Como indicamos, el reconocimiento inicial de la estructura del *altepetl* por los españoles se mezcló, a partir de 1541, con la organización político-administrativa del corregimiento o alcaldías mayores. En el caso de Xochimilco, en el corregimiento convivían el cabildo de los indios, el cabildo de los españoles y la presencia de la "nobleza indígena". Como ya mencionamos, la corona fue desconociendo los privilegios de los nobles indígenas y fortaleció a los cabildos.

Al mismo tiempo que se establecía una nueva forma de gobierno en la cual la antigua estratificación se debilitaba, también la organización de la sociedad se modificó. Un elemento fundamental es la introducción de los nuevos oficios y la ocupación de los mismos por los *macehualtin*, lo que los independizaba de los nobles y les daba derechos especiales.

Asimismo se introdujo una profunda transformación en la tenencia de la tierra. Uno de los cambios importantes entre 1548 y 1558 fue que las tierras, tanto señoriales como patrimoniales, que eran derecho exclusivo de la nobleza indígena, fueron repartidas también a los *macehualtin*. Además, se mantuvo la propiedad comunal, la existencia de bienes comunales. A partir de entonces, los *macehualtin* ya no esperaron un nuevo reparto, sino que como antiguos *terrazgueros* o *tequitque*, se apropiaron de las tierras que trabajaban a sus antiguos señores. Junto al reparto se dio la concertación entre "nobles" y *macehuales* sobre el monto de los impuestos que debían tributar y la cantidad de tierra que deberían trabajar (Pérez Z., 2002: 66). Los *macehuales*, en tanto que sujetos a obligaciones, adquirían una personalidad jurídica diferente de la de sus superiores indígenas, se introducía una ruptura en la organización gentilicia, se desconocían los principios de su ordenamiento y se privilegiaba la obligación de pagar impuestos, lo que debía traducirse en derechos, por ejemplo el de pedir a la justicia limitar los abusos en el cobro de los propios impuestos o de los abusos de los caciques.

Una consecuencia importante de la diferenciación social fue que a partir de entonces los indios sólo reconocían a sus superiores particulares, el jefe de la *gens*, rompiendo los vínculos con los grupos de mayor jerarquía. Este movimiento de descentralización de la estructura de poder se reflejaría en la tendencia de los pueblos a separarse administrativamente de las grandes intendencias y obtener su autonomía municipal.[6] Se fortalecían las comunidades locales y sus gobiernos, las identidades se hacían más particulares, más restringidas. Los gobiernos se alejaban de los lazos sanguíneos y se basaban en las leyes impuestas por la colonia.

La nueva estructura social encontraba una garantía jurídica en el hecho de que los "nobles" perdieron la facultad de impartir justicia. La aplicación de la justicia y gobernar correspondía ahora al gobernador, a los alcaldes y a los regidores. Los miembros de los oficios, los nuevos propietarios agrarios y los propios *macehualtin*, defendieron por ello sus derechos y denunciaron los abusos de los caciques ante los nuevos órganos de justicia.

Los indígenas también utilizaban la justicia para oponerse a los excesos de los diezmos que cobraba la Iglesia sobre sus ganancias.

Respecto de los derechos políticos la nueva organización impuesta por los españoles también implicaba algunos cambios. Para la conformación del cabildo y para elegir a los gobernadores, alcaldes, regidores y demás funcionarios se realizaban elecciones en las que participaban libremente los indios, con lo cual se modificó radicalmente la vida política de los pueblos. Los cargos tenían una duración anual y las elecciones se realizaban al final del año. En Xochimilco la primera elección se realizó en 1553; se hacía por mayoría de votos y debía citarse a todos los indios del pueblo de la jurisdicción con derecho a voto. Una vez realizado el conteo se levantaba el acta que era enviada al virrey, quien tenía la facultad de autorizar o desautorizar los resultados. Las elecciones eran supervisadas por autoridades, oidores, corregidores y curas, quienes velaban para que fueran realizadas en orden (Pérez Z., 2003: 62).

---

[6] En 1651 los naturales de Tepepan solicitaron su independencia, lo mismo hicieron los de Santiago Tulyehualco en 1687, y casi un siglo después, en 1775, San Antonio Tecomitl lograba su separación. Para 1805 Santiago Tepalcatlalpan tenía ya su propio gobierno (Pérez Z., 2003: 14).

Los procesos electorales creaban nuevos derechos para los indígenas pero no eran particularmente limpios y por lo tanto los derechos no eran siempre respetados. Con frecuencia las elecciones estaban intervenidas por intereses de grupo, de nobles, de "principales advenedizos" que pugnaban por el poder, de curas y frailes y de funcionarios indígenas encargados de elegir a sus sucesores. Las elecciones eran frecuentemente anuladas debido a que los alcaldes mayores o los religiosos se inmiscuían "con dolo y fraude" en las elecciones.

Otro aspecto significativo era la presencia de excepciones a las reglas, como es el caso de la no reelección de los funcionarios del cabildo,[7] que a veces se aceptaba por las calamidades naturales y otras por la influencia de los poderosos.

Dentro de la separación impuesta por la distinción de las repúblicas, los indios obtenían nuevos derechos civiles, de propiedad, de oficio, de justicia; derechos políticos como elegir a los gobernantes del municipio. Junto a esos limitados avances los indígenas carecían de derechos sociales; la pobreza y la desigualdad, así como la explotación del trabajo eran brutales. Además, hay que recalcar que los derechos adquiridos no eran universales; los no indios no gozaban de los mismos derechos que los españoles, que tenían un régimen aparte con sus derechos y privilegios, su república; los miembros de

---

[7] A partir del siglo XVII, fuera por elección o por influencia del alcalde mayor y del cura, o por los intereses de grupos, varios de los funcionarios y sobre todo el gobernador, fueron reelegidos por uno o más años y confirmados en el puesto por el virrey en turno. Así, el 17 de diciembre de 1619, el virrey marqués de Guadalcázar confirmó la reelección del gobernador don Juan Matheo hecha por el "común y naturales" para el año de 1620 (Pérez Z., 2003: 63).

La reelección también se realizaba cuando no había elecciones a causa de las epidemias que asolaban la Nueva España, como ocurrió entre 1629 y 1630 por "haberse muerto muchos indios y los más principales y mandones" y no había suficientes electores o a quién elegir. Se sugería la reelección, como hizo el corregidor de Xochimilco Juan Alonso de Sosa, quien en 1630 pidió al virrey marqués de Cerralvo prorrogara en su cargo a don José Bernal argumentando que dicho funcionario "había dado buena cuenta y cobrado con puntualidad los tributos reales (Pérez Z., II, 2003: 63).

Sin embargo, aunque la reelección era debida a una emergencia, con el tiempo muchas veces fue contraproducente, porque la mayoría de las veces la reelección de un gobernador generaba una gran controversia y descontento entre los habitantes, como ocurrió en enero de 1635, cuando la opinión del corregidor se contraponía con la del "común de los naturales" de Xochimilco, pues José Bernal había sido elegido y prorrogado varios años, tiempo en el que no había cumplido con la entrega puntual del tributo y cuando buscaba ser elegido nuevamente como gobernador a propuesta de los alcaldes (Pérez Z., 2003: 64).

las otras castas no gozaban ni siquiera de los derechos reservados a los indios.

En términos de igualdad abstracta, de pertenencia en igualdad de condiciones, se creó un primer principio universal: todos los hombres son iguales ante Dios. Ese principio es fundamental pues rompe con la definición del otro, del indio, como salvaje, como no humano; ante Dios todos son humanos, todos son su criatura. La Iglesia es la encargada de velar por esa igualdad, lo que la convierte en un poder paralelo al del Estado. La ascendencia de la Iglesia en los habitantes lleva a ésta a la evangelización, a unificar a toda la población en sus creencias religiosas y, por otro lado, a servir como un contrapeso al poder de la corona, a la monarquía absoluta. Se crea un principio de identidad que agrupa a todos los habitantes del reino de España, todos son hijos del Dios católico. La antigua religión politeísta y particular a los pueblos queda como sustrato cultural y particulariza las formas de ser católico de los diferentes pueblos o, quizá, de las diferentes *gens*. En el mundo particular de los pueblos sigue siendo un principio oculto de identidad, de diferenciación.

El complejo sistema religioso indígena fue adaptado de manera creativa a los requerimientos de la nueva fe; muy pronto los indígenas de Xochimilco se dieron cuenta de que si colocaban una cruz en lo alto del cerro sagrado de Xochitepec, los frailes dejaban de molestarlos por los continuos ascensos que los indígenas hacían para realizar sus antiguas ceremonias. Parte del proceso de evangelización se llevó a cabo mediante la sustitución de imágenes. Las fiestas, procesiones y arreglo de iglesias son elementos que a finales del siglo XVI cohesionaron a los xochimilcas, quienes participaron con entusiasmo con los frailes en la organización y aportación económica para la celebración del culto divino. La Iglesia unificó al pueblo.

Había una amplia participación en las procesiones y fiestas, en las que la institución eclesiástica se encargaba de la organización de las mismas, pero eran los habitantes de Xochimilco los que ponían a éstas su particular acento, adornando la amplia plaza con enramadas, arcos y flores. Además, durante el siglo XVII muchos documentos señalan que era también obligación del gobernador y su cabildo participar en determinadas ceremonias religiosas, no sólo en el plano de la devoción, sino como parte del servicio personal.

Así, fuera de la identidad religiosa no existía en la sociedad novohispana ninguna identidad general que abarcara a toda la sociedad. Era una sociedad rígidamente estratificada y separada.

La igualdad formal de los habitantes de la Nueva España ante Dios contrasta, se opone, a la brutal desigualdad social, basada en la pureza de la sangre y, en consecuencia, en la distribución de la riqueza. Sin embargo, la oposición se desarrolla en dos planos distintos: uno es el divino, la religión, el reino de Dios; el otro es el mundo de los hombres, en el cual hay diferencias naturales, derechos naturales, como corresponde a la monarquía absoluta.

Respecto de la cuestión social es necesario insistir en los siguientes elementos. Desde muy temprano se inició en la colonia el tráfico de esclavos africanos, en parte debido a la enorme mortandad de los pueblos nativos y en parte por la protección que les da la corona. Los esclavos son separados de la sociedad indígena y española (Bracho, 1990: 22). Asimismo, la miscegenación de las castas crea otras que también son segregadas de las repúblicas de indios y españoles, creando una serie de grupos sociales sin identidades definidas en el conjunto de la sociedad; hay exclusión de una buena parte de la población, especialmente en las ciudades.

De esta manera, la sociedad estaba dividida en grupos con distinta jerarquía con derechos y obligaciones diferenciados en razón de su lugar en el orden estamental. Las desigualdades, las castas, respondían a una ley natural y por ello debían ser aceptadas. Los criterios eran la jerarquía, la nobleza, la pureza de sangre y el origen racial (Prieto H., 2001: 55-56). La igualdad religiosa choca con la separación de las castas, la cual, repetimos, era vista como natural e inobjetable.

Los indígenas, al decir de Florescano, quedaron separados del resto de la sociedad por tres barreras: *1]* territorial, étnica y lingüística; de sus lugares se excluía a negros y blancos; *2]* jurídica; tenían leyes, tribunales y jueces especiales para proteger los intereses y derechos de los pueblos indios en forma primitiva y paternalista (entre 1592 y 1820 el Juzgado General de Indios fue la institución destinada a ventilar los pleitos entre los indios, y de los españoles con los indios [Florescano, 2001: 233]) y; *3]* económica; su participación como fuerza de trabajo subordinado.

Esta segregación impidió que los indígenas crearan una identidad dentro de la sociedad general. Las tierras comunales, las fiestas religiosas del patrono del pueblo y las fiestas locales fueron los polos alrededor de los cuales se tejieron las nuevas solidaridades e identidades que protegieron a los indígenas (Florescano, 2001: 153). La nueva organización reforzó las identidades locales de los pueblos.

El territorio indio aparece a finales del periodo muy diferente del existente a principios del siglo XVI, ya que el número de pueblos aumentó significativamente, lo que implicó una gran transformación estructural a lo largo del periodo colonial (Pérez Z., 2003: 37).

En Xochimilco la propiedad comunal se mantuvo durante toda la colonia, lo cual reforzaba la estructura social tradicional, el predominio de la organización gentilicia y la importancia de los lazos de sangre. La propiedad comunal era administrada por el cabildo indígena quien recababa los tributos, cuyos fondos estaban a cargo del gobernador. Los bienes comunales pagaban tributos sobre la producción de granos, sobre el arrendamiento de casas y predios, de canteras y sobre otros ingresos que obtuvieran los habitantes del pueblo; algunos tributos debían ser pagados en especie, como las canoas llenas de plantas, zacate o verduras y las cargadas de cantera que eran utilizadas para las necesidades de la ciudad de México; otros tributos eran pagados con mano de obra de los xochimilcas para realizar las obras, edificios, caminos. Los recursos recaudados eran destinados, al menos en parte, para la satisfacción de las necesidades y bien común de las poblaciones. De ellos se obtenían recursos para el mantenimiento del hospital, para la educación (en algunos pueblos existía un maestro de letras pagado por la comunidad), el pago de las fiestas religiosas, actividades siempre a cargo del cabildo indígena (Pérez Z., 2002: 91).

La corrupción en el manejo de los fondos y de los bienes comunitarios, incluida su enajenación ilegal, y la falta de rendición de cuentas sobre su uso fue una constante. Hay denuncias a lo largo de todo el periodo colonial, lo cual se compagina con la existencia de la corrupción desmedida tanto en el gobierno civil como en la Iglesia católica en el virreinato (Solange, 2000). Esa práctica contrastaba con la carga excesiva de impuestos a la población y se tradujo en el disgusto de los habitantes; algunos autores señalan que muchos indios de Xochimilco preferían huir para refugiarse en otros pueblos y escapar a las pesadas cargas (Pérez Z., 2003: 80).

La obligación de pagar tributos no se correspondía con la existencia de una administración racional y eficiente; por el contrario, había un abuso de la autoridad, una relación despótica con los contribuyentes y campeaba la corrupción. La justicia no era muy eficiente para limitar o frenar los abusos, aunque se conocen casos en que gobernantes indígenas fueron presos (*idem*).

También existían conflictos entre los distintos pueblos que no respetaban los linderos e invadían, explotaban o depredaban los terrenos comunales de otros pueblos; los pleitos judiciales duraban años reforzando las rivalidades y odios entre los vecinos y fortaleciendo las identidades particulares (*idem*: 49).

Las haciendas y los ranchos existentes en los alrededores de Xochimilco, al parecer dentro de la demarcación, casi no existían, y fueron otro factor de conflicto pues sus dueños invadían las tierras o bosques comunales y además contaban con el favor de los gobernantes coloniales.

En este subperiodo destaca el lento pero continuo debilitamiento de las formas de gobierno indígena a favor del cabildo, la caída del estrato alto del *altepetl* y el fortalecimiento de los lazos más locales o familiares. Los derechos indígenas dentro de sus repúblicas, que generan una especie de ciudadanía étnica, particular, contrastan con la carencia de derechos y de cualquier ciudadanía de las demás castas inferiores.

Al final de la colonia la exclusión de los indígenas de la sociedad era evidente, se manifestaba incluso en su incapacidad para darse un nombre y apellido, era el cura quien a la hora de bautizar a los indios recién nacidos les daba el nombre y apellido que bien le pareciera, nombres que no tenían nada que ver con ellos (Bravo, 2007: 78). Las relaciones de familia o gentilicias quedaban en la tradición y en la vida comunitaria, sin rastro escrito.

2.3.3. *Las reformas borbónicas y la lucha liberal*

Las reformas borbónicas legalmente ponen fin al sistema de castas y al Estado despótico autoritario; privilegian la monarquía moderada. Paradójicamente, dadas las condiciones en que se producen, favorecen la independencia de la Nueva España de la corona, que en su inicio es un movimiento antiliberal.

Las reformas recuperan los principios de la Ilustración e impulsan el liberalismo. El individuo cobra centralidad y los privilegios particulares son vistos como obstáculos al desarrollo individual, afectan, interfieren, su igualdad frente al Estado. Los cambios se inician temprano en el siglo XVIII; en 1716 se publica el "Decreto Nueva Planta", que busca la racionalización administrativa y el fin de privilegios y particularismos tradicionales (Guerra, 1988: 187). En 1760 se intenta integrar a los indígenas con la enseñanza obligatoria del español (Florescano, 2001: 253). En 1786 se establece la educación pública, laica y gratuita con la finalidad de formar ciudadanos (Guerra, 1988: 203).

Pero es con la Constitución de Cádiz, promulgada en 1812, después suspendida por Felipe VII, tras la derrota de Napoleón, y jurada por el mismo rey en 1820 ante la revuelta popular en contra de la monarquía absoluta, cuando toma cuerpo el modelo liberal. Los cambios más importantes son: la soberanía radica en la nación; la igualdad de todos frente a la ley, lo que significa el fin de las repúblicas separadas y de la división de la sociedad en castas; la división de poderes; se define una monarquía moderada hereditaria que limita el poder del rey imponiéndole una coparticipación en la promulgación de leyes con el órgano de representación nacional y discerniendo la administración de la justicia como una potestad independiente; se establece la separación de la Iglesia del Estado; se define el derecho a la libertad de imprenta, que limita a la Iglesia en la defensa de sus principios y valores, antes inatacables y su censura sobre la sociedad; se pone fin al Tribunal de la Inquisición (Ferrer, 1993); se afirma el Estado laico, la separación de la religión y la ciencia, etc. (Florescano, 2001: 251); en términos político-administrativos se introduce la intendencia como organización que sustituye a las alcaldías.[8]

Después de que se promulgara la Constitución, nos dice Manuel Ferrer (1993: 77), se definen nuevas medidas anticlericales, la expulsión de los jesuitas, la desamortización de los bienes del clero regular, limitaciones en el número de monasterios y de conventos, reducción del diezmo, supresión del fuero del clero para ciertos delitos.

Junto a la desamortización de los bienes del clero se ordenó la expropiación de los bienes comunales (cajas comunitarias a cargo de los cabildos indígenas) (Florescano, 2001: 223).

Las reformas borbónicas significaron una verdadera revolución que alteraba todos los cimientos de la sociedad novohispana; todos los actores fundamentales fueron seriamente afectados en sus privilegios e intereses. Los españoles –la casta privilegiada– perdían sus ven-

---

[8] Se introdujo el principio electivo para la selección de los ayuntamientos; sin embargo, éstos continuaban siendo definidos como agentes del poder central y, como tales, sometidos a reglas fijas y uniformes. Se buscaba facilitar el acceso al gobierno municipal, a cargos públicos, a ciudadanos de mérito y eliminar a funcionarios rutinarios que habían heredado o comprado aquellos cargos (Ferrer, 1993: 233). Los procesos electorales eran indirectos.

tajas con la declaración de la igualdad frente a la ley y la corona y con el sistema electoral. El principio de soberanía basada en la nación, en la medida en que mantenía el sometimiento a la corona, afrontaba a los criollos que pretendían la independencia y hacerse del poder político y material de la nueva nación. La Iglesia católica era, quizá, la más afectada en sus propiedades y en su poder. Las comunidades indias sufrían la pérdida de los bienes comunitarios y la desaparición de su cabildo, las enfrentaban a un gobierno local y a la justicia general en donde serían discriminadas.

Los conflictos que acompañan a la reforma, que se mezclan con el proceso de la lucha por la independencia de forma indisociable, afectan al conjunto de la sociedad, redefinen las relaciones sociales y acaban formalmente con las castas y se inicia así una relación basada más en clases sociales, que subordina a las étnicas o raciales.

La implantación de las nuevas reglas en la Nueva España coincide con las guerras por la independencia y, por lo tanto, se implantan en una sociedad convulsionada. Sin embargo, los procesos muestran cómo la sociedad local iba a descaracterizar el espíritu de la nueva Constitución y a burlar los principios liberales.

El 29 de noviembre de 1812 la primera elección realizada en la ciudad de México, en lugar de reforzar al Estado colonial, permitió a la nobleza criolla asegurar su control sobre el cabildo y controlar la totalidad del espacio urbano. El liberalismo de Cádiz se acopló con la tradición política de los criollos: el antiguo orden comunitario criollo entrelazado con el nuevo de la Constitución (Annino, 1995: 23-24).

El sistema electoral que pretendía democratizar el acceso al poder fue burlado.[9] Debido a la crisis financiera de la corona y a la difusa venalidad (corrupción) de los cargos indios, se permitió a los criollos conquistar una posición dominante no sólo en el cabildo, sino incluso en las audiencias. Los españoles, incapaces de ganar las elecciones, fueron marginados; sólo mediante la negociación adquirieron alguna representación. En la opinión de Annino, en el siglo XVII se afirma la

[9] A pesar de las limitaciones de los ayuntamientos electivos, después de la Independencia las antiguas autoridades buscaron eliminarlos, cargando las tintas sobre sus defectos. Hablaban de la farsa de las elecciones; de la arbitrariedad y despotismo de las autoridades que gobernaban y que obstruían la justicia. Según ellos, nos dice Hernández, era la ignorancia de los pueblos y de las autoridades municipales lo que impedía que pudieran "gobernarse por sí mismos bajo el sistema adoptado de ayuntamientos" (Hernández, 2003: 28). El comentario indica tanto los problemas que debían existir como el carácter reaccionario de los funcionarios.

"soberanía compartida entre el Estado y la comunidad citadina [...] los cabildos representan el poder depositado en el pueblo" (el pueblo lo era la autoridad constituida, Annino, 1995: 31), por ello son órganos soberanos frente al rey.

Los procesos electorales pusieron a los españoles en una situación de marginalidad política insoportable, en cambio los criollos aprovechaban todas las posibilidades para crear un poder paralelo a la corona. La unidad de la élite estaba trastocada irremediablemente, ahondando la crisis política e intensificando la lucha por la independencia.

El bajo clero se reveló contra el anticorporativismo, el peligro francés, liberal o francmasón, y en defensa de la Iglesia. Lo hicieron como caudillos (Bracho, 1990: 11). Derrotados dieron lugar al surgimiento de nuevos caudillos que tampoco lograron el triunfo militar, pero posibilitaron una salida negociada con la corona.

En el plano de los sectores populares las reformas también provocaron transformaciones significativas.

En el caso de las comunidades indígenas, Florescano afirma que se volcaron sobre sí mismas en un complejo movimiento religioso que intentaba fortalecer su identidad y defenderse de los embates contra sus bienes. La reforma confrontaba el modelo cultural indígena, cuyo tiempo ideal es el pasado, con el modernizador que apostaba al futuro, que no tiene raíces en el pasado (2001: 266-267).

En el caso de otros sectores populares la reforma los estigmatizó, criminalizó su situación de pobreza y desorganización social. A mediados del XVIII eran las clases populares las que marcaban el ambiente de las calles: los artesanos, los aguadores, los vendedores ambulantes; los más abundantes léperos y mendigos no sólo formaban el grueso de la población, sino que eran también los que ocupaban la calle permanentemente; los andrajosos y mal vestidos se vieron acosados por las medidas gubernamentales (Florescano, 2001: 256). En las fiestas religiosas algunos miembros de la población empezaron a ser excluidos, los mal vestidos, los presos, los locos dejaron de participar en celebraciones religiosas en las cuales antes tenían cabida. Dentro de la Iglesia, antes símbolo de unidad, se introduce la exclusión (Florescano, 2001: 261). La pobreza se criminalizó. En el plano cultural se suprime el barroco por el neoclásico, lo que generó el disgusto de los grupos populares. Asimismo, hay un profundo malestar popular por la expulsión de los jesuitas.

Florescano nos recuerda que uno de los rasgos que definen el gobierno de los borbones es su intención de intervenir en la vida privada de los gobernados: la bebida, el juego, las prácticas religiosas, las formas de vestir, la limpieza de las calles, el alumbrado público se volvieron obsesiones de los gobernantes, lo cual chocó con las clases populares (Florescano, 2001: 255-256). En la reforma hay la pretensión de acabar con la corrupción de los de arriba y de imponer una ética del trabajo, de abolir la vagancia y el vagabundaje, de imponer la decencia a toda la sociedad.

Esta reforma se acompaña con el fomento, el desarrollo de los gremios y las cofradías que, en un nuevo contexto, representan el germen de la sociedad civil. En el mismo sentido se orienta el fortalecimiento de la prensa, liberada de la censura eclesiástica, y de la "opinión pública", que cobra un enorme auge en medio del debate de la Constitución gaditana. Por primera vez se abre la posibilidad de luchar por la democracia, por la independencia de las organizaciones, por otros derechos. Lamentablemente el resultado será otro.

2.3.4. *Las reformas y el impacto en Xochimilco*

Para el pueblo de Xochimilco las reformas fueron inmediatas en lo administrativo. El centro nuclear novohispano se transformó en la intendencia de México, gobernada por un superintendente. Este territorio se dividió en subdelegaciones formadas por algunas de sus antiguas alcaldías y corregimientos. A la alcaldía de Xochimilco le tocó, en 1787, ser una de las intendencias, sus límites estaban marcados por las intendencias de Mexicalcingo, Chalco, Tlayacapan y Coyoacán.

Los cambios nacionales llevaron a las autoridades locales de Xochimilco a participar en una dinámica política que sobrepasaba los límites de su demarcación. En esta incursión trataron de conseguir las mejores condiciones para ellos y para su pueblo.

En este breve pero fundamental subperiodo, cuatro fueron las modificaciones que afectaron de gran manera a los pueblos indios de la Nueva España: la primera de ellas, y que repercutió en las dos siguientes, fue que desapareció la distinción entre indios y españoles; los dos fueron considerados, por igual, ciudadanos con derechos y obligaciones de la nación española, pero esta igualdad tenía implícita la negación de las corporaciones y comunidades que interferían entre el individuo y el Estado; segundo, al suprimirse las diferencias se disolvieron los tribunales especiales para indios y éstos tuvieron que dirigirse, desde aquel momento, para el arreglo de sus pleitos judiciales, criminales y administrativos, a las audiencias, a las diputaciones provinciales y a los ayuntamientos constitucionales; tercero, la igualdad ante la ley llevaba también a la conformación de una uniformidad político-administrativa, por lo que los gobiernos indígenas tradicionales aglutinados alrededor del cabildo tuvieron que transformarse en ayuntamientos (Hernández, 2003: 16); cuarto, se crearon formalmente las condiciones para el surgimiento de la ciudadanía en su sentido liberal.

Sin embargo, los efectos de las reformas liberales sólo se harían sentir plenamente después de la Independencia y la creación de la república, como veremos a continuación.

2.4. EL PERIODO DEL MÉXICO INDEPENDIENTE: LA LUCHA POR EL LIBERALISMO Y LA CREACIÓN DE LA CIUDADANÍA PRECARIA

El desliz de la ciudadanía hacia las comunidades territoriales –escribe Antonio Annino (2003: 399)– no fue una "herencia colonial" directa sino que se gestó en el corto periodo de su crisis.

En efecto, el proceso de independencia en México no es comprensible sin tomar en cuenta el complejo entorno internacional que se vive en Europa, los cambios introducidos por la Revolución francesa, el surgimiento de la república y la ciudadanía, la invasión de la península ibérica por Napoleón, el debilitamiento de la corona española, la Constitución de Cádiz y el regreso del Felipe II, la anulación de la Constitución, la revuelta popular que antes había luchado contra la imposición de Napoleón y ahora lo hacía por la Constitución o la monarquía moderada. En este ambiente de profundos cambios, de un proceso de modernización, se da la destrucción del imperio español por la vía de las revoluciones en la América española.

En el caso mexicano, la guerra de independencia fue el resultado local de ese proceso europeo, especificado por los conflictos que devienen de las reformas borbónicas, que se desenvuelve en enfrentamientos armados entre la corona y diversas fuerzas locales, comandadas al principio por caudillos surgidos del bajo clero que son brutalmente derrotados; después por caudillos populares que tampoco logran derrotar militarmente al ejército realista. El conflicto desembocó en una negociación entre los caudillos sobrevivientes y los líderes criollos y españoles que da lugar a la declaración de la independencia de México y a la instauración del imperio.

La crisis del breve imperio de Iturbide terminó por destruir el principio monárquico que había sido parte del acuerdo; con él se destruyó el vínculo de autoridad que hacía posible al Estado. El lugar del imperio lo toma la república liberal, que defendía la soberanía basada en la nación y en el pueblo.

Sin embargo, el triunfo no se tradujo en un periodo de estabilidad; por el contrario, abrió un largo periodo de conflictos entre conservadores y liberales, entre centralistas y federalistas, entre estatistas e individualistas, de enfrentamientos armados que desgarraron a la reciente nación; la inestabilidad política y militar se tradujo en cambios de régimen político frecuentes. Los más significativos fueron el triunfo liberal que dio lugar a la Constitución de 1857, la invasión francesa que impuso, de nueva cuenta, la monarquía (1865), importando un noble europeo, Maximiliano de Habsburgo, con el apoyo de los conservadores. La inestabilidad también facilitó la separación del estado de Texas (1836), la guerra con los Estados Unidos (1847) y la consecuente pérdida de la mitad del territorio. Después de la derrota de los franceses, de la caída del imperio de Maximiliano (1867), se volvió al liberalismo con la República restaurada (1868), para desembocar, a los pocos años, en su negación con la dictadura de Porfirio Díaz (1876) que se extendió hasta 1910.

El movimiento liberal que se inició con la Constitución de Cádiz tuvo un desarrollo particular; desde luego nunca se puso en duda la noción de que la soberanía nacía de la nación, sea con un Estado monárquico moderado o con la república, tampoco se negó la libertad individual o la propiedad privada, las pugnas se expresaban en la definición del Estado, monarquía o república, centralista o federalista, sobre el papel del Estado en la relación con la economía, interventor, industrializador, o Estado mínimo que no interfiriera con la libertad de los individuos, y en algo que es fundamental para Xochimilco: en la aceptación de distintos tipos de propiedad, especialmente la comunal, o la propiedad privada como única opción.

Estas divergencias eran encarnadas en diferentes grupos portadores de intereses e ideologías que también llevaban a la confrontación, la separación del Estado y la Iglesia, el Estado laico o el Estado católico. La pugna entre conservadores y liberales acabó por crear un Estado inestable en el cual el marco jurídico era más liberal o menos liberal, la Constitución de 1824; más la de 1857; pero el gobierno en todos los casos distaba de apegarse a la ley; los grupos poderosos, política y económicamente, lograban imponer sus intereses y, consecuentemente, los derechos ciudadanos no florecieron.

La Constitución Federal de los Estados Unidos Mexicanos de 1824 responde a la influencia de la Constitución de los Estados Unidos de Norteamérica. El modelo es el de una sociedad basada en el individualismo, en la defensa de la sociedad civil, ante el Estado, institución indispensable pero que representa un peligro que se debía contener.

La Constitución define que la nación es libre, soberana e independiente (art. 1), y que la soberanía radica en la nación (Acta Constitutiva, art. 3).[10] Establece que la nación mexicana será perpetuamente católica (art. 4), negando los avances de la Constitución de Cádiz. La nación adopta para su gobierno la forma de república representativa, popular y federal (art. 5) y mantiene la división de tres poderes, ejecutivo, legislativo y judicial en el nivel federal (art. 9) y para los estados (art. 20). Respecto a los derechos ciudadanos, establece la obligación de la nación para proteger, con leyes sabias y justas, los derechos del hombre y el ciudadano (art. 30) y afirma que todo habitante de la federación tiene libertad de escribir, imprimir y publicar sus ideas políticas, sin necesidad de licencia, revisión o aprobación anterior a la publicación, bajo las restricciones y responsabilidad de las leyes (art. 31).

La igualdad ciudadana que se establecía en la Constitución de 1824 no era universal, sino limitada, censitaria. La palabra ciudadanía aparece una sola vez en el texto de la Constitución de 1824; se hace mención de habitantes e individuos, incluso la condición para ser miembro de la sociedad política no es tratada, salvo cuando se ocupa del representante (ocho años de residencia, 25 o 30 años de

---

[10] En el proyecto de Constitución del imperio mexicano de 1822, aparte de considerar a la nación como su fundamento, incorporaba en su segundo artículo que "Esta sociedad [la resultante del conjunto y reunión de los habitantes del territorio de México] es la autoridad suprema o soberana del Estado, de la que participan como miembros de ella, todos los ciudadanos que la componen, y a la que sin distinción se sujeta cada uno como súbdito, por ser inferior a ella" (Lira, 2003: 379). Esa mención a la sociedad y a los ciudadanos se pierde en la de 1824.

edad mínima y ocho mil pesos de capital). La ciudadanía se liga a la propiedad (Bracho 1990: 89).

La Constitución fue formulada sin la participación del pueblo: "El pueblo durante el imperio de Iturbide era pasivo, el pueblo cívico era una minoría" (Guerra, 1988: 192). "Los indios ya no estaban marginados, sino excluidos de raíz (a tres cuartas partes no les habría llegado la noticia de la independencia" (Escalante, 1992: 56). Además, la condición de pueblo era rechazada por indigna, se privilegiaba el ideal del individuo propietario, trabajador, responsable, católico y decente. La Constitución entraba en contradicción con la estructura social. En 1810 los indios representaban 60% de la población, los blancos 18% y las castas (o mestizos) 22% (Prieto H., 2001: 75).[11]

2.4.1. *Cambios formales y resistencia social*

Los hacendados, o las redes de hacendados, se fortalecieron políticamente. Ellos, que sobrevivieron al movimiento independentista, desconfiaban del gobierno, buscando su autonomía y su libertad para explotar las tierras y a los peones. Las condiciones de los campesinos empeoraron.[12]

---

[11] Ernesto Garzón Valdés, 2002, escribe al respecto:
"Esta discordancia entre el orden constitucional y la realidad social fue, desde luego, percibida ya en el siglo XIX por algunos pensadores políticos latinoamericanos que veían con desconfianza la ciega imitación de los modelos constitucionales vigentes en otras latitudes. Así, por ejemplo, José Martí afirmaba rotundamente: 'La incapacidad no está en el país naciente, que pide formas que se le acomoden y grandeza útil, sino en los que quieren regir pueblos originales […] con leyes heredadas de cuatro siglos de práctica libre en Estados Unidos, de diecinueve siglos de monarquía en Francia. Con un decreto de Hamilton no se le para la pechada al potro del llano. Con una frase de Sieyès no se desestanca la sangre cuajada en la raza india. A lo que es, allí donde se gobierna, hay que atender para gobernar bien; y el buen gobernante en América no es el que sabe cómo se gobierna el alemán o el francés, sino el que sabe con qué elementos está hecho su país, y cómo puede ir guiándolo en conjunto. Para llegar por métodos e instituciones nacidas en el país mismo, a aquel Estado apetecible donde cada hombre se conoce y ejerce […] El espíritu del gobierno ha de ser el del país […] El gobierno no es más que el equilibrio de los elementos naturales del país.'" (José Martí, 1977: 27, citado por Garzón Valdés: 209.

[12] Escalante Gonzalbo (1992: 83) señala que la situación de los peones que vivían en las haciendas era mejor que la de los campesinos de las comunidades que radicaban fuera de las haciendas, pues trabajaban igual que los peones y carecían de cualquier apoyo y estaban expuestos a la miseria causada por el mal temporal.

Así, la igualdad era apenas aparente, sólo formal; la situación material y social de los indios era cada vez peor y los viejos prejuicios contra ellos eran evidentes. La discusión acerca del papel de los indígenas en el nuevo proyecto nacional lo deja ver. La polémica recogía posiciones sobre la fundación de la nación y los indígenas (fray Servando Teresa de Mier o Carlos María Bustamante), que denunciaban todas las injusticias sufridas por los indios durante la colonia.

Por otra parte, había quienes como Lucas Alamán sólo querían cimentarla sobre su legado histórico, sin tener nada que ver con su realidad. Mora resumía la postura liberal afirmando que la nación no se podía fundar sobre "esos cortos y envilecidos restos de la antigua población mexicana; aunque despierten compasión, los indígenas no pueden considerarse la base de la nación; proponía que se fundara sobre la población blanca, donde había que buscar el carácter mexicano" (Florescano, 1996: 310-313). Mora llegó a pedir que se prohibiera la palabra *indio*.

El movimiento independentista criollo reivindicó el glorioso pasado indígena como el origen de la nueva nación: era la manera más fácil de diferenciarse de los españoles peninsulares y de buscar el apoyo de las comunidades. La nación tenía un nuevo contenido, era la contraposición de la colonia española, que justificaba el poder en nombre de la corona y de la religión. No obstante, esa ideología, esa reivindicación del pasado glorioso indígena, no se prolongaba a su reivindicación como pueblo actual. En su situación concreta era negado, vilipendiado, discriminado. Situación que por cierto permanece hasta nuestros días.

Los bienes de las comunidades, después de la Independencia, pasaron a ser un botín nada despreciable para las autoridades del ayuntamiento, del gobierno. Respecto de los fondos propios del ayuntamiento y de la comunidad de los pueblos indios del siglo XIX, las nuevas autoridades hicieron uso de ellos para solventar los gastos que enfrentaban. Los pueblos no sólo fueron despojados de gran parte de esos fondos, sino que también perdieron esas entradas que ahora eran absorbidas por los ayuntamientos y por las instancias administrativas superiores. Las comunidades indígenas resistieron las acciones en contra de sus bienes y escenificaron una gran cantidad de revueltas.

La animadversión contra los indios llegaba a absurdos tales como que, después de la estrepitosa derrota en la guerra con los Estados Unidos de Norteamérica, los liberales y conservadores se unieron para culpar a los indios del evento, reviviendo y profundizando su imagen negativa. Para ellos, los indios no defendían la nación sino sus tierras (Florescano, 1996: 323).

La visión sobre el pueblo también era negativa y excluyente como lo muestran las leyes de 1827 y 1828 contra la vagancia y formación de tribunales de vagos. Los vagos, mendigos y pobres eran una carga que debía eliminarse, ya fuera obligándolos a trabajar en las colonias fronterizas o en las obras públicas, o sirviendo como soldados en las milicias permanentes, o incluso deberían ser encarcelados.

La vagancia no disminuyó pero aumentó la leva. La pobreza se definió como problema de policía y cárcel (Prieto H., 2001: 183-190). La cuestión social pasó de ser una cuestión religiosa a una policiaca, dando lugar después a la asistencia pública (Bracho, 1990: 76-78).

Con la independencia se desprotegió a los indígenas, las clases inferiores rurales se volvieron clientelas o aliados de las élites. A veces se emanciparon y pelearon por su cuenta (Florescano, 1996: 321). Muchos pueblos aprovecharon diferentes momentos para convertir a sus repúblicas en ayuntamientos (Florescano, 1996: 322).

En la sociedad urbana también encontramos cierta continuidad; a finales de la colonia estaba organizada en una multitud de corporaciones civiles y religiosas (cabildos eclesiásticos, universidades, consulados de mercaderes, cofradías, órdenes religiosas, hospitales, montepíos...) que desempeñaban funciones públicas numerosas e imprescindibles. Se sostenían gracias a la administración de bienes que consistían en capitales o propiedades rústicas y urbanas. Los intentos en la corona por limitar las corporaciones (1810-1814 y 1820-1821) fracasaron. Así, en el momento de fundarse la república, la estructura corporativa del antiguo régimen quedaba intacta. Implicaba el reconocimiento de la identidad católica de la república (Lempérière, 2003: 324).

La sociedad mexicana durante la primera fase de la independencia y hasta el porfiriato tendió a la descentralización, los grupos regionales se volcaron a la defensa de sus intereses, la Iglesia, los hacendados, los jefes locales, los caciques, imponían su voluntad y rechazaban someterse al Estado. Difícilmente se puede decir que había una identidad nacional o algo que se le pareciera.

El débil Estado mexicano se vio obligado a negociar con los poderes locales y buscó apoyarse en los campesinos para hacer frente a los enemigos internos y externos, por ello creó en 1849 la policía comunitaria, para hacerle frente a las guardias blancas de los hacendados y también creó la Guardia Nacional incorporando al pueblo y armándolo a pesar de la enorme desconfianza que se le tenía (Florescano, 1996: 324). De cualquier manera la inestabilidad política, la sucesión de fuerzas conservadoras y liberales en el control del gobierno y las guerras, internas y externas, impidieron que el Estado se fortaleciera.

En síntesis, en contraposición a la sociedad dividida y fuertemente estratificada encontramos un Estado débil, incapaz de garantizar el Estado de derecho, de representar la unidad nacional, de obligar a los distintos grupos a someterse al imperio de la ley, sin la capacidad de coerción para contender con los poderes regionales: Iglesia, ejército o hacendados. La burocracia heredada de la colonia y engordada por las ambiciones criollas se mantenía en medio de la corrupción, de la ineficacia administrativa, de la impunidad; sus relaciones con los grupos poderosos también estaban marcadas por esa corrupción: intercambiaban lealtad por impunidad. En pocas palabras, no había Estado nacional ni ciudadanía, había privilegios o sometimiento, abuso o sufrimiento, impunidad o criminalización. Al contrario de la igualdad establecida en la ley, se daban procesos de exclusión social, de sobrexplotación, de abuso por las glebas a las poblaciones indígenas y campesinas.

2.4.2. *Cambios en el gobierno local*

En el plano administrativo nuevamente hay cambios fundamentales: en 1824 se crea el Distrito Federal, ocupando sólo la parte central de la ciudad de México, con lo cual Xochimilco pasa a ser parte del Estado de México. En 1831 Xochimilco y otros ocho municipios conformaban el partido de Tlalpan. En febrero de 1854 se decreta la ampliación del Distrito Federal y se incorpora Xochimilco, todavía dependiente del Tlalpan. En 1861 Xochimilco es nombrado partido, cuyos pueblos eran municipios con sus cabeceras y ayuntamientos, independizándose de Tlalpan (Bravo, 2007: 97).

Los pueblos de Xochimilco lograron sobrevivir al primer tramo de la vida independiente. Si bien consiguieron adecuarse a los cambios en la organización político-administrativa, ahora les tocaba enfrentar el asedio sobre sus recursos naturales y las formas de propiedad corporativa. Sus tierras y aguas iban a comenzar a ser codiciadas por la clase propietaria liberal, por el Estado y por las autoridades del gobierno de Distrito Federal. Nuevos retos difíciles de resolver tuvieron que enfrentar las localidades, de los cuales salieron diezmadas.[13]

Las estrategias de los dirigentes de Xochimilco fueron el aislamiento y tomar distancia de la convulsionada vida política en que estaba inmersa la recién formada nación mexicana. Si en un principio los dirigentes trataron de obtener una buena posición en el nuevo concierto, mostrando las riquezas que poseían para convertirse en la capital del Estado de México, pocos años después la táctica fue distinta: se buscó la defensa contra la práctica política imperante en los niveles superiores de gobierno que buscaban apropiarse de los recursos de los pueblos (Hernández, 2003: 37).

2.4.3. *Liberalismo y Estado de excepción permanente*

La Constitución de 1857 como símbolo, nunca se aplicó, pero se le adoró (Guerra, 1988: 29).

El triunfo de los liberales, gracias a la caída de Santa Anna en 1855, dio inicio a las Leyes de Reforma. La primera, conocida como Ley Juárez, del 23 de noviembre de 1855, abolió el fuero de la Iglesia y de los militares en casos de delitos del fuero común, aunque dejó intacto su fuero en otras jurisdicciones. La Ley Lerdo del 25 de junio de 1856 dispuso la desamortización de los bienes de las fincas rústicas y urbanas de las corporaciones civiles y eclesiásticas.[14] Aunque la medida iba dirigida a la Iglesia, las comunidades indígenas se vieron afectadas.[15] Este proceso de reformas culmina con la promulgación de la Constitución de 1857. En conjunto, las reformas marcan un nuevo hito en el avance del liberalismo como teoría y como forma de organizar la nación, o mejor dicho intento de organizarla.

La nueva Carta Magna incluye como principios fundamentales la igualdad de todos frente a la ley; los derechos humanos y el juicio de

[13] Las formas de resistencia de las comunidades indígenas fueron muy variadas. Florescano resalta que muchos pueblos aprovecharon diferentes momentos para convertir a sus repúblicas en ayuntamientos (Florescano, 1996: 322).

[14] La oposición de la Iglesia fue radical y desembocó en la guerra civil de Reforma (1859); el 12 de julio de ese año Benito Juárez promulgó la nacionalización de los bienes eclesiásticos (Lira, 2003: 397).

[15] Los abusos sobre las comunidades por parte de los especuladores y funcionarios fueron enormes, sin que la justicia pudiera repararlas en la mayoría de los casos.

amparo; la separación del Estado y la Iglesia; el Estado laico y el fin de la religión católica como religión de Estado.

El texto de 1857 consagra el federalismo. Se buscaba que la nación dejara de ser el disfraz de una confederación de estados soberanos y una república corporativa para convertirse en la organización política de la nación. La transformación se lograba por una serie de disposiciones entre las cuales sobresalía el acento puesto en la ciudadanía democrática y la inclusión de la población, de la creación de una nueva identidad nacional: ser parte de la nación,[16] ser mexicano.

Asimismo conservó la definición de la república, la división de los tres poderes y los tres niveles de gobierno.

En la nueva Constitución se preservó la definición vecinal de la ciudadanía, con lo cual se mantuvieron las limitaciones de su organización territorial (Carmagnani, 1999: 384). Sin embargo, se crearon los distritos electorales para la elección de tipo uninominal puro, donde los electores eligen directamente a los diputados (Carmagnani, 1999: 387). El distrito electoral era una realidad nueva: suprimió la etapa del partido en el sistema de elección anterior, introdujo el escrutinio secreto, restringió el viejo derecho de las minorías (garantizado por los electores) pues sólo se podía elegir un diputado y un suplente (Carmagnani, 1995: 391).

La Constitución de 1857 estableció primero una identidad entre nación y ciudadanía, con ello definió la sociedad civil. A continuación escindió a la ciudadanía en el derecho electoral, diferenció la sociedad política de la civil. Se separó a los hombres de bien, notables y propietarios, de la plebe inculta. Los ciudadanos con derechos políticos eran sólo los propietarios (Carmagnani, 1995: 228).

Las Leyes de Reforma tuvieron un impacto enorme sobre las comunidades indígenas. En primer lugar –como ya señalamos– la desamortización de sus bienes les arrancó buena parte de sus propiedades y cuando no lo hizo los sometió a la necesidad de realizar ellos mismos los cambios, como denunciar sus tierras para volver a adquirirlas, pero en todo caso los sumió en la indecisión y en la incertidumbre jurídica. En segundo lugar, la separación entre la Iglesia y el Estado los afectó en la medida en que la ley se aplicaba a una sociedad que no estaba secularizada: "la visión que tenían del mundo y de la política los pueblos indígenas –como señala Annino (2003: 421)–, no sólo

---

[16] En este propósito sobresale el tema del impulso a las fiestas cívicas desligadas de las religiosas (Lempérière, 2003: 329).

era muy religiosa sino que seguía las pautas de una religiosidad muy específica, la que se consolidó en el siglo XVII y que se define como 'barroca'".

Las comunidades indígenas no rechazaban al nuevo Estado, pero reivindicaban el derecho a sus tierras y comunidades. Ellos no eran ciudadanos ni querían serlo. Defender al Estado y a la comunidad al mismo tiempo era imposible (Escalante, 1992: 66).

Los efectos negativos sobre las comunidades es lo que ha llevado a algunos autores a hablar de las Leyes de Reforma como la segunda conquista sobre los pueblos indios, una nueva derrota, un nuevo sometimiento y exclusión. Otros señalan que se establece una doble lógica entre la igualdad de los ciudadanos ante el Estado y la ley, y la de las comunidades, en la vida en comunidad que subsume al individuo en su lógica; esta oposición se plasma en la imagen del águila bifronte.

Pese a que la sociedad, en la cual se produce el movimiento de Reforma, está organizada de una forma totalmente opuesta a los preceptos liberales, no se puede decir que exista una ciudadanía, un conjunto de hombres y mujeres libres y autónomos frente al Estado, con derechos y obligaciones universales y efectivos. Ciertamente existía una clase media profesional y una opinión pública que la defendía, que se inspiraba en el liberalismo europeo y estadunidense, pero que a pesar de haber impuesto sus ideas e ideales –muy ajenos al pueblo– despreciaba, quería transformarla, civilizarla.

La sociedad estaba descentralizada, podría decirse pulverizada, en polos locales de poder y producción con bastante autonomía; las relaciones de producción estaban mucho más cerca de la servidumbre que de los trabajadores libres asalariados. Los hacendados y los acaparadores de tierra se tornaron más poderosos, la presencia en el mundo urbano de las cofradías y de los gremios era muy importante aún, la Iglesia se refugiaba en las comunidades y reforzaba sus rasgos religiosos y antiestatales.

Donde quiera que se mire –dice Escalante– en el siglo XIX está el Estado; sin embargo, el Estado parece no estar en ninguna parte, no hay organización jurídica eficiente de las relaciones sociales, ni un hábito de la obediencia, ni siquiera un razonable monopolio de la fuerza física (1992: 97). El orden descansa sobre órdenes locales (Escalante, 1992: 99).

Los juaristas intentaron cambiar las cosas, lo que lograron fue hacer más previsible la maquinaria de intermediación. Hubo orden, pero no Estado de derecho, hubo caciques (*idem*: 99, 100), abuso, autoritarismo, impunidad.

Se desarrolló un sistema de mediación desde el Estado con los poderes locales que los obligaba a aceptar la autoridad del gobierno a cambio de que éste respetara los ámbitos de influencia locales. En este sistema se fortaleció todo tipo de intermediarios (Escalante, 1992: 97).

En estas condiciones el sistema de impartición de justicia no podía funcionar como se pretendía en la Constitución. La justicia se caracterizaba por la corrupción, la complicidad, la ineptitud y la parcialidad; la discrecionalidad de las autoridades encargadas de aplicar la ley –características que, como hemos visto, venía desde la Colonia– se había agravado durante la vida independiente (Prieto H., 2001: 220). La aplicación de la ley, la justicia, para las personas comunes se volvió ambigua, no sólo dependía de la posición en la estructura social, en la cual los de arriba tenían certidumbre de su impunidad, sino, para los de abajo, de la voluntad de la autoridad, desde el policía hasta el magistrado de los tribunales, quienes podían o no aplicar la ley.

El Estado de derecho definido en la Constitución de 1857 se volvió en la práctica un "Estado de excepción permanente".

2.4.3.1. La condición social durante la Reforma: Criminalización y prejuicio

Dentro del proceso de formación del Estado nacional se operó una transformación en el estatuto de las identidades étnico-raciales. Del desprecio, desconfianza y anulación moral del mestizo –castas o mezclados–, se dio paso a la búsqueda de su integración al proyecto nacional, de inspiración evidentemente occidentalista y moderna. La discriminación de lo indio y lo mestizo dejaba de ser específicamente racial y estamental para centrarse en el desprecio cultural, proveniente de una adopción incondicional del modelo occidental. El indio se vuelve un lastre para la modernización. El estigma social de indio y de lépero se expresa como una forma no honesta de vivir, por ello no ciudadana. La leperuza era un espacio social muy amplio, incluía lo mismo a peones, obreros, artesanos, criados, pordioseros, desempleados, rateros, jugadores y vagos... prácticamente a todo el pueblo (Prieto H., 2001: 101-109; Araya, 2005).

En la literatura y en el pensamiento social del siglo xix la pobreza y la mendicidad pasan a ser consideradas como una "enfermedad vergonzante" que obstruye el desarrollo de la nación (Prieto H., 2001: 200).

En síntesis, podemos afirmar que las Leyes de Reforma quitaron muchos recursos jurídicos a los pueblos y a las comunidades, pero no lograron modificar la naturaleza bifronte del Jano liberal: sólo un acuerdo entre las dos caras permitiría gobernar, tal como lo entendieron Benito Juárez y Porfirio Díaz (Escalante, 1992: 429). El liberalismo con actores colectivos o la ficción democrática (Guerra, 1988: 10-11; 334, t. ii).

2.4.3.2. La Reforma en Xochimico

Desde 1854, Xochimilco estuvo bajo el área de influencia del Distrito Federal y en 1856 sufrió el primer embate de las leyes liberales que buscaron transformar el régimen de propiedad de la tierra en toda la nación. En este periodo la Ley Lerdo del 25 de julio de 1856 ordenó la venta de todas las propiedades raíces de las corporaciones, con excepción de los edificios que ocuparan para sus tareas (palacios municipales, mercados, casas de corrección), así como de los ejidos y terrenos destinados exclusivamente al servicio público de las poblaciones a las que pertenecieran. Estas medidas tuvieron una repercusión en las corporaciones civiles, tan importante como la sufrida por la Iglesia católica.

En 1861 Xochimilco fue elevado a la condición de partido y su ciudad recuperó la posición de cabecera. Por decreto del 6 de mayo de 1861 el Distrito Federal se dividió en la municipalidad de México y en los partidos de Guadalupe Hidalgo, Tlalpan, Tacubaya y Xochimilco, con ello recuperaba su autonomía respecto a Tlalpan. A partir de ese momento esas localidades comenzarían a funcionar bajo los dictados, intereses, caprichos y necesidades de la ciudad capital y de los presidentes de la República (Hernández, 2003: 42).

Después de publicada la Ley Lerdo surgió una gran cantidad de compradores que querían aprovechar la oferta y hacerse de las tierras comunales. En Xochimilco fueron los miembros de las familias más ricas quienes compraron las tierras, acaparándolas y concentrando la propiedad tanto rural como urbana; con el control de los recursos se convirtieron en la clase dominante local, controlando los ayuntamientos. Como resultado hubo una proletarización de los antiguos comuneros y su empobrecimiento (Hernández, 2003: 43).

En 1874, la lista de pleitos sobre tierras en Xochimilco era amplia, según un anexo al acuerdo presidencial para que se cumpliera la ley del 25 de junio de 1856; éstos principalmente se desarrollaban entre los mismos pueblos: la ciénaga de Zacapa era disputada por los barrios de San Juan, Caltongo y San Cristóbal con los pueblos de Santa Cruz Acalpixtla y Nativitas; el rancho de Carrera era motivo de conflicto entre el barrio de San Juan y los sucesores de Lorenzo Carrera; los del barrio de San Marcos reclamaban para sí los terrenos de La Palma, Olmedo y San Bernardino; el señor Hipólito Eslava, junto con 108 vecinos de cuatro barrios (San Diego, San Esteban, La Santísima y San Lorenzo) peleaban contra San Gregorio por la posesión de la ciénaga de Santiago Huexocuapan (Hernández, 2003: 49).

Los procesos ecológicos que se iban desarrollando en los pueblos lacustres del sur de la cuenca de México le dieron un carácter peculiar a las pugnas por la tierra.

Los conflictos en esta área de la cuenca no sólo eran sobre las tierras y montes preexistentes, sino sobre las tierras que iban apareciendo como producto de la desecación de los lagos. En Xochimilco ocurrieron dos grandes casos que mostraron el asedio de hacendados y empresarios por controlar esos terrenos pantanosos: el ya mencionado de la ciénaga grande de Xochimilco y el de la ciénaga de San Gregorio.[17]

Todavía a principios del siglo XX la mayor parte de las tierras estaba en manos de los descendientes de españoles, quienes establecieron ranchos y haciendas; las principales eran Xaltocán, Olmedo, La Noria, Cuatectlán, Santa Marina, La Luz, en las ciénagas de San Gregorio Atlapulco, San Juan de Dios y San Antonio Coapan (Romero Lankao y Eike Duffing, 2004: 216).

2.4.4. *Porfiriato y consolidación del Estado-nación*

A partir del golpe de Estado que lleva al general Porfirio Díaz al poder (1876), se procesa un cambio radical en México. Por una parte, se pone fin al proceso de descentralización del poder en la sociedad

---

[17] Existen documentos que muestran que desde 1783 ya había conflictos entre las autoridades de Xochimilco y los dueños de la hacienda de San Antonio por el uso de los terrenos de la ciénaga grande.

mexicana: la centralización del poder por la dictadura es implacable. Por el otro lado, se inicia un largo periodo de expansión del capital generando prosperidad y nuevos procesos de inclusión y exclusión. El resultado es la conformación del Estado-nación, la unificación del territorio nacional y su control por parte del Estado (coerción) y el capital, los cuales logran la ampliación del mercado interno, casi alcanzando el nivel nacional y una relación estable con las otras naciones que empiezan a integrarse al orden internacional.

El Estado de excepción se perfecciona, se mantiene la Constitución de 1857, sólo se le reforma en el periodo 1891-1894, en especial para establecer el control del Estado sobre los municipios. Sin embargo, la Constitución en cuanto a los principios liberales y en especial al desarrollo de la ciudadanía fue en la práctica letra muerta. En la dictadura todos los grupos dominantes apoyaron al gobierno: los grandes propietarios, los liberales, los conservadores, la Iglesia, los militares (Escalante, 1992: 209). A cambio todos recibieron fuertes apoyos para desarrollar sus intereses, incluso la Iglesia recuperó su espacio político y cultural; lo mismo pasó con los militares, los hacendados o las compañías extranjeras que trajeron el "progreso" a la nación. La ley sólo se aplicaba con rigor y sangre a los de abajo: trabajadores, campesinos, pueblos indígenas que osaban oponerse al gobierno y a sus explotadores; se les castigaba por considerárseles un obstáculo para el progreso.

Algo que distingue al porfiriato del periodo anterior y del posterior es que en él desaparece la ambigüedad, todos saben qué tipo de justicia o injusticia les espera, la incertidumbre es mínima. Se trata del predominio del interés privado sobre la República, no hay política en sentido moderno, como expresión del disenso. No obstante, se genera confianza y reciprocidad en las élites. Hay una nueva fe en el progreso y por ella se justifica la destrucción de lo que se le opone. El principio era: progreso para los de arriba, orden para los de abajo.

Para nuestro propósito es inútil detenernos en la descripción de los hechos durante los 33 años de la dictadura. La ciudadanía no se desarrolló ni en lo cívico ni en lo político o lo social. Por ello veremos cómo se vivió este periodo en Xochimilco. En términos de identidad nacional destaca la labor educativa, la promoción de los símbolos patrios, pero es difícil acreditar que fuera de las élites y de las clases medias profesionales hubiese la identidad con la nación.

Quizás valdría la pena señalar, como rasgo general, que la sociedad en el porfiriato se diferencia ampliamente en razón del crecimiento económico y se estratifica de forma radical; los sectores pobres son sobreexplotados y en algunos casos esclavizados, desterrados o vendidos; si luchaban, la represión sobre ellos era feroz. En este contexto los xochimilcas no padecieron tantas vejaciones.

2.4.4.1. Xochimilco durante el porfiriato

De pronto la región de Xochimilco fue redescubierta por el Estado: la modernización de la sociedad mexicana promovida por el régimen porfirista, el desarrollo económico del capital, la extinción de los recursos acuíferos para el consumo de los habitantes de la ciudad de México por el aniquilamiento de sus fuentes tradicionales de abastecimiento (Chapultepec y Cuajimalpa), al igual que el crecimiento demográfico y la expansión territorial del Distrito Federal, llevaron a la búsqueda de nuevas tierras y fuentes de recursos naturales dentro de los límites de su demarcación. Así fue como el avance incontenible del desarrollo del porfiriato llegó a los pueblos de Xochimilco.

Una de las transformaciones ambientales más negativas durante el porfiriato fue la desecación del lago de Chalco por los hacendados Noriega,[18] quienes desde 1886 habían adquirido propiedades con la finalidad de aumentar el tamaño de sus tierras, afectando a los habitantes de los pueblos ribereños, que dejaron de contar con el lago y sus tierras para su sustento. Las obras para desecar afectaron además al resto de los lagos, pues las aguas del lago de Chalco fueron direccionadas al lago de Xochimilco provocando inundaciones y alterando la vida cotidiana. Porfirio Díaz apoyó esas acciones, así como la compra por parte del doctor Aureliano Urrutia, médico de cabecera del dictador, de una porción de la ciénega de Xochimilco. El pueblo de San Gregorio se opuso y su lucha por la ciénega no pasó inadvertida en otros pueblos de Xochimilco. Pese a ello, las tierras fueron asignadas a los terratenientes.

El interés que demostró el régimen por las riquezas naturales de Xochimilco radicó en que este lugar representó una fuente sustancial de recursos hidráulicos, pero también de productos alimentarios ge-

---

[18] Según datos presentados por Bravo (2007: 117) la familia poseía más de 20 000 ha en distintas haciendas. Una de ellas, ubicada en Xico, de sólo 78 ha, es la que propone el proyecto de desecar el lago de Chalco para agrandarla.

nerados en sus chinampas, que eran traídos en sus canoas y trajineras por el canal de La Viga para su venta en el mercado de La Merced; además de ser descubierto como un lugar de descanso y de turismo.

El asunto del agua como elemento vital para la subsistencia de la propia ciudad no era tema nuevo para los gobiernos capitalinos; dentro de los proyectos que se formulaban –desde la colonia– para su abastecimiento se "contemplaba el ataque simultáneo y combinado de los dos problemas esenciales de la cuenca de México: por un lado el drenaje de la capital y el desagüe general del valle", que significó un importante desafío para el régimen porfirista; por otro lado, estaba el suministro de agua potable, para lo cual se programó la construcción de un nuevo canal y una red pública de abastecimiento a industrias, oficinas, lugares públicos y casas particulares.

En 1900 el régimen porfirista contaba ya con mejores recursos tecnológicos y financiamientos económicos adecuados para enfrentar el problema del agua. El objetivo de la empresa era "la construcción de una infraestructura que mediante ductos cerrados trajera a la capital 2 000 litros de agua por segundo, mismos que deberían ser tomados de los diversos manantiales existentes en Xochimilco. Según el discurso oficial esto debería hacerse tomando como principio fundamental el no abusar del vital recurso para no afectar a los habitantes de esta población ni a su medio ambiente (Hernández, 2003: 61).

El proyecto se puso en marcha y se realizó en el periodo de 1905 a 1914. La finalidad era captar el agua de cuatro manantiales –La Noria, Nativitas, Santa Cruz y San Luis– y enviarla a la ciudad utilizando bombas eléctricas.

Para la extracción de las aguas de Xochimilco y su traslado a la ciudad de México el gobierno de Díaz expropió en 1906 los terrenos donde se ubicaban los manantiales, y por donde pasaría el tendido del acueducto. Su construcción fue acelerada; para 1908 la ciudad empezó a recibir el caudal de agua. De esta manera, años más tarde, al igual que se desecó el lago de Chalco, la extracción inmoderada del líquido acabó por secar el lago de Xochimilco (Bravo, 2007: 121).

En la incorporación de Xochimilco a la "modernidad" destaca la introducción de diversos servicios de comunicaciones y transportes al municipio, como si hubiera existido por parte del gobierno un interés social o humanitario por proporcionar esos servicios a los habitantes de los pueblos. La decisión sobre la orientación de estas ventajas tecnológicas tenía que ver más con el interés gubernamental de propiciar el abastecimiento de agua para la ciudad, que con el de ofrecer un verdadero beneficio para el crecimiento y bienestar de la población xochimilca.

Por ejemplo, se realizó un proyecto para instalar una importante red de alimentación de energía eléctrica con la finalidad de hacer funcionar las bombas que extraerían el agua de una serie de pozos de captación de agua. Esa energía eléctrica no fue para uso de la población; sólo en 1908 la única municipalidad que disponía de alumbrado público era la de Tlalpan. Asimismo, se tendió una línea telefónica, pero fue para intercomunicación de los diversos puntos de trabajo donde se realizaba la obra y para atender de manera expedita los problemas, contratiempos o avances de la obra. Pocos fueron los que se beneficiaron en aquel entonces del uso de la telefonía, quizá algunas autoridades gubernamentales, comercios y familias pudientes ligadas a la dictadura.

Con el mismo propósito se realizó la construcción de una vía férrea, que tenía la finalidad de movilizar las maquinarias y al ejército de trabajadores que demandaban el proyecto y las otras obras (Hernández, 2003).

En ese periodo también se construyó el tranvía eléctrico con la intención clara de tener un mejor medio de transporte de las personas y un conducto de comercialización de las mercancías hacia la ciudad de México, que sustituía los antiguos canales, para abastecer de hortalizas y otros productos a gran parte de los mercados de la capital. Por otro lado, sirvió para que los sectores más acomodados de la sociedad porfiriana viajaran hacia los lugares de diversión y descanso (Hernández, 2003: 63).

El precio de recibir las bondades de la modernidad promovida por el Estado, así como la presencia de los sectores sociales acomodados en sus lagunas, canales y tierras, significó para los pueblos xochimilcas una transformación en su vocación económica: convertirse en un lugar turístico. El paisaje xochimilca fue muy valorado y pasó a ser una de las postales que identificaban al país en el extranjero.

Las crónicas periodísticas de la época contribuyeron a analizar la "nueva relación" que llegaron a tener estos grupos privilegiados con los habitantes lugareños, en su mayoría indígenas. Además de las tradiciones de servidumbre, comercio o caridad, ahora se desarrolló un nuevo interés, donde turismo y costumbrismo se fundían en narraciones novedosas o románticas a través de inspirados artículos periodísticos y textos literarios, lo mismo que de sublimes imágenes pictóricas y fotográficas.

A la par que se desarrollaba la actividad turística se continuó con el proyecto pedagógico que en 1867 propuso el gobierno liberal encabezado por el presidente Benito Juárez, en el cual se apostaba por el desarrollo de una mentalidad "progresista" en la sociedad mexicana. Se buscaba la modernización en los terrenos científico, religioso y político. Esta decisión se vería reflejada en la reestructuración de la educación nacional promovida primero por Gabino Barreda y luego por Justo Sierra, además de otros profesores y funcionarios porfiristas.

La labor educativa comenzó a tener más presencia en los pueblos del sur del Distrito Federal. En Xochimilco, la escuela federal primaria fue incorporada a la comunidad desde el 7 de febrero de 1869, aunque ya existían tres escuelas primarias privadas de carácter religioso entre los años 1850 y 1860.

Después de casi tres décadas, en 1896 se inauguró en Xochimilco la primera escuela primaria elemental superior, con carácter de laicidad, obligatoriedad y gratuidad; dos años después, el 7 de mayo de 1898, anexo a esta escuela se fundó el primer jardín de niños, Xochiquetzalli. Otras comunidades que empezaron a asimilar esta nueva perspectiva educativa en los años siguientes fueron los pueblos de Milpa Alta, San Gregorio, Tulyehualco, Tepepan, Tepalcatlalpan, San Lucas y San Mateo.

En el año 1905 el Ministerio de Educación, bajo la responsabilidad de Justo Sierra, tuvo dentro de sus propósitos el desarrollo de una educación rural con las cualidades de la escuela federal: su obligatoriedad (que imponía incluso el arresto a los padres si no mandaban a sus hijos a la escuela), así como su carácter laico y gratuito.

La educación también mantuvo el propósito de seguir siendo cívica y ciudadana. Así lo muestran las celebraciones del centenario de la Independencia, cuando el gobierno y sus instituciones educativas, con un propósito político, incluyeron esta conmemoración como parte del proyecto de unificación e identidad cívica que el Estado pretendía infundir a los diferentes grupos sociales y culturales del país: una identidad nacional y un espíritu patriótico.

A finales del porfiriato Xochimilco vivía otra realidad. En términos ecológicos la región había sido drásticamente transformada con la desecación del lago de Chalco, con la transformación física, natural, del terreno en que se asentaban los pueblos. La expropiación de los terrenos para la extracción y transporte del agua también alteró la vida de las personas afectadas, incluyendo sus actividades recreativas y productivas. El acaparamiento de las tierras por los hacendados arrinconó a los pueblos, muchos de sus pobladores se volvieron peones, y dentro de los pueblos los ricos se apropiaron de las tierras que quedaban; así, la mayor parte de los pobladores se quedaron sin tierras que cultivar. La estructura social fue polarizada e internamente diferenciada, la población ya era dominada por la élite mestiza y disfrutaba de algunos servicios públicos importantes en educación y en salud. Se desarrolló el turismo y algunos canales se habilitaron para la práctica de deportes de remo, lo que atrajo la instalación de clubes deportivos, especialmente para colonias extranjeras como el Club Español o el Club Alemán. El turismo pasó a ser una fuente importante de empleo y se impuso como la actividad que daría identidad a la zona. Hay que señalar que el sistema de bombeo de agua para la ciudad convirtió a Xochimilco en una zona estratégica para la seguridad, por lo tanto altamente controlada.

Como síntesis de la situación de los ciudadanos diremos que los derechos civiles y políticos eran letra muerta; sólo en lo social hubo avances significativos. No obstante, la debilidad de los derechos, las obligaciones impositivas y de orden eran estrictamente reclamadas por el gobierno de la dictadura y su incumplimiento drásticamente castigado, con la excepción, claro está, de los sectores protegidos.

2.5. LA REVOLUCIÓN DE 1910 Y LA REPÚBLICA CORPORATIVA

La Revolución de 1910 transformó nuevamente la vida de los habitantes de Xochimilco. La primera fase de esta lucha pasó inadvertida a los xochimilcas. Fue en el combate de los zapatistas contra Victoriano Huerta cuando las acciones armadas se realizaron en los pueblos del sur de la capital y en especial en Xochimilco. A la caída del usurpador, en agosto de 1914, las tropas zapatistas instalaron su cuartel general en Milpa Alta y ocuparon la ciudad de Xochimilco. Ante la negativa del caudillo del sur de pactar con el ejército constitucionalista que se había apoderado de las fuerzas federales, incorporándolas bajo su mando, arrancó la guerra de los ejércitos de Villa y Zapata contra los constitucionalistas, la cual tendría trágicas consecuencias para Xochimilco. Cuando los zapatistas lograron apoderarse de Xochimilco, los constitucionalistas (antiguos federales reconvertidos) quemaron el palacio municipal y otras propiedades, y saquearon la población causando graves daños. Después de la derrota de Villa por Obregón, los constitucionalistas recuperaron los pueblos del sur matando a una gran cantidad de hombres desarmados y ordenaron el desalojo total de los pueblos. Los zapatistas, antes de retirarse, dinamitaron las bombas que surtían de agua a la capital.

A finales de 1916 el control constitucionalista era pleno sobre la zona; hasta ese momento la Revolución había sido un desastre para los pueblos de Xochimilco: las pérdidas materiales y humanas eran importantes y el hambre campeaba.

El 6 de enero de 1915 Carranza expidió la ley agraria por medio de la cual se establecía el derecho a la expropiación y restitución de las tierras, siempre y cuando éstas fuesen sancionadas por las autoridades constitucionalistas. Dicha ley, que buscaba arrebatar sus tierras a zapatistas, campesinos y pueblos descontentos con los abusos porfiristas, fue la base para que ya en 1916 los pueblos de Xochimilco iniciaran la lucha por sus tierras. En estos movimientos se recreó la identidad de los pueblos y buena parte de ellos se reconstruyeron como unidades productivas, sobre todo Xochimilco, Tepepan, San Gregorio y Tulyehualco, que fueron dotados de ejidos. En otros casos algunos hacendados se adelantaron, fraccionaron y vendieron sus propiedades a los habitantes ricos de los pueblos, con lo cual proliferó la pequeña propiedad y la relación entre pueblo y propiedad se perdió, con excepción de los ejidos; en muchos casos los propietarios pertenecían a otros pueblos (entrevista al señor Facundo Millán, 2007).

Para comprender este proceso es necesario volver nuestro análisis hacia los cambios que la Revolución introdujo en la nación, en especial los nuevos ordenamientos constitucionales.

2.5.1. *El liberalismo social*

La Constitución de 1917 reafirma los principios liberales de la de 1857, los derechos individuales fundamentales y el régimen federal y democrático, con amplios derechos políticos para los ciudadanos. Pero a su lado se introducen modificaciones sustanciales que alejan la Carta Magna del modelo liberal clásico. En primer lugar, se reconoce que todo el suelo y subsuelo de la nación es propiedad del Estado, éste la podrá dar a los particulares como propiedad privada o como propiedad comunal o ejidal; es decir, reconoce la propiedad comunitaria, la propiedad de los pueblos indígenas o de campesinos. En segundo lugar, se establecen los derechos sociales, el derecho a la educación pública, laica y gratuita, el derecho a la salud, se reconoce la lucha de clases entre el capital y el trabajo y se erige al Estado como factor de equilibrio, como mediador y árbitro. En tercer lugar, se erige al Estado como responsable del desarrollo de la nación. Cuarto, se fortalecen los poderes del ejecutivo federal frente a los otros poderes, se debilita la división de poderes.

La Constitución negociada y redactada dentro del proceso revolucionario recoge los intereses de los diferentes grupos o clases sociales. Al contrario de la de 1857 no niega doctrinariamente los derechos de los pueblos, ni pretende transformar en individuos aislados, autónomos y libres al conjunto de los ciudadanos; la propiedad colectiva implica el reconocimiento de la vida comunal indígena y la ejidal supone propiciarla entre los campesinos, especialmente en los ejidos colectivos. El reconocimiento de las diferencias entre los factores (clases) de la producción también niega que éstas deban resolverse en el mercado o, como en el pasado, por la policía. El Estado quedaba facultado para intervenir en las libertades individuales, en especial de los capitalistas, con el fin de proteger a las clases desfavorecidas.

Esta combinación de los derechos individuales y sociales que los constituyentes formularon como complementarios y garantes de la justicia social estará en la base de la creación del Estado corporativo, en buena medida opuesto al Estado liberal. El predominio del ejecutivo federal sobre los demás poderes, su capacidad de imponerse sobre éstos y sobre la sociedad, permitirá la conformación de un corporativismo autoritario, es decir negando el régimen democrático y limitando los derechos civiles y políticos de la ciudadanía.

Paralelamente, la Revolución integra al conjunto de la sociedad a la nación, incluye a todos los individuos como miembros iguales ante la ley, reconoce las diferencias y asume el compromiso nacional de lograr justicia social, disminuir las grandes diferencias y propiciar la igualdad socioeconómica. Por otra parte, la lucha revolucionaria desarrolló como una de sus principales aportaciones un nacionalismo antimperialista (sostenido en buena parte por las interferencias extranjeras en la vida nacional, incluso durante la propia Revolución) y popular, que de nueva cuenta el origen indígena de la nación reivindicaba su integración, y asumía que el pueblo, lo popular, las clases bajas, eran la base de la nación.

2.5.2. *La formación del Estado corporativo*

Los lineamientos constitucionales van a tener un desarrollo que se materializa en una sociedad y un Estado diferentes. Después de la Revolución, incluso después de la Constitución, el país experimentó un proceso de descentralización del poder. La caída de la dictadura, la desintegración del ejército federal, el surgimiento de caudillos militares en prácticamente todos los rincones del país, llevó al debilitamiento del poder central. A diferencia de la república restaurada durante los gobiernos de Juárez, Lerdo e incluso Díaz se emprendieron complicadas negociaciones con los poderes locales o regionales; en la posrevolución el poder se resolvió mediante enfrentamientos militares, los caudillos más poderosos se impusieron, es el caso del llamado grupo Sonora. Asimismo, después del asesinato de Álvaro Obregón, por un fanático religioso, el presidente Calles logró un pacto político general con los caudillos locales para conformar el Partido Nacional Revolucionario (PNR), dentro del cual se deberían dirimir las pugnas políticas y el reparto del poder. El presidente de la República lo era también del partido, era el caudillo mayor y el árbitro en las pugnas entre las partes. Se creaba la "presidencia imperial".

La centralización institucional efectiva pasó por el periodo de caudillismo, periodo conocido como "maximato", durante el cual Calles se impuso a los tres presidentes constitucionales que ocuparon el poder entre 1928 y 1934. A partir de la elección del general Lázaro Cárdenas del Río y la derrota política de Calles, se inicia la construcción del Estado corporativo y la institucionalización del poder del Estado.

Los rasgos fundamentales del Estado corporativo son los siguientes. En primer lugar todos los sectores de la sociedad están organizados básicamente de acuerdo con su ocupación: sector obrero, campesino, popular (que agrupaba sectores medios, artesanos, trabajadores independientes, etc.), militar, sectores empresariales, que agrupan en su conjunto a la mayoría de la sociedad. Los sectores obrero, campesino, popular y militar fueron incorporados dentro del partido oficial que cambió su nombre a Partido de la Revolución Mexicana (PRM); los sectores que agrupaban a los empresarios se mantienen al margen del partido. Más adelante el sector militar es separado e institucionalmente alejado de la lucha política. En un proceso largo (Durand, 1986) las organizaciones, sindicatos, confederaciones, centrales, etc., perdieron su autonomía, su libertad, y se volvieron organizaciones verticales, autoritarias, dependientes de la autoridad del presidente. El Estado, bajo la autoridad presidencial organizó corporativamente a la sociedad y a sí mismo. La vida política significativa se daba en el interior de los sectores y del partido oficial; allí se luchaba, se ganaba o se perdía el poder, incluso el cargo de presidente.

Con el Estado corporativo se desarrolló un sistema de bienestar selectivo controlado por el Estado; se crearon derechos sociales como la educación básica, salud, habitación, jubilación y el seguro de accidentes en el empleo. En consecuencia se desarrollaron instituciones de gran soporte: el Instituto Mexicano del Seguro Social, el Instituto de Seguridad Social al Servicio de los Trabajadores del Estado y el Instituto Nacional de Fomento a la Vivienda. Esos servicios y derechos crearon una diferencia importante dentro de la sociedad entre aquellos que pertenecían al sistema corporativo y los que estaban fuera de él y debían conformarse con servicios estatales de corto alcance y menor calidad como los proporcionados por la Secretaría de Salud. El único derecho casi universal fue el de la educación primaria, seis años, y aun así con fuertes diferencias regionales y entre las colonias de las ciudades. Con todas las limitaciones que tiene el sistema de bienestar lo cierto es que puso fin, por una parte, a la criminalización de los estratos bajos y además limitó el alcance de los sistemas de caridad para asistir a los pobres desamparados.

Con el transcurso del tiempo, el aumento de los procesos de urbanización e industrialización y más adelante el incremento de los servicios modernos, el corporativismo fue cambiando, adecuándose y después rezagándose, ante la creciente diferenciación de la sociedad mexicana. El primer cambio importante fue el abandono del compromiso de los gobiernos posteriores a 1940, especialmente durante el alemanismo, con los sectores populares; en la retórica se mantuvo la alianza, pero en los hechos, en las políticas públicas, en el reparto del presupuesto, el apoyo gubernamental fue para los distintos grupos de la burguesía, nacional o internacional (Durand, 1986). La modernización capitalista, que vivió una nueva suerte de progreso, de crecimiento económico, se vio acompañada del aumento de los sectores marginales en las ciudades y del empobrecimiento de los sectores campesinos temporaleros y de las comunidades indígenas. Los gobiernos posteriores a Cárdenas vaciaron el contenido de la alianza, pero se nutrieron de la ideología del nacionalismo revolucionario para legitimar al Estado corporativo, que pasó de la pretensión de representar a los sectores populares a la realidad de su sometimiento y control. El segundo cambio significativo fue que la diferenciación social creó sectores importantes que quedaban afuera de los límites marcados por las organizaciones corporativas y que impulsaron la crítica al sistema y el cambio del mismo.

En otro plano, también fundamental, los poderes estatal y municipal son reformulados teniendo como base los sectores organizados. En el caso de los estados, los gobernadores son dependientes del presidente quien los puede destruir a voluntad; en el de los municipios se da un proceso muy complejo mediante el cual organizaciones leales al gobierno, como las ligas agraristas, en los municipios rurales, o las confederaciones obreras o populares en los municipios más urbanizados, van a luchar por imponerse a los grupos locales, la mayoría de las veces ligados a la Iglesia. El resultado es el municipio que Calderón (2004: 189) llama, en su estudio sobre Michoacán, la Comunidad Revolucionaria Institucional, que sintetiza la organización corporativa estatal, con las organizaciones y tradiciones locales, generalmente cívico-religiosas, dando una variedad de organización municipal concreta, pero siempre amarrada al sistema corporativo en sus múltiples ramas. La nueva organización municipal, desde su diseño constitucional, retiró a los intermediarios entre el municipio y los gobernadores, haciendo más fluidas las relaciones particulares de poder y de representación.

Al lado de la organización corporativa se mantuvieron rigurosamente los procesos electorales para elegir presidentes municipales, gobernadores, presidente de la República, miembros de los ayuntamientos, diputados estatales, diputados federales y senadores. La democracia como forma, como procedimiento de selección de las autoridades y representantes populares se preservó, pero subordinada a un proceso de selección anterior que se realizaba dentro de la organización corporativa, que definía los candidatos del partido oficial (a partir de 1946 Partido Revolucionario Institucional, PRI), que disputaba, en elecciones no competitivas, con otros partidos todos y cada uno de los cargos. El ritual no era una farsa o un simple acto de cinismo, era la reproducción del sistema y de sus valores (Adler, 1975), la reposición de las autoridades corporativas y estatales, la renovación permanente de las alianzas con los sectores populares, la recreación de la participación popular y ciudadana en la vida de las organizaciones corporativas y de la nación.

Por supuesto que estos procesos articuladores de consenso y de legitimidad eran acompañados de la coerción, de la represión, muchas veces muy violenta, a los disidentes, los enemigos de la patria.

Esta organización estatal, que arrancó con el cardenismo en 1936 y terminó con el gobierno de López Portillo en 1982, también creó una relación entre lo legal y lo ilegal muy compleja. El caso de las elecciones es ilustrativo, se le cumple, pero se le retira su función de elegir. La subordinación del poder judicial al ejecutivo debilita la justicia y la aplicación del derecho; la corrupción, presente desde la colonia en los gobiernos mexicanos, se amplifica por los múltiples lugares donde privan la influencia, el privilegio, la impunidad, donde los líderes corporativos son todopoderosos, están al margen de la ley, se enriquecen y abusan con absoluta impunidad; por medio del PRI acaparan los puestos de representación popular y de gobierno, así como posiciones en la alta burocracia. Para los de abajo queda la protección del líder, el clientelismo, el colaboracionismo.

Como Estado de derecho, el Estado corporativo es un Estado de excepción. En el corporativo las instituciones propias del Estado de derecho, en especial los poderes legislativo y el judicial, son débiles e inoperantes, incapaces de realizar el equilibrio de poderes, de controlar el poder del Estado y proteger a los ciudadanos de los abusos del mismo, y menos garantizarles el cumplimiento de sus derechos. La debilidad del Estado de derecho era compensada con la estructura corporativa que garantizaba orden y lealtad al sistema aunque, desde luego, no racionalidad administrativa, además de que no protegía los derechos, en muchos casos tampoco exigía el cumplimiento de las obligaciones de los ciudadanos.

2.5.3. *El Estado corporativo en Xochimilco*

En el caso de Xochimilco la transición fue radical. Primero, como ya mencionamos, por la restitución de las tierras y el fin del sometimiento de los pueblos a los hacendados y a los gobernantes que los protegían. Este proceso redujo las diferencias sociales, pero no las suprimió; una parte de las tierras compradas por los ricos de los pueblos afianzó la existencia de una pequeña burguesía local que pasó a controlar distintas actividades –aparte de la agricultura y la ganadería– como el turismo, la propiedad y alquiler de las trajineras para efectuar los paseos por los canales y el comercio; mientras tanto, los que no tenían tierra o no fueron beneficiados con el reparto pasaron a ser sus empleados o trabajadores.

Segundo, las transformaciones que la Constitución de 1917 introdujo en el régimen municipal, mediante el cual los ayuntamientos recuperaron sus atribuciones políticas, administrativas, hacendarias y judiciales, tuvieron efectos limitados en el Distrito Federal. Allí el gobernador continuó dependiendo del presidente de la República, pero las delegaciones obtuvieron vida municipal (Hernández, 2003: 103). Por una década, de 1918 a 1928, Xochimilco tuvo la experiencia de un gobierno local, autónomo y con la elección de sus funcionarios por los ciudadanos. El primer presidente municipal tomó posesión del cargo el 1 de enero de 1918. Sin embargo, la estabilidad del gobierno municipal parece haber sido precaria; Hernández apunta que en la década señalada hubo siete presidentes (*idem*). El 20 de agosto de 1928 el presidente Calles emitió un decreto por medio del cual se suprimió el régimen municipal en el Distrito Federal, y a los municipios se les llamó delegaciones; Xochimilco fue una de ellas. Se suprimieron los derechos políticos de los ciudadanos del Distrito Federal para elegir a sus autoridades locales.[19]

El ser considerado y promovido como uno de los principales centros turísticos de la capital y continuar fungiendo como el abastecedor del agua potable de gran parte del Distrito Federal, le dio a Xochimilco una posición privilegiada frente a las demás delegaciones. En esos años, previos al corporativismo, hubo algunos desarrollos en la delegación que mejoraron el transporte, como la construcción del camino que va de Xochimilco a Tulyehualco, pasando por los pueblos de Nativitas, San Gregorio Atlapulco y San Luis Tlaxialtemalco. Se construyó el nuevo embarcadero de Nativitas y se pavimentaron algunos caminos entre Tepepan, La Noria y Xochimilco para comunicar entre sí a los principales pueblos; se facilitó también el flujo de pasajeros y mercancías y se mejoraron las condiciones para el desarrollo del turístico.

---

[19] En el año 2000 se volvió a elegir al delegado, pero aún no se restablece el ayuntamiento.

A partir del cardenismo Xochimilco experimentó un proceso de lento crecimiento que se extendió hasta finales de los años sesenta. Las organizaciones campesinas, especialmente las ejidales, sirvieron como entidades de representación de los intereses de la delegación con el apoyo del partido oficial (PRM, PNR y PRI), mediante el cual se negociaron, con el Departamento del Distrito Federal, los intereses de los campesinos y los de la misma delegación. En este periodo la economía vive un desarrollo acelerado: se amplía considerablemente la extensión de tierra cultivable y se incrementan un poco las tierras con riego. A partir de 1970 se da una drástica reducción de la tierra laborable (Romero Lankao *et al.*, 2004: 221 y cuadros: 246-248). La proporción de la población dedicada a la agricultura en el total de la PEA bajó a partir de 1960.[20]

La evolución de la población muestra también la existencia de esos ciclos; al principio fue lenta: en 1921 había 22 027 habitantes; en 1930, 27 712; en 1940, 33 310 y en 1950, 47 082. En ese periodo la tasa de crecimiento poblacional en la delegación fue de 2.6%, por debajo de la media del Distrito Federal que era de 4.6%. En 1960 el censo declara 70 381 habitantes y en 1970, 116 493. Entre 1950 y 1960 el crecimiento poblacional se dispara y alcanza 4.9%; entre 1960 y 1970 alcanza el 6.6%. Es decir, mientras que de 1921 a 1950 la dinámica poblacional parece marcar el crecimiento natural de la población local, con la dinámica de una sociedad agraria, a partir de 1950, se gesta un vigoroso proceso de urbanización nutrido por el incremento de la tasa de crecimiento natural de la población local y por las migraciones.

Quizás el factor que más influyó en los cambios productivos fue la desmedida extracción del agua de la región para abastecer la ciudad y la deforestación y erosión de los suelos por prácticas agropecuarias y silvícolas inadecuadas (*ibid.*: 222).[21] A finales de los años cuarenta se da la primera desecación del lago de Xochimilco y de sus abundantes manantiales; sin embargo, aún quedaban algunos. A finales de los sesenta ya habían desaparecido.[22] La extracción de agua empezó a hacerse mediante la perforación de pozos para aprovechar los mantos

[20] La población dedicada a la agricultura bajó a 12% en 1980, 4% en 1990 y 3% en el año 2000 (Romero Lankao y Eike Duffing, 2004: 248).

[21] En 1950 había 1 517 ha con bosques, para 1990 restaba 1 ha (Lankao *et al.*, 2004: 228). La deforestación provocó también que no se realizara la recarga de los mantos acuíferos y que se produjeran inundaciones en las partes bajas por el escurrimiento de las aguas de lluvia.

[22] Únicamente el manantial de Nativitas sobrevivió hasta 1975.

profundos, lo que agravaría más la situación ecológica de la región. Para compensar el agotamiento de los manantiales y la pérdida de agua de los canales, en 1958 el gobierno inició el bombeo de aguas negras con tratamiento primario y en 1977 empezó a enviarlas de la planta de tratamiento del cerro de la Estrella, que tenía un mayor grado de tratamiento.

Cuando Xochimilco perdió sus manantiales y se produjo la brusca caída de la producción agropecuaria, las autoridades del Departamento Central dejaron de atender con la misma dedicación los problemas de la región. El crecimiento urbano totalmente desordenado desnaturalizó a los pueblos, y el mejoramiento de los servicios públicos en la delegación se desarrolló desigualmente; en 1960 las casas con agua entubada representaban sólo 11% del total; para 1970 el porcentaje había subido a 91% y en 1980 alcanzó 93%. Respecto de las viviendas con drenaje entubado, en 1960 había apenas 34%; 38% en 1970 y en 1980 47% (Romero Lankao *et al.*, 2004: 247).

La decadencia de la agricultura estuvo acompañada de cambios en las expectativas y en el comportamiento de los habitantes de Xochimilco. Desde los años cuarenta los hijos de los agricultores empezaron a buscar nuevas perspectivas de realización personal. Gracias a la escolaridad, que como hemos apuntado se inició desde la República restaurada, los horizontes se ampliaron y en especial se privilegió la carrera magisterial. Varios parecen haber sido los factores; uno de ellos era que por ser aquel un empleo de medio tiempo podía combinarse con el trabajo agrícola; otro, que el magisterio podía ser una carrera para todo el ciclo de vida laboral y otorgaba buenas prestaciones; asimismo, pesaba el gran prestigio que en aquellos años tenían los maestros de la primaria, considerados como verdaderos apóstoles; otra más era la existencia tanto de la escuela normal oficial, como de otras privadas que facilitaban el acceso después de los estudios de la secundaria. Finalmente, como lo señalaron algunos de nuestros entrevistados, existían los medios corporativos, representantes del sindicato, gestores, corrupción, que podían facilitar tanto el ingreso a la escuela como a la carrera magisterial.[23]

Como hemos mostrado es muy significativo el proceso de transfor-

[23] Según el testimonio de algunos entrevistados, la presencia y operación de esos gestores existía para ingresar a otras dependencias de la administración pública. Además, la existencia de la administración pública ineficiente, clientelar y corrupta era una de las características del Estado corporativo.

mación de la ciudadanía en Xochimilco desde el fin de la Revolución de 1910-1917 hasta finales de los años sesenta. Sin lugar a dudas, y con sus limitaciones, los derechos civiles de los habitantes de la ciudad y de Xochimilco experimentaron alguna mejora; pese a la corrupción en las fuerzas policiacas, a un sistema judicial venal y frecuentemente injusto, al abuso de autoridad e impunidad, hay una mejora frente a la situación que existía a finales del porfiriato. Los derechos de asociación, de circulación, de libertad religiosa, de prensa, fueron controlados pero no extintos y en algunos casos pudieron ser ejercidos para defensa de intereses legítimos de trabajadores o de simples ciudadanos.

Respecto a los derechos sociales, las condiciones de los sectores organizados de la sociedad, aquellos que vivían dentro del corporativismo, mejoraron sensiblemente, pero los de aquellos que estaban fuera del sistema lo hicieron mucho menos y se produjo una enorme desigualdad e injusticia social. A los viejos grupos sociales marginados, como las comunidades indígenas o los campesinos temporaleros, cuya marginación y abandono se puede rastrear desde la colonia, se agregaron nuevos grupos de excluidos del proceso de industrialización, que no alcanzaron a integrarse a la sociedad salarial. Sin embargo, con respecto a los derechos políticos la población de la ciudad sufrió su mayor pérdida; salvo la primera década después de la Constitución, que vivió bajo la organización municipal, durante el resto del periodo considerado careció de derechos políticos en el nivel local y estatal, y en el federal compartió las enormes limitaciones del sistema de partido único.

La participación política durante el Estado corporativo, dado su carácter vertical y autoritario, convirtió a los pobladores en súbditos del sistema presidencial, los organizó como clientelas y, a su costa, se conformó una clase política priista que se enriqueció y se apropió del país, de sus recursos, de sus organizaciones, del control del Estado, capaz de negar el Estado de derecho, de amoldarlo a sus intereses y conveniencias, experta en comandar el Estado de excepción. Sin duda esta clase o estamento se volvió en una pesada carga para la nación.

La dimensión ciudadana de la identidad aparecía en este periodo como un logro sólido; el nacionalismo revolucionario parecía aglutinar a todos los ciudadanos, y en nombre de esa ideología, de sus valores, la mayoría de los ciudadanos creía en su presidente, y en el régimen político; desconfiaban de los políticos y las instituciones, eran cínicos políticamente, pero tenían la esperanza de que podría funcionar de una manera diferente, eran ciudadanos en potencia (Almond y Verba, 1963). Quizá la única alternativa significativa que competía por las lealtades populares era el catolicismo popular. En este caso Xochimilco es ejemplar.

A finales de la Revolución la mayoría de los habitantes de la delegación eran considerados indígenas; en las crónicas de las entradas y salidas de los ejércitos se habla de los indios, de cómo se asustaban y huían al monte o a las chinampas para esconderse. Los relatos y fotografías de la época también nos muestran a indígenas o campesinos descalzos con sus ropas de manta y sombrero y sus casas hechas de carrizos y zacate. Como ya mencionamos, el reparto agrario fortaleció a las comunidades; los lazos de sangre se afirmaron, la familia y la comunidad como organización social se afianzó de nueva cuenta.

Durante los años de la posrevolución la población indígena de Xochimilco fue perdiendo su lengua náhuatl; se fue castellanizando tanto por el efecto de la educación formal, toda realizada en español, como por la interacción cada vez más frecuente y densa con el resto de la población de la ciudad. Con ello, la población xochimilca dejó de ser considerada y de considerarse a sí misma como indígena, y pasó a formar parte de la población mestiza. Culturalmente el cambio es muy relevante pues implica una forma de integración a la sociedad nacional, el poner fin a una diferenciación y a un prejuicio que derivaba en discriminación. Lo indígena queda como un antecedente, como algo que hace a sus ancestros. En el discurso oficial está presente el orgullo del origen indígena, pero sólo eso.

La identidad de los xochimilcas favorece a sus pueblos, nadie en Tulyehualco o Tepepan se diría xochimilca; el término sólo corresponde como identidad al pueblo de Xochimilco que se encuentra en el centro de la delegación y que se compone de 17 barrios. Esas identidades comunitarias componen espacios públicos limitados, dentro de los cuales la vida privada, las familias, están subsumidas, son responsables de mantener viva la tradición, las costumbres, las diferencias; se deben al pueblo.

Los pueblos de Xochimilco, y los propios barrios, se diferenciaron también por sus actividades económicas y aún mantienen costumbres y hábitos diferenciados. Nuestros entrevistados narran cómo había celos de los jóvenes de un pueblo hacia los de los demás; no se les permitía que entraran y menos que buscaran novias en su territorio;

la identidad tenía esos referentes productivos y las prácticas de exclusión y discriminación.

Una de las expresiones más importantes de esas identidades es, sin duda, la fiesta para los santos o patronos de cada pueblo, celebraciones cívico-religiosas en las cuales la Iglesia y el párroco son excluidos; aquí toda la organización corre a cargo del pueblo y sus mayordomos (Carrillo *et al.*, 2006: 36). Las fiestas son abiertas, participan habitantes de otros pueblos ajenos a la delegación, hay hospitalidad y un gasto grande de recursos.

Lo que nos interesa resaltar de esas identidades locales con sus expresiones culturales es ese carácter de público restringido (cívico-religioso) que compite con el público cívico estatal. Ninguno de los entrevistados nos habló de fiestas importantes con carácter cívico patriótico, que se asemejaran en importancia a las cívico-religiosas. La identidad nacional revolucionaria no debilitó las identidades comunitarias; la pertenencia al territorio nacional, la ciudadanía como identidad, quedaron atrás de lo local, del pueblo. Hay una clara identidad de los xochimilcas como mexicanos y un apego a los símbolos patrios; la educación pública y el llamado a los orígenes indígenas de la nación, orígenes de los cuales los xochimilcas se sienten orgullosamente parte, han fomentado esa identidad nacional; lo que queremos afirmar es que convive con la identidad parroquial, ese apego a lo local. La ideología nacional, el acento en el Estado laico, sí modificó la relación de los xochimilcas con la Iglesia, reforzando la autonomía comunitaria.

Esas identidades parciales también fueron impulsadas por el Estado corporativo. Sin duda la identidad nacional, la defensa de la nación en contra de sus enemigos internos y externos, era lo fundamental, pero dentro del mundo corporativo era muy clara la diferencia entre ser obrero o campesino; se oponían como sectores pero también como clases frente a los empresarios. Pertenecer a un sector, ser ejidatario, como es el caso de Xochimilco, implicaba una lealtad a su sector dentro del partido, lo que tendía a perpetuar esas identidades, a ser diferenciados de los demás sectores, de ubicarlos en una escala social; el ciudadano era reclasificado. Además, muestra de esas particularidades es que los sectores competían dentro del partido por sus cuotas de diputados y senadores y, por supuesto, por las partidas presupuestarias.

El sector campesino y dentro de él las organizaciones indígenas representaban a los más pobres, a los discriminados, excluidos de los beneficios materiales del desarrollo. Siempre recuperados como la base social más pura del pueblo, el sector privilegiado dentro de la alianza del Estado con el pueblo. En ese esquema clasificatorio del Estado corporativo las identidades parroquiales encontraban terreno fértil para permanecer, como sucedió en Xochimilco.

2.6. RECAPITULACIÓN

Partimos en nuestro análisis desde la sociedad gentilicia y de la conformación del pueblo de Xochimilco. El desarrollo estuvo determinado por la guerra con otros pueblos; las guerras llevaron a que los pueblos victoriosos desarrollaran organizaciones político-administrativas que se diferenciaban de la organización basada en los lazos de sangre, y por medio de la coerción se imponían como prioritarias y controlaban a otras organizaciones. El caso de Xochimilco fue diferente: en tanto que sufrió muchas derrotas militares, no tuvo un desarrollo político-administrativo, sino que como sociedad dominada permaneció con un bajo nivel de diferenciación social. En la medida en que los mexicas los mantuvieron al margen de su gobierno, de su Estado, no hubo el desarrollo de ciudadanía; es decir, sentirse parte de un Estado, si se quiere de un imperio, y de tener obligaciones y derechos por ser parte. En el caso de los xochimilcas se limitaban a ser parte de un pueblo sojuzgado, con fuertes obligaciones (tributos, ser forzados a integrar los ejércitos, etc.) y sin derechos frente al Estado.

En la colonia, por el acto fortuito de haberse aliado a los conquistadores en la toma de Tenochtitlan, los xochimilcas pudieron conservar su organización gentilicia y se mantuvieron como un pueblo. El desarrollo de las instituciones de gobierno coloniales fue poco a poco absorbiendo la organización prehispánica y con la república de indios creó derechos más amplios para los de abajo, les dio la posibilidad de tener tierras, de participar en la vida política y de acceder a un sistema de justicia. Dentro de su casta los xochimilcas vivieron un cambio en la organización de su gobierno local, los lazos de sangre dejaron de ser fundamentales para definir el gobierno, aunque siguieron siendo básicos para la estructura de la comunidad. A pesar de la enorme centralización del poder en la colonia, los xochimilcas gozaron de cierta autonomía, que fue aprovechada por los caciques. En este caso los miembros del pueblo mantenían una identidad particular, segregada, sin que les fuese posible sentirse parte del reino de Castilla; en ese sentido ni siquiera eran súbditos. Sin embargo, su identidad sí cambió como católicos, como hijos de Dios, como iguales frente a los demás hijos. No obstante, esa igualdad era negada por la desigualdad social que sumió en la miseria a los trabajadores.

La llegada del liberalismo desde las cortes de Cádiz modificó profundamente la vida de los xochimilcas. Su identidad católica fue confrontada con la identidad nacional, civil, basada en ser parte de una monarquía constitucional primero y después de una república, de una nación-Estado. Su vida comunitaria fue confrontada y negada por los derechos del individuo, los cuales "requerían" de la destrucción de los lazos corporativos o comunitarios que se interponían entre el Estado y los individuos. Su imagen ante los dominantes se transformó radicalmente: de ser indios, con sus repúblicas, y el origen de la nueva nación, pasaron a ser considerados como la escoria de la sociedad junto a los demás miembros de la plebe, fueron criminalizados. La enorme debilidad del Estado y la consecuente descentralización del poder permitió a los xochimilcas mantener cierto aislamiento hasta el porfiriato cuando finalmente el Estado y los hacendados alteraron su entorno natural y los integraron por medio del turismo en el progreso porfiriano; el capital se hizo presente en los canales, los servicios y en el mercado de la capital.

Los derechos que dictaban las constituciones se volvieron letra muerta, primero porque las distintas partes de la sociedad se resistieron a los cambios que alteraban sus privilegios; segundo, porque se mantuvieron relaciones de trabajo y producción totalmente opuestas al liberalismo: la servidumbre o la esclavitud predominaban, el trabajador libre era una excepción. Los derechos civiles eran nulos: por la criminalización de su situación, por la inestabilidad política, por la corrupción o por la venalidad del sistema. Los derechos políticos primero no se podían ejercer dada la inestabilidad y después fueron convertidos en una farsa durante el porfiriato. Los derechos sociales no existieron nunca, el empobrecimiento y la miseria marcaban la pauta. Durante el porfiriato los xochimilcas vieron cómo sus tierras y sus aguas les eran arrebatadas, la base material de su vida comunitaria era destruida. La cultura fue el espacio de la resistencia, lo que los encerraba en sí mismos. El Estado de excepción liberal negó la ciudadanía a los xochimilcas.

La Revolución puso fin a la dictadura y al liberalismo puro. Los nuevos derechos sociales y el reconocimiento de las diferentes formas de propiedad, así como el fortalecimiento de la autoridad presidencial marcaban la promesa de un Estado comprometido con la integración del pueblo a la nación, su reconocimiento como pueblos, como individuos, como sujetos de derecho individual y colectivo. No obstante, la formación del Estado corporativo autoritario acabó por destruir el contenido de esa posible integración social. Después de un breve periodo de descentralización éste se volvió a concentrar, las relaciones de la sociedad con el Estado se institucionalizaron; la sociedad se diferenció no sólo por el tipo de corporación a la que se pertenecía, sino también por si se pertenecía o no a ellas. Los líderes de los sectores acabaron conformando un estamento político que potenció la corrupción, el abuso del poder, la impunidad, lo cual junto con los privilegios de los empresarios, volvió letra muerta los derechos civiles o la justicia. Para los de abajo la ambigüedad en la aplicación de la ley se volvió la norma. La política, los derechos de los ciudadanos fueron reducidos a un ritual que reponía el sistema y la figura presidencial. Los derechos sociales se dieron en un régimen de bienestar diferenciado, muy desarrollado para los sectores corporativos y casi inexistentes para el resto. En Xochimilco, el corporativismo se expresó por medio del sector campesino, los ejidos, lo cual implicó la posibilidad de mantener sus viejas tradiciones comunitarias, las cuales pasaron a coexistir con el nacionalismo revolucionario; se recreaba la identidad nacional pero al mismo tiempo se reforzaba la de los pueblos.

CAPÍTULO 3. XOCHIMILCO EN LA NUEVA ÉPOCA (1968-2007)

3.1. LA ENTRADA A LA MODERNIDAD Y LAS OPCIONES DE FUTURO PARA XOCHIMILCO

Al finalizar la década de los años sesenta Xochimilco experimenta cambios importantes que lo incorporan de manera más dinámica a la vida de la ciudad. Podríamos decir que termina su aislamiento como un lugar apacible para el turismo, de agricultura orientada al cultivo de flores, hortalizas y de otros productos como el amaranto y la aceituna,[1] que sólo se comunicaba con la ciudad por medio de una única avenida de dos carriles por sentido (avenida Guadalupe I. Ramírez) por la cual circulaban autobuses de pasajeros y un tranvía que iba del centro de la delegación a Huipulco y de allí al centro de la ciudad.

En aquellos años en México se vivía el llamado milagro económico; más de dos décadas de crecimiento económico sostenido, con tasas superiores al 6%, que trasformaron la sociedad; la estructura social se tornó más compleja y diferenciada. Procesos intensos de urbanización, especialmente en la ciudad de México, y de industrialización por medio de la sustitución de importaciones, ampliaron sustancialmente el empleo fabril y el de los servicios públicos y privados; el sistema de bienestar se expandió abarcando fundamentalmente a los trabajadores organizados y a los que tenían un contrato formal aun sin estar sindicalizados, como lo eran los empleados de una buena parte del comercio o de la banca antes de 1982.

Asimismo, el sistema político alcanzaba su clímax como "la dictadura perfecta", con un autoritarismo presidencial exacerbado y un aparato corporativo controlado por líderes autoritarios que parecían eternos, que dominaban a las bases por medio de la represión desmedida y ventajas económicas y sociales que los diferenciaban del resto de los trabajadores sin protección y sin acceso a la seguridad social. El

---

[1] En realidad la agricultura chinampera ya estaba en crisis. La terrible política de extracción de agua de la región desde el porfiriato y después el intento de remediar la extracción del líquido inyectando aguas negras tratadas sólo en la primera fase del proceso había derrumbado la antigua alta productividad de los suelos chinamperos.

sistema político apenas enfrentaba a las clases medias urbanas, que se oponían al rígido control estatal y se orientaban por la apertura política y el reconocimiento de la pluralidad; algunos movimientos como el de los médicos de 1965 (Pozas, 1993), daban cuenta de ese hartazgo y proponían un nuevo tipo de reivindicaciones y de representación.

No obstante, el régimen autoritario parecía más fuerte que nunca, el presidente de la República era todopoderoso, el sistema corporativo estaba controlado y satisfecho y el PRI mantenía su objetivo de "carro completo" en los procesos electorales. La oposición de la clase media parecía fácilmente controlable, sobre todo por la política cautelosa del PAN.

Culturalmente el nacionalismo era central en la retórica oficial. En 1960, a propósito del quincuagésimo aniversario de la Revolución, las manifestaciones nacionalistas mostraron su vigor; lo mismo sucedía en los preparativos de las Olimpiadas de 1968. No obstante, la ideología oficial ya había perdido el apoyo incondicional de los artistas, cuyas vanguardias habían criticado el arte revolucionario y asumido posiciones modernas y universales;[2] de la misma manera, los jóvenes urbanos se entregaban al rock y se dejaban seducir por movimientos de protesta como los hippies.

Al final de la década, en 1968, hay dos momentos importantes que apresuran la entrada a la modernidad, que indican la salida al mundo de una sociedad signada por un nacionalismo xenófobo y antimperialista. El primero es la celebración de los Juegos Olímpicos, que abre el país al mundo, aunque conserva una fuerte postura nacionalista; la olimpiada cultural, "la ruta de la amistad" significan una amplia apertura, un salir del encierro "oficial" del arte revolucionario; asimismo, el encuentro deportivo se enmarca en una evolución de los medios de comunicación masiva que permiten transmitir a todo el mundo los sucesos en tiempo real. El segundo momento es el movimiento estudiantil acontecido en el mismo año, el cual acabó por convertirse en un conflicto de enormes consecuencias, en un parteaguas de la sociedad mexicana. La cerrazón del gobierno, su autoritarismo e intolerancia y la brutal represión sobre un movimiento que por medios civilizados, democráticos (mediante la negociación, el diálogo y la solución de las demandas más que justas de los estudiantes), habría sido fácilmente resuelto, convirtió el 2 de octubre en una fecha de ruptura

---

[2] Tal es el caso de Rufino Tamayo y Octavio Paz, para citar sólo casos muy destacados.

en la historia del país. La crisis producida por el movimiento ha sido interpretada, con razón, como la entrada a la modernidad política, la ruptura del autoritarismo posrevolucionario y su incapacidad para seguir reproduciéndose como antes. Así, a pesar de estar en su momento clásico, más dominante, más incluyente, más desarrollista, más prestigiado internacionalmente, un evento singular marcó el inicio de su declinación. El propio aparato de prensa construido para publicitar los juegos olímpicos se encargó de mostrar al mundo la peor cara del régimen, generó su desprestigio y fomentó su aislamiento internacional. A partir del movimiento estudiantil se abrió un fuerte debate sobre la ideología de la Revolución, se inició su deconstrucción y sustitución por una cultura moderna, democrática, liberal o socialista, plural.

Como si fuera una fatal coincidencia, en el mismo año de 1968 dio inicio la desaceleración económica, antecedida por una caída de la producción agropecuaria que era sostén de las importaciones, del equilibrio de la balanza comercial y garante de mantener precios bajos de sus productos en los mercados urbanos, indispensable para mantener bajos los salarios de los trabajadores de la industria y los servicios modernos. El sector primario perdió capacidad para financiar la economía urbana y con ello arrancó un periodo de déficit comercial y de endeudamiento público.

Así, a finales de los años sesenta se terminó el auge del desarrollo estabilizador, aunque los gobiernos populistas de Echeverría y López Portillo sostuvieron artificialmente el modelo por más de 12 años. En el sexenio de Echeverría se sostenía que el crecimiento económico no había logrado disminuir la enorme desigualdad social, ni hacer justicia a los sectores populares, lo cual era correcto. Para resolver la inequidad se diseñó un programa con fuerte acento estatista: la intervención del Estado en la economía se volvió asfixiante; también hubo un intento de reconstruir el aparato corporativo, buscando devolverle la representatividad que habían destruido las burocracias sindicales y campesinas; el antimperialismo se enmarca en el "tercermundismo", síntoma de la globalización en curso, el "nacionalismo se internacionaliza". Todo ello termina en un fracaso, la economía profundiza su crisis hasta caer en las políticas del FMI, las burocracias corporativas logran resistir e impedir la renovación y el tercermundismo se debilita, arrollado por el neoliberalismo. López Portillo continuó la política populista apoyada en los nuevos ingresos petroleros, pero sin la pretensión de restaurar el viejo corporativismo; por el contrario, inició la transición democrática y consumó la derrota de los principales movimientos sindicales renovadores, en especial el de la Tendencia Democrática, y tampoco asumió la ideología tercermundista; los cambios en la economía global, la caída de los precios del crudo hundieron la economía, que entra en terapia intensiva en el FMI. La inflación se dispara y las alzas salariales, que alcanzaron su máximo histórico en 1976, inician su deterioro; la carestía y el empobrecimiento se disparan.[3]

El sistema político autoritario comienza su caída, se desfigura, las alianzas centrales se debilitan, los empresarios rompen su pacto y cambian su participación en la política, el PAN gana poderosos adherentes y se fortalece como opción política; los movimientos sociales y políticos contra la carestía y por la recuperación salarial, además de los movimientos guerrilleros (que dieron lugar a la guerra sucia del periodo) fortalecen a las organizaciones de izquierda, que en palabras de Jesús Reyes Heroles "no dejan gobernar". La apertura política primero y la transición a la democracia electoral después eran ineludibles. En los dos sexenios siguientes, Miguel de la Madrid y Carlos Salinas de Gortari (1982-1994), se impone el modelo neoliberal, acompañado de una transición conservadora a la democracia electoral.[4]

La sociedad compleja ya no cabía en el viejo esquema corporativo, los nuevos sectores, incluso algunos ubicados dentro del sistema corporativo, reclamaban nuevas formas de participación política. El fortalecimiento de los movimientos de la sociedad civil y de los partidos políticos es el responsable de presionar al gobierno para que se profundice la democratización electoral. El resultado fue contradictorio, pues por una parte se logró efectivamente un sistema electoral que garantizara elecciones competitivas y equitativas, restringiendo la intervención del gobierno en ellas; pero, por la otra, al no haber logrado que el sistema corporativo se democratizara, que las viejas y corruptas burocracias sindicales y campesinas continuaran dominando las organizaciones de trabajadores y campesinos y defendiendo sus

---

[3] Entre 1976 y el año 2000 el deterioro salarial fue de cerca de 80% (De la Garza y Salas, 2003: 257).

[4] La transición que va de 1997 a 2000 fue siempre comandada por el PRI y los presidentes en turno. El meollo de la transición consiste en una integración paulatina de los partidos y grupos políticos al sistema político, donde el poder se distribuye por medio de elecciones (democracia electoral) pero sin reformar la parte corporativa autoritaria y los cotos de poder (empresarios, narcotraficantes, etc.). La transición consolidó un estamento compuesto por los partidos, complejizando al propio sistema.

intereses en el nuevo sistema político, se entorpecía la democratización del sistema político, impidiendo la consolidación democrática.[5] Además, la desigualdad social posibilitaba en los partidos políticos el desarrollo de prácticas clientelistas, dificultando la formación de una ciudadanía autónoma y libre.

La crisis del Estado corporativo, la desarticulación del sistema de poder basado en las organizaciones corporativas y de sus mediaciones con los gobernantes e instituciones estatales regresan de golpe a la vieja definición liberal del Estado contenida en la Constitución de 1917; es como si los derechos sociales fuesen colocados por debajo de las garantías individuales, modificando radicalmente el funcionamiento del Estado. Por supuesto que el resultado de esta operación fue muy complejo y complicado.

Destaca el cambio en el sistema de toma de decisiones; el gobierno, a partir de Miguel de la Madrid (1982-1988) dejó atrás el sistema tripartito en el cual las corporaciones negociaban con los funcionarios las decisiones; el gobierno de Miguel de la Madrid puso el acento en la racionalidad técnica como nueva fuente, y la negociación fue sometida a los dictados de la tecnocracia.

En la misma época resalta la desaparición del discurso nacionalista popular de los viejos tiempos y se inicia la crítica despiadada al viejo sistema tachado de populista y acusado de todos los males del país. Los tecnócratas priistas rompen con los antiguos líderes, los llamados "dinosaurios".

La democratización del sistema electoral vuelve a dos temas fundamentales: el primero es la igualdad de los ciudadanos frente a la ley, la igualdad de los derechos políticos, un ciudadano un voto, y segundo, la fuente de la autoridad pasa de manera real, no disimulada, a los ciudadanos, al pueblo que elige en elecciones libres y competitivas. La vieja organización corporativa deja de ser el vehículo de selección de las autoridades; sólo en el interior del PRI este esquema sigue funcionando.[6] Aun en el PRI hay modificaciones pues se rompe la regla

[5] En la democracia electoral mexicana los partidos políticos son poco comprometidos con la democracia como cultura y comportamiento. En todas las elecciones hay intentos de tomar ventajas fuera de lo legal, compra de votos, intimidación de candidatos, abuso de la propaganda política, etcétera.

[6] Más adelante organizaciones corporativas se incrustan en otros partidos e imponen su peso para que se incluya como candidatos a miembros destacados. Es el caso del SNTE con el PAN y el Panal, del SME o STUNAM con el PRD. No obstante, en todos los casos deberán enfrentarse con otros candidatos en condiciones de incertidumbre acerca de quién ganará.

de que el pertenecer a una corporación implicaba necesariamente también ser miembro del partido oficial.

La desarticulación del Estado corporativo y la reafirmación de los derechos civiles de los ciudadanos, al menos en el plano formal, y el compromiso del Estado de hacerlos cumplir, tienen como consecuencia que la corrupción, el abuso del poder, el influyentismo, que eran aceptados cínicamente por la población, se combatan y se denuncien como lacras de la sociedad. Las fallas de la justicia son inaceptables en el nuevo discurso estatal. Sin embargo, en la realidad siguen igual que antes, lo que hace evidente la debilidad del Estado.

Los derechos sociales, los avances que habían conseguido las corporaciones para sus afiliados, son cuestionados. Incluso se acusa de que los altos salarios y las prestaciones son causa de la crisis económica del país, se insiste en la necesidad de limitarlos y se limitan de hecho. Las prestaciones, en especial las jubilaciones pasan a ser cuestionadas y reformuladas. Envueltas en el discurso neoliberal se abandona la responsabilidad del Estado de otorgar derechos universales a los ciudadanos y se cambia por el establecimiento de políticas focalizadas que atienden sólo a los más pobres.

La crisis del Estado corporativo revela la contradicción entre la igualdad formal de los ciudadanos ante el derecho y la ley, que el Estado es incapaz de hacer cumplir, y la desigualdad real que se agudiza por las crisis económicas y como resultado de las políticas de ajuste neoliberales para superarlas. La consecuencia es el debilitamiento del Estado, a lo cual contribuyen, entre otras, las siguientes razones:

Las organizaciones corporativas más fuertes no desaparecen, ni se debilitan sus intereses y poder, por ello se convierten en obstáculos para la acción estatal; es patente su papel negativo en el área de la educación pública, como el caso del SNTE y los sindicatos de las universidades públicas; en el área energética, el STPRM, el SUTERM y el SME; en el área de la salud encontramos algo similar con los sindicatos del Seguro Social y del ISSSTE. Destacan también los monopolios privados como Televisa y Televisión Azteca, Telmex, Cemex, Gruma, que han logrado imponer sus intereses causando graves pérdidas a la población consumidora y a la economía del país. El Estado debe negociar con ellos y hasta ahora ha sido más su cómplice que su regulador.

La clase política creada al amparo del Estado corporativo se refuncionaliza, y viejos priistas se vuelven dirigentes de nuevos partidos,

PRD, Convergencia, Panal, incluso el PAN, y se amplía con líderes de los movimientos sociales y de los partidos proscritos de la izquierda. La clase política se convierte en un complejo estamento sobre cuyas diferencias se une en la defensa de sus intereses: el manejo de cuantiosos recursos económicos y políticos. Además, en términos generales, conserva todos los vicios del viejo partido oficial: tendencia al clientelismo, corrupción, influyentismo, etc.; sobre esto volveremos en el capítulo siguiente.

La democratización del sistema electoral acaba por restarle fuerza al poder ejecutivo y fortalece al legislativo y también al poder judicial, que logra mayor autonomía frente a los otros poderes. El debilitamiento del ejecutivo también redunda en el fortalecimiento de los gobernadores de los estados. Sin embargo, esta dispersión del poder no redunda en mejor administración pública, ni tampoco en mejor representación de la población. En parte ello se debe a dificultades institucionales, especialmente la formación de mayorías en el parlamento, y su incapacidad para tomar decisiones fundamentales para el desarrollo del nuevo Estado; además buena parte de los actores presentes en los partidos y en el poder legislativo son no democráticos o tienen un bajo compromiso con el régimen democrático.

La creciente desigualdad social, el empobrecimiento de mayores sectores de la población, coincide con la desaparición, el deterioro o incluso la simulación de las organizaciones sindicales. La organización del pueblo, de las clases bajas, ha pasado a ser menos de carácter laboral y más barrial con todo lo que ello implica para la organización política. Con el crecimiento de la desigualdad social los ciudadanos han perdido autonomía.

En resumen, se restablece el Estado de excepción correspondiente al Estado liberal. Se recuperan los derechos de los ciudadanos; el Estado no es capaz de hacerlos cumplir, las organizaciones corporativas poderosas niegan la vigencia universal del derecho, lo privatizan, el Estado se debilita y no puede influir para hacer disminuir la desigualdad social creciente.

En este ambiente de cambio profundo de la sociedad mexicana, la ciudad de México y la delegación Xochimilco también experimentaron profundas transformaciones. A partir de la preparación de los Juegos Olímpicos, la ciudad de México ganó importantes obras viales: se modernizó el transporte colectivo con la construcción de la primera línea del Metro (transporte metropolitano subterráneo), se construyeron grandes obras viales que impulsaron una nueva dinámica en la zona sur y poniente de la ciudad. Para la delegación Xochimilco fueron de gran importancia la construcción del Periférico Sur, que comunica a la delegación con el sur y el oriente de la ciudad,[7] y de las avenidas Prolongación División del Norte y Canal de Miramontes, que dotan a la delegación de nuevas vías de acceso al centro de la ciudad. Con estas obras y otras, como el Circuito Interior, la ciudad modifica radicalmente su estructura vial; ya se puede acceder de un sector de la ciudad a otro sin tener que pasar por al centro de la ciudad, y en lugar de un solo centro se inicia la conformación de varios en las distintas regiones.

Con las obras señaladas, Xochimilco dejó de ser un lugar lejano y de difícil acceso. También en esos años en los linderos de Tlalpan y Xochimilco la construcción de la Villa Panamericana inaugura nuevas zonas residenciales de clase media, Villa Coapa en Tlalpan hacia el sur oriente; en la delegación también se crean grandes fraccionamientos de clase media media y media alta como Jardines del Sur o Bosques Residenciales del Sur y se construyen casas para la misma clase en el pueblo de Tepepan, dando continuidad a la zona residencial como el Country Club.[8] También en la zona oriente de la delegación,[9] cerca de Tulyehualco, se inició la proliferación de colonias de preca-

---

[7] En 1968 la ampliación del Periférico Sur llegó hasta el Canal Nacional. En 1989, en el marco del Plan de Rescate Ecológico, se realizó el resto de la obra, comunicándola plenamente con el oriente de la ciudad.

[8] La desazón e impotencia de los habitantes tradicionales ante esta dinámica es clara en la declaración del señor Silvestre Ruiz cuya parcela colindaba con uno de esos fraccionamientos, Misiones de la Noria: "Yo digo que ya no duramos mucho aquí. ¿Ónde cree que nos van a dejar? No, eso ya es para otra gente. ¿Ónde cree que esos señores les va a gustar vivir junto a uno?" El entrevistador le pregunta si le parece bien lo que está pasando. "Pues no", responde tímidamente, pero uno qué, uno esta jodido... claro que a uno no le va bien que se acaben la tierra y que ya nomás le quede a uno un pedacito para sembrar. Pero, pues póngase usté con el gobierno, con los señores de los fraccionamientos. ¿Ónde cree? El gobierno viene y dice: 'Pues aquí se va a hacer esto y lo otro y ustedes se tienen que ir, que se les va a pagar, que se les va a dar... Bueno, pus dice uno, pus ta bueno'" (Bautista, 2002: 102, cita Centro Operacional, 1976, s/p). Era todavía la época en que el PRI-gobierno hacía fraude electoral para despojar a los campesinos de la tierra, sin ninguna consecuencia.

[9] La zona oriente de la ciudad de México, Iztapalapa, y sobre todo el territorio del Estado de México con el que colinda (Ciudad Nezahualcóyotl y Chalco), fue escenario de la proliferación en gran escala de asentamientos irregulares. Esa dinámica acabó marcando la parte sur-oriente de la ciudad, siendo presionada por ese tipo de pobladores.

ristas, carentes de servicios y en muchos casos irregulares tanto en la
zona del ejido cercano al pueblo como en terrenos particulares en las
chinampas o en el cerro, lo cual mostraba dos dinámicas diferentes;
lo mismo pasó en la parte baja de Tepepan, en donde se combinaron
fraccionamientos de clase media con otros más populares, especialmente en Las Peritas y en La Cebada; éstos se edificaron tanto en
terrenos ejidales como de propiedad privada.

A principios de los años setenta y a pesar de lo que sucedía en
Tulyehualco y Tepepan, Xochimilco ya se debatía entre ser una zona
destinada a convertirse en residencial, de clase media, que aprove-
chaba los espacios libres, antes dedicados a la agricultura y que el
desastre del agua volvía improductivas o, al menos, elevaba los costos
de producción; o en un lugar de asentamientos populares con urbanización precaria. En ambos casos la delegación buscaba apropiarse de
los terrenos pertenecientes a los habitantes de los pueblos, ya como
propiedad privada, ya como ejidal, que eran vendidos a los fraccionadores, la mayoría de las veces de manera ilegal, o mediante la "venta
hormiga" a particulares o grupos organizados.

Los pueblos y barrios tradicionales mantenían su autonomía, vida
local, costumbres, fiestas religiosas, aunque su crecimiento demográfico natural aumentaba la densidad demográfica en sus amplios terrenos destinados a la vivienda y a las huertas familiares o a la cría
de algunos animales; primero dividieron para que los hijos pudieran
construir sus viviendas, después tocó el turno a los nietos, hasta el
momento en que se acabó el espacio disponible y tuvieron que echar
mano de otros terrenos en la montaña o en las chinampas. El desarrollo urbano del Xochimilco tradicional, en algunos de los pueblos
y barrios, también experimentó una expansión ordenada, con buen
diseño de las calles y servicios urbanos, como es el caso de Xaltocán,
Santa Cecilia o San Bernabé. Lo que es obvio es que el gobierno de
la ciudad o de la delegación fue incompetente e irresponsable para
dotar al conjunto de la delegación de un plano racional.

Sin embargo, vivir en la zona central y poniente de Xochimilco
podía considerarse un privilegio. La población local se ocupaba en las
labores agrícolas y en las actividades turísticas –especialmente los paseos por los canales utilizando las trajineras– así como en la preparación y venta de comida típica y bebidas que ofrecían en los propios canales; asimismo había varios salones de baile en donde los capitalinos
se divertían los fines de semana. Un sector amplio de los trabajadores

se desplazaba a otras zonas de la ciudad a trabajar en la burocracia pública, especialmente como maestros de educación primaria. Los nuevos habitantes de las colonias de clase media en su gran mayoría trabajaban fuera de la delegación.

Otra característica urbana que se consolida en esos años es la construcción de un importante centro comercial y de servicios en Villa Coapa en la intersección de las avenidas Acoxpa y Canal de Miramontes que se extiende hacia el norte: grandes tiendas, servicios bancarios, restaurantes, cines, etc. Este centro da servicio a la mayoría de los habitantes de la delegación. Salvo una tienda Comercial Mexicana de tamaño mediano y más tarde una Bodega Aurrerá, las actividades comerciales y de servicios corresponden al viejo estilo de los pueblos, mercados públicos, pequeños comercios y establecimientos de servicios. La vida interna en la delegación continuó organizada en los pueblos y en los barrios; sólo los nuevos habitantes de clase media se desplazaban a los nuevos centros comerciales ya en Villa Coapa, ya en otros lugares de la ciudad; después, el arribo a estos lugares se volvió masivo.

Las características físicas de la delegación, que está limitada en el norte por la zona de las chinampas y las ciénegas, y en el sur por la zona ecológica protegida, por la montaña, y conforma una estrecha franja que corre de oriente a poniente, definen una zona urbana difícil, en especial para la organización del transporte público y para la creación de zonas comerciales de gran afluencia. Otra característica es que las zonas habitables en esa franja estaban ocupadas desde tiempos prehispánicos por los pueblos y que éstos son muy reacios a abandonar esos lugares llenos de significado y soportes de identidades muy fuertes. Esas características hacen muy difícil la construcción de obras viales o la apertura de espacios para zonas comerciales. De esta suerte toda la delegación quedó al margen del desarrollo de los grandes centros comerciales que reestructuraron la ciudad de México.

La crisis política que vivió la ciudad a raíz del movimiento estudiantil de 1968, cuando caen el jefe de la policía y el regente de la ciudad, no tuvo repercusión importante entre los xochimilcas; no hay testimonios de que los ciudadanos, incluso estudiantes, se movilizaran y afectaran en algo la vida cotidiana.

El centralismo político, la dependencia del regente respecto al presidente, quien lo designaba, y de los delegados al regente, hacían que la política fuese algo distante, sin mayor importancia. De acuerdo con algunos de los entrevistados, desde los años veinte (1928), cuando el Distrito Federal perdió su autonomía, nunca un delegado en Xochimilco fue originario de la delegación; los nombramientos pasaban por otra parte, por otros caminos dentro del PRI. En Xochimilco el sector priista más importante era el formado por campesinos y pequeños propietarios agrícolas, seguido de algunas secciones sindicales como la de los maestros del SNTE, cuyos representantes, siempre autoritarios y caciquiles, controlaban a las bases. Eran ellos los hombres fuertes de la delegación dentro del sistema de partido casi único. Los ciudadanos de Xochimilco, entendidos por ahora como aquellos que tienen derecho al voto, participaban en la elección de presidente, de senadores y diputados federales, cargos que no tenían ninguna vinculación con la delegación; no podía hablarse de representación política de los ciudadanos o habitantes en general.[10]

Lo que había eran las actividades de "gestión" que realizaban los miembros de los sectores para resolver problemas, como los agrarios o los escolares, o de funcionarios del gobierno local o de la ciudad o incluso del partido, que facilitaban la solución de los problemas o de las demandas. Por supuesto esa "gestión" se vinculaba al intercambio de favores y de clientelismo que aseguraban la lealtad de los ciudadanos al PRI y al gobierno.

Es importante resaltar que en la época en que dominaba el PRI la relación con la sociedad y dentro del partido se caracterizaba por un verticalismo autoritario, pero eficiente. Cuando una decisión había sido tomada era muy difícil, si no imposible, que los de abajo en la jerarquía la desobedecieran; lo mismo acontecía cuando un gestor, en la base, asumía un compromiso: éste era generalmente apoyado para tener éxito y, pese al autoritarismo, la relación creaba certidumbre y orden. Difícilmente alguien que actuara por su cuenta, por ejemplo vender en vía la pública, invadir un terreno para construir su casa o conducir un taxi pirata podía tener éxito. Quizá la clave era contar con el contacto adecuado, el "padrino", para acceder al sistema clientelar.

Esta "gestión" era también importante para poder encontrar empleo; una de las razones del auge del magisterio como profesión preferida de los xochimilcas era –a decir de diferentes entrevistados– la existencia de miembros del sindicato de maestros que vendían su in-

---

[10] En los años ochenta el distrito electoral al cual pertenecía Xochimilco abarcaba un área que incluía prácticamente todo el sur de la ciudad; por lo tanto, el representante estaba muy alejado de la vida delegacional.

fluencia para colocar a los maestros en las normales y para que obtuvieran sus plazas. Los gestores daban cierta certidumbre al futuro de los aspirantes. Esas prácticas, que redundaban en la corrupción y en el abuso de poder, no eran privativas del sector público; también operaban para conseguir empleo en empresas privadas, las redes de parientes, vecinos y amigos, en algunas ocasiones burlando los criterios de entrada o selección, como proporcionar las pruebas o capacitando a los solicitantes para aprobarlas con éxito.

El sistema político en Xochimilco no experimenta ninguna transformación importante hasta 1997, cuando se elige por vez primera, desde los años veinte, al jefe de gobierno de la ciudad.[11] Como ya mencionamos, el jefe delegacional era nombrado por el regente de la ciudad y los habitantes de la delegación no tenían ninguna injerencia en su designación ni tampoco en su desempeño; sólo rendía cuentas al regente, por lo tanto no existía una vida política local, era un proceso circunscrito a la vida interna del PRI, por lo que Xochimilco era una zona despolitizada, controlada corporativamente por los sectores del partido oficial. Es cierto que los ciudadanos participaban en las elecciones para presidente de la República, para senadores y diputados federales, en mítines, fiestas populares de apoyo, pero tal ejercicio estaba más ligado a la reproducción de las identidades políticas y nacionalistas que a una verdadera participación moderna, democrática.

A lo largo de los años setenta y pese a las graves crisis que vivió el país, Xochimilco pareció estar al margen; desde luego sus habitantes sufrieron los problemas derivados de la inflación, de la carestía, el aumento del desempleo, pero no fueron impactados por las grandes movilizaciones, ni por los conflictos políticos de enorme trascendencia nacional y para la ciudad, como fue la crisis política de fines del echeverrismo, ni la del final del gobierno de López Portillo, que cerró con la nacionalización de la banca, rompiendo con la alianza histórica entre los sectores empresariales y la clase política priísta.

En todo ese proceso cabe resaltar la reforma política de 1977, la Ley de Organizaciones y Procesos Electorales que abrió el sistema de partidos, todavía dentro de un sistema electoral controlado por el gobierno, pero que dio inicio a la competencia entre partidos y a la

[11] En 1987 se creó la Asamblea de Representantes del Distrito Federal y en 1988 se eligieron los primeros asambleístas, pero sus atribuciones eran sólo regulatorias y las elecciones estaban todavía bajo el férreo control del PRI-gobierno. Volveremos sobre esto más adelante.

pluralidad para los habitantes de Xochimilco. Como en la ciudad, se abrió la posibilidad de elegir entre distintos candidatos a los puestos federales, sin importar que las elecciones fuesen inequitativas y el PRI-gobierno mantuviese enormes ventajas sobre los demás partidos, la competencia era un avance. El PAN se expandió limitadamente en la región sur de la ciudad y en especial en Xochimilco, anclado en importantes productores de plantas y flores de ornato: son los inicios tímidos del pluralismo partidario.

Otra característica importante de los habitantes de la delegación que tiene que ver con la participación política es su identidad local de pueblo e incluso de barrio; es una identidad parroquial muy fuerte y excluyente, no hay nada que pueda señalarse como identidad xochimilca (como delegación) o de los habitantes de los diferentes pueblos. Los grandes pueblos como Tepepan, San Gregorio Atlapulco, Tulyehualco y el propio Xochimilco (ubicado en el centro de la delegación) junto a otros, tienen identidades propias y excluyentes de los otros pueblos y dentro de ellos los barrios también se diferencian, cuentan con sus propias fiestas cívico-religiosas, sus mayordomías, sus santos patrones. Son pocas las fiestas que unen a los pueblos, como la peregrinación al Santuario del Señor de Chalma o las fiestas a la Virgen de los Dolores en Xaltocán, en donde participa la mayoría de los pueblos, incluso otros de otras delegaciones. Los pueblos son muy celosos de su autonomía, de su localismo, y hay actitudes de discriminación y de rechazo a los de afuera, así sean del barrio vecino. Ese particularismo favorece las redes locales fuertes y limita la cultura universal ligada a la ciudadanía moderna y a la construcción de redes amplias y "débiles".

Volviendo a las transformaciones urbanas vemos que tuvieron consecuencias muy importantes en distintos ámbitos de la delegación. Para la construcción de las obras viales (Periférico Sur, Prolongación de División del Norte, etc.) y la pista de canotaje de Cuemanco (que se construyó para realizar las pruebas de remo y canotaje en las Olimpiadas de 1968), el gobierno del D.F. expropió tierras de los ejidos de Tepepan y Xochimilco afectando a cerca de 1 000 campesinos.[12] Los acuerdos para la indemnización se volvieron difíciles por la falta

---

[12] Como vimos en el capítulo anterior; los ejidos eran de creación relativamente reciente, fueron entregados a los campesinos en 1922, sin embargo, para solicitarlos los habitantes de los pueblos habían echado mano de los títulos que se les habían entregado durante la colonia, por ello había una estrecha y antigua relación con la tierra.

de títulos de propiedad y por el rechazo de la propuesta de pagarles una parte con casas construidas en la zona de Culhuacán en lugar del pago total en efectivo. El proceso se extendió por los siguientes diez años; ante la incertidumbre los campesinos iniciaron la venta fraudulenta de las tierras a fraccionadores y empresas urbanizadoras. Según Mario Barbosa Cruz (2004) para 1976, 6% de las tierras ejidales estaban ocupadas por urbanización popular o residencial. Esta intervención del gobierno desató una serie de movimientos campesinos por la reivindicación de la propiedad y por la reparación de daños causados por las autoridades y los fraccionadores, que se hicieron de las tierras de manera fraudulenta.

Este proceso de expropiación es quizá el inicio del proceso de confrontación entre la urbanización y la resistencia de los campesinos por mantener el control sobre sus tierras y actividades. Un resultado negativo del desencuentro entre autoridades y ejidatarios fue el fortalecimiento de la venta ilegal de las tierras, primero ante la incertidumbre, después para hacerse de dinero y cambiar de giro ocupacional, pero que redundó en un proceso de urbanización caótico, desordenado y de pésima calidad como lugar para vivir. Los ejidos se convirtieron en fuente de ilegalidad; se burlaba la ley y el gobierno de la ciudad no podía hacerla respetar, lo que no quiere decir que la ley quedara de lado.[13] Los ejidatarios acudían a los tribunales para denunciar las expropiaciones, los abusos de los fraccionadores, resolver pleitos entre los ejidatarios, etc.; en muchos casos ganaban y lograban hacer valer sus derechos, y por supuesto solían acompañar sus demandas con movilizaciones. Lo que queda claro en este proceso, que se extiende hasta nuestros días es que compete al gobierno hacer respetar el Estado de derecho, que sufre un grave deterioro, y que al fomentar la convivencia entre lo ilegal y lo legal va conformando un orden social en el cual es difícil que florezca la ciudadanía.

El proceso de enajenación de las tierras también ha influido en la negativa de los hijos a trabajar las parcelas o las chinampas. Cuando comenzó la afluencia de los jóvenes xochimilcas a la educación media (magisterio, enfermería) y superior era común que, además de estudiar, colaborasen en el trabajo agrícola; más tarde esa dualidad se rompió y los nuevos profesionistas se apartaron de las acti-

---

[13] Azuela (2006: cap. 5) ha mostrado las contradicciones entre la legislación ejidal y la municipal respecto de la tierra ejidal y la urbana, sobre todo para crear las reservas para el crecimiento urbano.

vidades primarias. La dualidad de trabajos no era una novedad en Xochimilco: las familias dedicaban parte de su tiempo al comercio de los productos que cultivaban o incluso de otros que adquirían en los grandes mercados de la ciudad; con esas actividades obtenían ingresos, mantenían a sus familias y realizaban la producción primaria. Lo nuevo en el trabajo profesionista fue el alejamiento de las labores en el campo; en muchos casos, sobre todo en donde había propietarios medios, empezó a contratarse trabajo asalariado para realizar las faenas, utilizando para ello inmigrantes de otros estados como es el caso de los originarios del municipio de Hueyapan, estado de Puebla, para trabajar en las tierras de San Gregorio Atlapulco.[14]

En síntesis, se puede afirmar que la incertidumbre sobre la tenencia de la tierra ocasionada por las expropiaciones, el deterioro de la productividad de la tierra por la crisis del agua, el alza de los costos para producir –dado que parte del proceso (por ejemplo, los lodos para los almácigos en el cultivo de la alegría) se resolvía importando los productos de otros sitios–, el desdén de los hijos al trabajo agrícola y la demanda de los fraccionadores urbanos, todo ello acompañó la urbanización en mayor escala en algunas zonas de la delegación.

3.1.1. *El terremoto de 1985 y la decadencia de Xochimilco*

En los primeros años de la década de los ochenta la ciudad de México fue escenario de importantes conflictos sociales ocasionados por la inflación, la carestía, la caída del valor adquisitivo de los salarios por la ruptura del pacto corporativo que dejó a los sectores sindicalizados sin la protección del gobierno, y la crisis en 1982 entre empresarios y gobernantes priistas por la nacionalización bancaria. Las grandes movilizaciones ligadas a la lucha popular en contra de la carestía y del desempleo, fueron finalmente derrotadas. Los sectores corporativos se arreglarían en nuevos y frágiles "pactos de solidaridad" orientados a contener la inflación y a mantener el orden social ante la aplicación de las políticas neoliberales, profundamente antipopulares.

Pese a la gravedad de la crisis socioeconómica y política que vivía la ciudad y sus efectos sobre las familias, fue el terremoto de 1985 el

---

[14] Información proporcionada por David Aguilar, quien realiza una investigación acerca de las relaciones de los productores de San Gregorio Atlapulco, chinamperos, y los trabajadores migrantes.

que provocó los cambios sociales más profundos en la delegación. Una parte de la misma fue afectada por el sismo, algunos canales se fracturaron, muchas casas se cayeron y algunas personas perdieron la vida. Como se recordará, ante la pasividad del gobierno federal, encabezado por Miguel de la Madrid, la sociedad civil se movilizó en ayuda de los afectados, la ciudad entera mostró su solidaridad. En este proceso la gente de la delegación también actuó.

A raíz de las organizaciones de damnificados se generó un nuevo movimiento urbano popular que opera tanto en la zona centro de la ciudad como en la periferia. En este proceso Xochimilco fue afectado por ser elegido por el gobierno de la ciudad como lugar para asentar a damnificados de la zona centro, provenientes de colonias como Tepito o Morelos, los cuales introdujeron nuevas formas de vida y de organización popular; eran personas ligadas a políticos y a líderes urbano-populares acostumbrados a tener formas clientelares de relación política. Por otra parte, se intensifica la formación de asentamientos populares junto a los pueblos. Las zonas de asentamientos más afectadas son las partes altas de Tulyehualco, San Gregorio Atlapulco, Tepepan, Ampliación Tepepan, Santa Cruz Xochitepec, Santiago Tepalcatlalpan y San Mateo Xalpa.[15] El futuro urbano de la delegación cobra un nuevo horizonte, ya no es sólo el de los pueblos originarios, con su dinámica propia, y los grandes fraccionamientos de clase media (cuyos habitantes viven poco en la delegación), sino ahora cobran mayor fuerza los nuevos asentamientos populares que a la larga resultarán definitorios para la nueva ciudadanía.[16]

En el conjunto de la ciudad, el movimiento urbano popular derivado del sismo es el último movimiento social parcialmente progresista[17] que luchó por la integración de los pobladores y sus derechos a la

---

[15] Estos asentamientos se extienden hasta la delegación Tláhuac en San Juan Ixtayopan.

[16] Algunos estudios dan cuenta de que algunos de los nuevos habitantes se adaptan a las costumbres locales, mientras que otros mantienen sus costumbres o tradiciones, pero siempre hay fricciones, discriminación y conflictos esporádicos. Los prejuicios se desarrollan: "desde que llegaron los de afuera apareció la violencia y la inseguridad", o, "los locales no jalan, son muy pasivos, sólo les interesa lo de ellos", nos dijeron algunos entrevistados.

[17] En esos años se gestó el importante movimiento estudiantil comandado por el Consejo Estudiantil Universitario, que se opuso a la reforma universitaria del rector Jorge Carpizo, pero fue un movimiento de resistencia, de lucha por mantener privilegios de los estudiantes; no propuso nada nuevo, propuso un Congreso Universitario que se diluyó en la dinámica de la burocracia universitaria. Otros movimientos posteriores,

vida urbana, logrando así una relación más moderna, no corporativa y democrática con el gobierno de la ciudad y de la federación. No obstante, en su interior también había grupos y organizaciones priistas clientelares que buscaban sacar provecho de la situación; igualmente, se desarrollaron liderazgos que sin ser priistas buscaron seguir su camino. El sector del movimiento que llega a la delegación es el más atrasado políticamente, el más clientelar y corrupto. Esta circunstancia desdobla la reubicación de los damnificados en un proceso de creación de asentamientos irregulares con gente que viene incluso de otros estados del país.

El movimiento urbano popular progresista se diluye en dos procesos diferentes: por una parte, en la negociación con Manuel Camacho, regente del D.F., quien privilegia a grupos clientelares (René Bejarano, Martí Batres), los cuales cambian apoyo político al regente por favores para sus organizaciones; fortalecidos y apoyados se oponen a las organizaciones auténticas, democráticas y no clientelares. El segundo proceso es la participación en la conformación del Frente Democrático Nacional y más tarde en el Partido de la Revolución Democrática (PRD) en donde los sectores clientelares (Bejarano, Padierna, Hidalgo) ahogan a los progresistas (Marco Rascón, Raúl Álvarez) y logran el control de la dinámica del partido basada en una organización de tribus sectarias que pugnan por el poder y las prebendas y clientelizan a las bases populares, fomentando su dependencia. Con ello se convierten en grupos antidemocráticos; lo que importa es cuántos votos controlan, de qué tamaño es su corral electoral. El partido encauza y anula a los movimientos progresistas y favorece al clientelar que le garantiza votos, y limita la competencia de otros partidos.

El PRD en la ciudad fomenta, por intermediación de sus tribus, un nuevo corporativismo cuyas bases son un claro producto de las políticas neoliberales y del nuevo capitalismo, así como de la nueva forma de hacer política. Ejemplo de ello son los asentamientos populares, que dependen de las autoridades para obtener servicios urbanos, los cuales son comandados por líderes del partido, nutridos por migran-

como el estudiantil del Consejo General de Huelga o el de Atenco para oponerse a la construcción de un nuevo aeropuerto, o el de Oaxaca, son todos movimientos defensivos. En la misma dinámica se encuentran gran cantidad de movimientos sindicales que luchan por mantener sus privilegios logrados a lo largo del periodo del corporativismo. El único movimiento diferente y propiamente moderno, anticapitalista, es el del Ejército Zapatista de Liberación Nacional.

tes o por desplazados de otras zonas de la ciudad o de la región metropolitana, y por amplios sectores de vendedores en vía pública, que requieren de acuerdos para subsistir, basados en el intercambio de favores con las autoridades. Estos grupos existían desde las administraciones priistas y también estaban clientelizados; lo nuevo es que en el PRD se rompe el centralismo de su antecesor y hay una disputa por el control de los grupos.[18]

Otro efecto definitorio del terremoto sobre el destino de Xochimilco es que a raíz de 1985 se crea, por iniciativa del delegado, un Plan de Rescate de Xochimilco, por medio del cual se pretendía superar el grave deterioro de la zona chinampera como zona productora; resolver el enorme problema del agua, tanto de su extracción como del llenado de los canales con aguas negras tratadas; corregir el agrietamiento que había sufrido la zona canalera de San Gregorio Atlapulco y apoyar la producción en la zona de la montaña, ecológicamente protegida; en suma dar una solución integral a los problemas de la delegación. El proyecto contó con el apoyo de la FAO y otras organizaciones de la sociedad civil; sin embargo, su desarrollo fue interrumpido por la intervención del gobierno de la ciudad, que argumentando la complejidad del problema se apropió del proyecto y lo presentó, en 1989, ante la Asamblea de Representantes del Distrito Federal. Se trataba del Plan Maestro de Rescate Ecológico de Xochimilco, que pese a sus altas pretensiones acabó siendo un fracaso y afectó radicalmente el destino urbano de la delegación.[19]

El proyecto buscaba una salida definitiva a los graves problemas ecológicos, hidráulicos y sociales de la región y pretendía dar a Xochimilco un futuro promisorio como zona urbana, rural y turística, incluso de corte internacional. El proyecto incluía, aparte de todas las obras hidráulicas y de restauración de la zona chinampera, la creación de un amplio espacio turístico y recreativo, clubes recreativos y deportivos que serían concesionados a particulares, nuevas lagunas y parques de diversión.[20] El problema surgió cuando se propuso para el desarrollo del programa la expropiación de una parte de los ejidos –7 800 ha– de los pueblos de Xochimilco (otra parte ya había sido expropiada a fina-

[18] En el próximo capítulo expondremos cómo funcionan estas relaciones en Xochimilco.

[19] Para un análisis sistemático del Plan, véase Canabal, 1997.

[20] El proyecto se restringía a la parte baja central de la delegación: Xochimilco y San Gregorio Atlapulco.

les de los años sesenta para construir la pista de canotaje de Cueman-co: 39.5 ha) y 250.57 ha de San Gregorio Atlapulco; es decir un total de 1 038.13 ha. Los ejidos estaban en la zona de los humedales, inunda-dos casi todo el año; supuestamente éstos no eran de mucha utilidad para la producción agrícola y tampoco para la construcción de vivien-das. Los ejidatarios, que no habían resuelto del todo los problemas de la expropiación anterior, se opusieron al Plan pese a las negociaciones realizadas por el gobierno de Manuel Camacho, que buscaba integrar a los afectados al proyecto, indemnizándolos y garantizándoles tierras para sus cultivos y para sus hogares.[21] El ejido de Xochimilco fue ex-propiado y aparte de la indemnización se les otorgó, como compensa-ción, un lote de 120 m² para que construyeran sus viviendas; el espacio contaba con todos los servicios urbanos y un trazado de calles. Estos lotes fueron vendidos por la mayoría de los ejidatarios a particulares que crearon espacios para construir residencias de clase media juntan-do varios lotes, conformando así el Barrio 18.[22] Al lado de este barrio se consolidó el asentamiento irregular La Cebada, construido en las tierras del ejido de Tepepan, cuya formación se inició desde antes, y se construyó una unidad habitacional conocida como Los Apaches que correspondía a la Asamblea de Barrios.

Al final, y después de muchos contratiempos, se creó otra versión del Plan, en cuya formulación participaron los grupos interesados, sin que se lograra mantener el proyecto integral. Se desarrollaron obras hidráulicas; destacando la construcción de dos lagunas de regulación, una junto al Barrio 18 y otra cerca de la UAM Xochimilco y Canal Na-cional, que permitieron controlar las inundaciones que cada año, en la temporada de lluvias afectaban una amplia zona de esta delegación y de la de Coyoacán (desde Calzada de las Bombas hasta Guadalu-pe I. Ramírez); también fue construido un drenaje pluvial profundo (desde Míxquic hasta Xochimilco) que supuestamente llevaría agua limpia al ejido de San Gregorio Atlapulco, lo que no sucedió, pues se le enviaron aguas negras. Además se crearon algunos parques, y una zona ecológica de pequeñas dimensiones y sin ningún futuro.[23]

[21] Lo que el gobierno de la ciudad no negoció fue la ampliación del periférico y la construcción de las lagunas de regulación.

[22] El nombre responde a que en el pueblo de Xochimilco, zona centro de la dele-gación, hay 17 barrios tradicionales; el proyecto agregaba uno nuevo que acabó siendo de clase media muy lejano a las tradiciones de los anteriores barrios.

[23] El Plan no aportó nada sobre las chinampas de San Gregorio, Santa Cruz Acalpix-tla, San Luis y Tulyehualco y tampoco abarcó la zona cerril. La zona de las chinampas

Adicionalmente al nuevo desastre ocasionado por el fracaso del gobierno y la oposición de los ejidatarios, siempre orientados a defender sus intereses particulares, se originó otro problema que afectó seriamente a los pobladores de los barrios de Xochimilco. Dado que los títulos de propiedad ejidal no estaban al día, en muchos casos ni existían, los procesos de expropiación dieron lugar a graves conflictos intrafamiliares y entre familias, disolviendo viejos lazos comunitarios y sembrando el odio entre padres, hijos, hermanos; conflictos que hasta ahora se hacen presentes en los barrios del centro de la delegación (entrevista con Facundo Millán).

El proyecto de hacer de la delegación un lugar de producción agrícola moderno y de preservar una zona ecológica única, de crear un destino turístico y recreativo de alto nivel que habría consolidado la modernización de la delegación, fue un fracaso: reforzó la opción urbana de zona de asentamientos irregulares y de pobreza, con servicios urbanos de pésima calidad. El nuevo asentamiento, La Cebada, dio fuerza a las organizaciones urbano-populares corruptas y clientelares y afianzó el proceso de urbanización caótica en la zona chinampera y en la montaña por la vía más improvisada e irracional, sin trazado de calles ni servicios.

Poco antes del conflicto (diciembre de 1987) la UNESCO reconoció a Xochimilco como patrimonio cultural de la humanidad, creando una valoración quizás referida al pasado: la antigua belleza de sus canales, chinampas, fauna y vegetación. Con todo, el acto de la UNESCO ha servido para defender la zona, aunque ante el deterioro constante la organización internacional, en varias ocasiones, ha amenazado con cancelar dicho privilegio.[24]

se decretó como área natural protegida en mayo de 1992, a cambio de que el grupo que se amparó contra la expropiación del ejido ya no interpusiera ningún recurso y el juicio se sobreseyera. Con ello los usos del suelo no podrían ser modificados.

[24] Pese a ello las autoridades de la delegación no hacen caso de los problemas ambientales, ni tratan de poner remedio a su deterioro. El diario *Reforma*, 29 de noviembre de 2007, publicó que de acuerdo con la Procuraduría Ambiental y de Ordenamiento Territorial del Distrito Federal (PAOT), las autoridades de Xochimilco no han realizado las acciones necesarias para resarcir los daños ambientales en la Ciénega Chica, denunciados desde 2003. En Amalacachico se observó que hay por lo menos 30 casas, algunas terminadas, otras con ampliación de reciente construcción. Además se constató que hay una gran cantidad de cascajo en los alrededores de las chinampas. Interrogadas sobre la situación, las autoridades de Xochimilco y de la Corena explicaron que se han tomado acciones en contra de los invasores, sin que ésas hayan llevado a la recuperación de la zona y por ende a su restauración ambiental. Pedro Pérez,

A partir de 1990 el destino ya estaba sellado: Xochimilco se integró a la dinámica de la parte oriente de la ciudad, de las zonas degradadas, de bolsones de pobreza, de crecimiento desordenado, de exclusión social. Ésta es una zona peculiar dados sus antecedentes indígenas y su fuerte cultura tradicional, la cual ahora tiene que luchar para sobrevivir en el mar de marginación que la rodea y la penetra. En los años noventa el desastre ecológico se mostró ante los ojos de cualquier vecino: el hundimiento diferencial de los suelos y canales de la zona chinampera aceleraron el deterioro, los desniveles de los canales impidieron el flujo de las aguas, hubo que crear diques y bombear el agua para que ésta pudiera circular. Además, el hundimiento creó un riesgo mayor para los sobreexplotados mantos acuíferos de la zona favoreciendo su contaminación.

El caso de Xochimilco es una muestra de cómo en plena globalización, bajo el nuevo capitalismo, una zona puede tener futuros tan distintos. Esto queda más claro si comparamos el deterioro urbano de la delegación Xochimilco con el proceso acontecido en Santa Fe, en la delegación Cuajimalpa, donde el proyecto urbano, formulado por el mismo gobierno de Manuel Camacho, rescató una zona marginal, de tiraderos de basura y lugar de asentamientos irregulares, y la convirtió en un lugar altamente integrado al capitalismo más desarrollado y productivo. Por una parte tenemos un espacio urbano marginal a los procesos de globalización, aunque no deja de recibir sus efectos, y por el otro, una zona plenamente integrada al nuevo capitalismo basado en el conocimiento.

En la definición del destino de la delegación contribuyen, como hemos visto, una serie de causas: la crisis agrícola provocada por el desastre del agua, los cambios urbanos de la ciudad que redefinen la participación de la delegación con el resto de la ciudad, las experiencias, frustradas, de las expropiaciones, la dinámica generacional de las familias, la reforma política, la redefinición de las fuerzas políticas, partidos y tribus. No hubo ningún determinismo, la historia pudo ser diferente, lo importante es que el resultado colocó a la delegación en una dinámica de exclusión y marginación, de la cual fue muy difícil escapar y que tendrá consecuencias funestas para el desarrollo de la ciudadanía.

director de Ecología de la Delegación Xochimilco (*sic*), indicó que desde el 1 de octubre de 2006 se han iniciado 54 procedimientos administrativos por construcciones ilegales y seis denuncias penales por tirar cascajo, pero no se ha ejecutado la clausura efectiva de las obras.

3.2. EL NUEVO CAPITALISMO Y LOS CAMBIOS SOCIALES
EN LA CIUDAD DE MÉXICO

Junto a las transformaciones de carácter urbano y político que hemos apuntado en las páginas anteriores debemos agregar las que se derivan de la llegada del nuevo capitalismo basado en el uso del binomio ciencia-tecnología, el cual invierte la dinámica del mercado de trabajo: de ser el mecanismo de integración social por excelencia se convierte en un mecanismo de exclusión. Durante el capitalismo industrial hubo en México y en América Latina una transferencia masiva de trabajadores de los sectores de baja productividad a los de mayor productividad, las nuevas tendencias están marcadas por la destrucción de puestos de trabajo calificados y un desplazamiento de los trabajadores de este sector a los de menor productividad. Siguiendo el análisis de Rubén Katzman (2002: 45), los nuevos procesos afectan los patrones de integración a la sociedad de las personas con menores calificaciones: primero, el mundo del trabajo pierde influencia predominante como ámbito de formación de identidades adultas; segundo, los ingresos bajos y discontinuos impiden a estos grupos remplazar al mundo del trabajo por el mundo del consumo como eje fundamental de la formación de identidades (consumidores defectuosos, según Bauman, 2000); tercero, la inestabilidad de los contratos, la precariedad de la cobertura de prestaciones, así como el alejamiento de las grandes empresas, producen un deterioro de las condiciones que favorecen la formación de ciudadanía. Ahora bien, estos efectos son mayores en aquellas sociedades que lograron una sociedad más igualitaria, un mayor porcentaje de la población cubierta (derechos y beneficios sociales) por el mercado de trabajo o por el Estado, como son los casos de Chile o Uruguay.

El caso de México se caracteriza por haber alcanzado sólo un avance parcial, conformando lo que Figueiras (1996: 11; citado por Katzman, 2002: 40) denominó "regímenes duales", en los cuales paralelamente a un importante desarrollo de la cobertura de la seguridad social en los trabajadores del sector formal y del Estado, se observa una virtual desprotección de la mayor parte de la población trabajadora. Esto significa que el cambio del nuevo capitalismo, la desafiliación, no afecta a esa población desprotegida, que continúa en condiciones similares respecto a su relación con el trabajo y con la seguridad social. Además, el crecimiento de la economía informal, y sobre todo la ausencia del seguro de desempleo, lleva a los trabajadores desafiliados del sector formal a buscar acomodo en su contraparte. Esta dinámica de la desigualdad se traduce en un incremento de la pobreza y de la vulnerabilidad; sin embargo, los mecanismos de exclusión social son atenuados por esas formas informales de subsistir.

Es importante insistir en que estos trabajadores excluidos del sector de alta productividad del mercado de trabajo, etiquetados como informales o ilegales, son productores de muy baja productividad, y debido a su trabajo los salarios de los formales son menores; además, su consumo de productos industriales coadyuva a la realización de la producción moderna. Por ello, no se puede hablar de exclusión social como un dato absoluto, sino quizá como lo hace Roberts (2007: 208) siguiendo a Sen (2000): es mejor hablar de procesos de inclusión desfavorable; son trabajadores excluidos del sector de alta productividad, pero no lo son del proceso en su conjunto aunque su inclusión sea precaria.[25]

El hecho de que exista cierta inclusión no es alentador, pues esa situación de integrarse mediante el mundo informal se amplía, atrapa a una mayor parte de la población en situaciones donde la precariedad crece, la pobreza acecha y la solidaridad entre los pobres, incluso dentro de las familias, tiende a debilitarse (De la Rocha y Villagómez, 2007).

Volviendo al caso que nos ocupa, en la medida en que el proceso de la industrialización por la sustitución de importaciones en México no logró integrar a la mayoría de la población económicamente activa al trabajo formal y a las prestaciones que éste lleva aparejado, subsistieron una serie de trabajos no formales, como los vendedores en vía pública, los prestadores de servicios personales (servicio doméstico, reparadores de múltiples mercancías), los artesanos, los pequeños establecimientos que producen, reparan o prestan servicios, etc., que como el resto de la sociedad también se vuelven más complejos y diversificados, y que además ya han sido penetrados por el crimen organizado, por el contrabando, la piratería o el narcomenudeo cuyas mercancías rivalizan con las tradicionales e introducen una dosis de ilegalidad y de violencia antes desconocida.

En la ciudad de México los llamados despectivamente pelados, la

---

[25] Hay que separar de esta categoría de excluidos, parcial o desfavorablemente incluidos, a aquellos que no ejercen ninguna actividad, que no trabajan, que corresponden al lumpen o a los *homeless* de la sociedad estadunidense.

plebe, la chusma (el término "naco" sería una acepción actual), nunca dejaron de existir, se adaptaron a las nuevas épocas, encontraron nuevas y distintas formas de sobrevivir, de ganarse la vida en toda clase de actividades. Su presencia es culturalmente tan importante como la de las comunidades indígenas de origen prehispánico; barrios como Tepito, las colonias Guerrero, Morelos o Peralvillo han sido fuente inagotable de creación cultural tanto artística como popular.

Esos sectores de la población también desarrollaron formas de solidaridad tanto en la familia como en el vecindario o la colonia, que serían parte importante de lo que Esping Anderson (1999) denomina el "régimen de bienestar". Del Estado recibían los servicios educativos, de salud (aunque muy precarios), y los servicios urbanos, propios del centro de la ciudad o de barrios consolidados, y ellos cooperaban con el seguro de desempleo, y en la disminución del riesgo de pérdida del estatus, del desamparo. La obra de Oscar Lewis *Los hijos de Sánchez* y la película *Los olvidados* de Luis Buñuel retratan su cotidianidad, sus formas de vivir y de hacer frente a la adversidad. En Xochimilco esta expresión del mundo popular era desconocida o de muy poca significación numérica y social. Quizá lo más cercano a esa figura social se relacionaba con el turismo, con los enganchadores de turistas para pasearlos en las trajineras, que se desplazaban hasta el Zócalo de la ciudad; pero no se puede hablar propiamente de plebe sino de trabajadores precarios, mal remunerados (hasta donde hemos podido averiguar no conforman un grupo con identidad que los distinga del resto; más bien se acogen a una situación fluida, temporal).

A esos viejos "trabajadores por su cuenta", que vienen desde la colonia, cuando eran nutridos por las castas y que habitaban en las ciudades en condiciones deplorables, se sumaron nuevos contingentes de trabajadores provenientes del campo, de los procesos migratorios, que se aglomeraron en las vecindades del centro de la ciudad y más adelante iniciaron por su cuenta la urbanización en las orillas. Las llamadas "colonias proletarias" dotaron a la ciudad de mayor heterogeneidad sociocultural.

Las formas en que se realizó el poblamiento han sido ampliamente documentadas. Destaca un dato importante para nuestro análisis, que es la creación de ciudadanía: la adquisición de derechos civiles en el mediano plazo, especialmente la propiedad de sus terrenos y habitaciones mediante la regularización legal, y de derechos sociales; la disposición de servicios (escuelas, centros de salud, mercados, etc.) en buena parte construidos con su trabajo pese a la expoliación por parte del gobierno de la capital y de las delegaciones; al final esto se tradujo en una mejora sustancial de su nivel de vida material y también en la calidad de su ciudadanía. Actualmente este sector se nutre de su propia dinámica demográfica y de los desafiliados del sector formal, y en conjunto se tornan más vulnerables por las nuevas tendencias de la urbanización y por la generación de identidades más individualizadas y ligadas al consumo.[26]

En síntesis, los resultados de esa forma de poblamiento son bastante negativos para la delegación pues se creó una trama de relaciones sociales basadas en la ilegalidad que dieron lugar a una situación al margen del Estado de derecho y que son adversas al crecimiento de la ciudadanía. Hay una amplia zona de reserva ecológica en la cual los propietarios han ido vendiendo pequeños lotes para construir viviendas precarias y con un pésimo trazado urbano de calles muy angostas donde difícilmente pasa un automóvil, sin banquetas y, por supuesto, sin servicios. La definición del uso del suelo impide que la delegación pueda proporcionar tales servicios, por lo que la población debe conseguirlos a través de otros medios. El transporte se realiza en los llamados "taxis de la montaña", tolerados: autos en mal estado que transportan a los habitantes de esas zonas con altos costos (30 pesos por un recorrido que dura menos de 10 minutos), y con frecuentes problemas de abuso (violencia incluida) de los choferes hacia los pasajeros. La energía eléctrica la obtienen robándola mediante complicadas redes de distribución y cada habitante es dueño de su cableado; cuanto más alejado, peor es el servicio que reciben, y mientras más se "cuelgan" peor es la calidad del servicio para el conjunto de la zona. El agua la compran a pipas particulares, pagando por ellas un alto cos-

---

[26] La información respecto del mercado de trabajo no existe en el nivel delegacional, sólo tenemos la que proporciona la ENOE para el conjunto de la ciudad de México. Algunos datos nos muestran la distribución del empleo; siguiendo el estudio de Georgina Rojas (2002) y actualizándola con información de 2007, encontramos que la población ocupada en la industria manufacturera pasó de 25.1% en 1900 a 22.2% en 2000 y alcanzó sólo 15.8% en 2007. Los datos apuntan a una fuerte desindustrialización en la ciudad. En el empleo, en la industria de la construcción se pasó de 4.2% en 1990 a 6.58% en 2007, mostrando el *boom* inmobiliario de la administración 2000-2006. Los servicios distributivos (comercio en la ENOE) pasan de 27.3% en 1990 a 22.8% en 2007, los servicios de 43.0% a 53.3% en 2007. La falta de pormenores de los datos del 2007 nos impide confirmar la tendencia de los años anteriores que señala que en el comercio el ramo del pequeño comercio y el informal eran los que más crecían, mientras que en los otros servicios los que más crecen son los servicios al productor, en cambio los servicios sociales y los personales decrecieron levemente (Rojas, 2002: 273).

to, o logran que la delegación se las proporcione gratuitamente; en ambos casos, y dado el pésimo trazado de las calles, el agua es depositada en grandes tinacos desde los cuales, con un mecanismo parecido al de la energía eléctrica, es transportada por mangueras que acercan el líquido a las casas.[27]

Las actividades ilegales también proliferan, como el comercio de mercancías en mercados y zonas de alto tránsito de personas, en especial en los puntos de distribución o transferencia de transporte, como el centro de Xochimilco, pero también en otros lugares de la delegación. El tipo de mercancías que ofrecen los vendedores callejeros es de una gran variedad: verduras y frutas, productos de plástico para el hogar, ropa usada (de paca) principalmente, productos de contrabando y de piratería, etc. La venta de drogas al menudeo es otro apartado, pues además de su carácter ilegal forma parte del crimen organizado; es un delito considerado grave que se realiza en la clandestinidad (aunque los habitantes de los barrios saben dónde están y quiénes son los involucrados), y su relación con las autoridades y con líderes de otras actividades son complejas y difíciles de conocer.

En la parte baja de la delegación, la cercana a los canales y las chinampas, ha proliferado, desde hace diez años o un poco más, una gran cantidad de bicitaxis (más de tres mil vehículos en toda la delegación), que realizan el transporte de pasajeros, como en el centro histórico, de los puntos de llegada del transporte concesionado hacia el interior de los pueblos y barrios. Este tipo de transporte no es propiamente ilegal; su reglamentación está en proceso de negociación.

Características de estas situaciones son la alta inseguridad y violencia de quien las vive, la vulnerabilidad ante la acción de las autoridades, los desalojos, la invasión de rutas, la llegada de nuevos vendedores o transportistas que incrementan la competencia y bajan las pobres ganancias. El riesgo de perder la fuente de ganancia o incluso la vivienda siempre es muy alto, por lo cual requieren de algún tipo de protección que disminuya la fragilidad y el riesgo.

En el desarrollo de estas actividades se violan los derechos de los

---

[27] A pesar de que según los datos del censo el porcentaje de la población que no cuenta con agua entubada es sólo de 15%, la zona geográfica es amplia y comprende las partes altas: San Andrés Ahueyucan, San Gregorio Atlapulco, San Luis Tlaxialtemalco, Santiago Tulyehualco, Santa Cecilia Tepetlapa, San Lucas Xochimanca y San Mateo Xalpa (Garzón, 2002: 35). En esta zona también se concentran los problemas de la falta de drenaje y de energía eléctrica.

habitantes, especialmente de los vecinos; por ejemplo, los vendedores callejeros impiden el libre tránsito de las personas o incluso el acceso a sus viviendas; perjudican a los vendedores autorizados, sobre todo cuando venden el mismo tipo de mercancías; perjudican a los vecinos, quienes pagan por la energía eléctrica pero obtienen un mal servicio debido a la sobrecarga de las líneas, y ven devaluarse sus propiedades y la zona: hay más inseguridad en los barrios debido a la presencia de ladrones (cadeneros), vendedores de drogas, etcétera.

La acción de los vecinos perjudicados ante las autoridades y ante el Ministerio Público es, en general, por no decir que siempre, inútil, pues sus derechos son sistemáticamente negados. En la delegación sólo están libres de estas actividades los habitantes de las colonias o fraccionamientos de clase media que cuentan con organizaciones vecinales (condominal o del fraccionamiento) y capacidad de ejercer presión sobre las autoridades para que impidan la instalación de vendedores de calle.

Por otra parte, es cierto que esas actividades resuelven algunas necesidades de la población más pobre, en especial en lo referente al abasto de productos más baratos y de transporte que de otra manera no tendrían; incluso algunos vendedores de comida satisfacen necesidades de índole cultural, reflejadas en ciertos hábitos alimenticios que no serían satisfechos en otros locales. En este sentido, hay una relación social compleja entre los distintos actores involucrados. En muchas ocasiones, los propios vecinos afectados defienden a los vendedores o choferes cuando las autoridades los quieren desalojar, aduciendo principios comunitarios o de solidaridad.

Otra transformación que se observa es la degradación del turismo que frecuenta la zona de los canales. Como observamos en el capítulo anterior, desde el porfiriato esa zona fue considerada como un paseo familiar para visitar la "Venecia mexicana"; la película *María Candelaria* le dio fama mundial, resaltó su belleza y su carácter tradicional. En años recientes el paseo se tradujo en hacer desmanes, y en borracheras por parte de grupos de jóvenes provenientes de las universidades cercanas ubicadas en la zona de Villa Coapa. Los jóvenes llegan en grupos, amarran varias trajineras, llevan o alquilan un aparato de música, que ponen a alto volumen, y se pasean consumiendo bebidas alcohólicas o drogas y realizando todo tipo de excesos. En estos paseos también participan otros grupos de personas, incluso mujeres, y se sabe que ya han muerto varias personas al caerse alcoholizadas en los canales y quedar atrapadas en el fondo abajo de las trajineras. La zona se ha convertido en un lugar peligroso, sobre todo al atardecer.

Como una consecuencia natural, el centro de Xochimilco se ha degradado; es un lugar feo y sucio donde es difícil caminar y sentirse seguro. Los vendedores callejeros ocupan banquetas y parte del arroyo, los bicitaxis circulan lentamente e incluso en sentido contrario, impidiendo el flujo vehicular y creando grandes embotellamientos. Incluso en los alrededores del nuevo edificio de la delegación ya está establecida una gran cantidad de puestos. En los lugares congestionados hay grupos de rateros conocidos como "cadeneros", que asaltan sobre todo a las mujeres, les roban la bolsa y las joyas, pero también roban teléfonos celulares u otros artículos a todos los paseantes; estas personas están protegidas por algunos vendedores de la vía pública, en especial los que venden contrabando o piratería. En las tardes aparecen grupos de jóvenes de los lugares cercanos que intimidan a las personas, roban e incluso se drogan en la vía pública. Esta situación provoca que los vecinos sientan vergüenza de su centro histórico; es muy común que los entrevistados lo comparen en belleza con el centro de Tlalpan, y culpan a las autoridades por la degradación del lugar.

En el siguiente capítulo veremos con detalle las implicaciones que tiene para la ciudadanía la existencia de los bicitaxis y de los vendedores de calle en la zona centro de la delegación.

3.2.1. *La realidad actual de Xochimilco*

La población en la delegación se incrementa de forma desfasada con respecto a la ciudad, mostrando su integración tardía. Recordemos que mientras ésta creció 4.5 anual entre 1930 y 1950, Xochimilco lo hizo a una tasa de 2.6%. En el periodo la ciudad ya muestra su mayor ritmo de crecimiento, mientras que la delegación lo hace moderadamente, al margen de la dinámica general; de 1950 a 1970, la población de la ciudad creció 4.1, inicia su lento descenso, mientras que la delegación incrementó su población a 4.6, creciendo desmesuradamente sobre todo en el centro y en la zona de Tulyehualco. En los siguientes 20 años, entre 1970 y 1990 el D.F. creció sólo 0.9, mientras que Xochimilco mantuvo una tasa alta de 4.2% pero iniciando su descenso; en los últimos años, de 1990 a 2005, Xochimilco creció a una tasa de aproximadamente 3.2, mientras que la ciudad lo hacía 0.4.[28] En términos absolutos la población de la delegación pasó de 116 493 habitantes en 1970 a 404 458 en 2005.

El crecimiento urbano se ha dado en buena parte mediante asentamientos irregulares construidos tanto en chinampas abandonadas como en el área de conservación ecológica de la montaña, la cual ha ido perdiendo espacio (en 1990 representaba 70% de la superficie, sólo en tres años pasó a 67%, Barbosa, 2004: 198). De acuerdo con el autor, en 1987 había 87 concentraciones habitacionales irregulares, 65% de ellas en la reserva ecológica; en 2004 las autoridades delegacionales reportaban 250 asentamientos humanos irregulares, 35 en la zona chinampera y 215 en el área de conservación (*ibid.*); en 2007, en el informe del jefe de gobierno a la Asamblea se afirmaba que en Xochimilco se estaban atendiendo la situación de 150 asentamientos irregulares, ¿cuántos serán los que no son formalmente atendidos? En esos lugares se puede suponer que había más de 100 000 personas, más o menos un cuarto de la población de la delegación.[29]

La dinámica de los asentamientos incluye la regularización de los terrenos ocupados ilegalmente; sólo en 1996, la oficina encargada de la regularización, la Corett, informó haber regularizado 212.33 ha correspondientes a 3 548 lotes (Barbosa, 2004: 197). El periódico *La Jornada* reportaba el 11 de mayo de 1998 la existencia en Xochimilco de 169 asentamientos irregulares que ocupaban 623.3 ha y concentraban 84 200 personas. Así que considerando estos datos, en el curso de los últimos 10 años la población que se asentó irregularmente en Xochimilco puede alcanzar la mitad o más del total de la población. No hay nada más alejado al imperio del Estado de derecho.[30] Los efectos de este proceso sobre la población autóctona son muy fuertes; en 1970 la proporción de avecindados en Xochimilco era de 35% y para 1995 la cifra alcanzó 65% del total de la población (Pensado, 2001: 90).

El hecho de que la urbanización se esté realizando, en su mayor

[28] Los datos corresponden a los censos poblacionales de los años respectivos.

[29] Beatriz Canabal señala que en 1997 había 169 asentamientos que ocupaban 530 ha y donde habitaban unas 20 000 familias. Canabal, 1991, citado por Barbosa, 2004: 198.

[30] En una entrevista realizada por un colega con una autoridad de la delegación Iztapalapa, se narró que las autoridades delegacionales recibían apoyo de bandas de narcomenudistas para controlar ("madrear") a los colonos o vecinos que querían abandonar la relación clientelar después de que habían recibido el servicio, en el caso de becas escolares.

parte, de forma ilegal, nos muestra la incapacidad del gobierno de la ciudad y de la delegación para hacer cumplir la ley, lo cual no sólo responde a falta de recursos y de autoridad, sino también a su conveniencia, pues la invasiones en buena parte han sido promovidas y protegidas por organizaciones ligadas primero al PRI y después al PRD, las cuales fomentan el incumplimiento de la ley y garantizan impunidad para todos.[31]

Al lado del poblamiento al margen de la ley, de la estructura urbana que se va creando –calles estrechas sin continuidad, dificultades enormes para introducir servicios como el agua entubada, el drenaje, la electricidad, etc.–, se genera un proceso que refuerza la ilegalidad; nos referimos al transporte tolerado, es decir, a los llamados "taxis de la montaña". Los vecinos, con un auto viejo que soporte el maltrato de los caminos, generalmente un VW, ofrecen el servicio para subir a los lugares más alejados y difíciles; se trata de organizaciones informales, no registradas legalmente, que cumplen distintas funciones: primero, regular la oferta, limitar el surgimiento de más taxistas irregulares en "su ruta"; segundo, negociar con las autoridades de la delegación y del gobierno de la ciudad, específicamente con la Setravi, su permanencia, las cuotas que tienen que pagar, su derecho a las bases en cualquier lugar, no obstante las molestias que causen a la ciudadanía y al tránsito vehicular, lo que no excluye la corrupción, mordidas, cohecho o abuso de la autoridad. Las negociaciones y las componendas son cambiantes, inestables, por ello siempre deben recomponerse; tercero, cobrar cuotas a los agremiados para financiar las labores de la organización, generalmente limitadas a una especie de protección mafiosa, impunidad ante la ley, aunque no necesariamente frente a la autoridad y sus abusos; en todo caso los dueños y choferes se convierten en clientela para alguna corriente cuyo líder vende protección (entrevista con el ingeniero González). En la actualidad hay 1 036 taxis piratas proporcionando el servicio local rural en

---

[31] En una nota reciente el periodico *Reforma*, en la sección Ciudad, 7 de noviembre de 2007, dio cuenta de esa incapacidad de las autoridades: "Otro caso en el cual las autoridades no han realizado las acciones necesarias para resarcir los daños ambientales es el de la Ciénega Chica, en Xochimilco. En el 2003, la PAOT recomendó a Xochimilco y a la Comisión de Recursos Naturales del Distrito Federal (Corena) que se realice la restauración ecológica de la Ciénega Chica, invadida por varios asentamientos irregulares. Aunque era importante realizar acciones de recuperación por tratarse del área natural protegida, *Reforma* constató que a cuatro años de haberse emitido esta recomendación, el daño ambiental ha empeorado."

la delegación agrupados en 32 organizaciones o bases, reconocidas por las autoridades.[32]

Mediante la "gestión" ante las autoridades para la introducción de servicios urbanos se refuerzan los lazos clientelares con los asentados. Sin embargo y paradójicamente, las personas que invaden entran en un penoso proceso de construcción de ciudadanía; el principal logro es la regularización del terreno y la vivienda, ello los convierte en propietarios, lo cual los dota de una mayor autonomía y les permite confrontar el clientelismo. Asimismo, con su trabajo y esfuerzo colectivos, y la expoliación por parte del gobierno, logran hacerse de derechos sociales básicos, servicios urbanos, escuelas, centros de salud, agua entubada, drenaje, banquetas y calles asfaltadas, etc. Tal proceso explica que en las zonas consolidadas, legalizadas, disminuya la capacidad de armar clientelas en los mismos términos. El proceso de construcción de ciudadanía desde la ilegalidad no lo hemos detectado entre los taxis piratas, aunque su posible regularización por parte de la Setravi sería una vía para ello. Sin embargo, la regularización crearía conflictos con otros actores como los choferes de autobuses o los taxistas autorizados que se oponen a la regularización, por obvia competencia.

A pesar del poblamiento provocado por los asentamientos irregulares, la población xochimilca no muestra, según los datos de 2005, signos de marginación. Por el contrario, en la comparación hecha entre el total de los municipios del país la delegación está considerada como de muy bajo nivel de marginación. De las 16 delegaciones es la que tiene el penúltimo lugar, sin embargo sus datos están lejos de ser alarmantes. Sólo 3.54% de la población de 15 años y más es analfabeta, contra el 2.59% de la media del Distrito Federal. La población mayor de 15 años que no terminó la primaria representa 11.4% contra la media de 9.7%. Las cifras sobre viviendas precarias son más altas: 10.21% no tiene agua entubada (2.68% en el D.F.), 2.68% carece de drenaje (1.45% en el D.F.),[33] 0.09% no disponen de energía eléctrica (1.39%, D.F.)[34] y 3.21% de las viviendas tiene pisos de tierra (1% en el D.F.). El hacinamiento está presente en 37.3% de las viviendas y

---

[32] La información fue proporcionada por la Dirección Jurídica de la delegación.

[33] Según pudimos constatar, una buena parte de las construcciones irregulares cercanas a los canales realizan sus descargas en ellos, y en la zona de la montaña hay fosas sépticas de muy mala calidad y diseño.

[34] El dato de Xochimilco es menor, posiblemente debido a que en todos los asentamientos irregulares hay redes clandestinas.

35.9% de la población ocupada gana hasta dos salarios mínimos; en estos últimos datos la media en la ciudad es de 29.3% y 33%, respectivamente.[35]

Respecto a la seguridad social encontramos que la población de Xochimilco tiene una posición un poco menos favorable que la del conjunto de los habitantes de la ciudad. El porcentaje de derechohabientes de una institución pública (IMSS, ISSSTE, Seguro Popular), en el año 2005, fue de 53.6% para el D.F. y de 45.3% para Xochimilco, casi ocho puntos porcentuales menos, lo cual es significativo, pues más de la mitad de los xochimilcas están en una situación precaria. De acuerdo con los datos por institución, en el IMSS la población asegurada en el D.F. corresponde a 64.9%, mientras que en la delegación es de 52.5%; una proporción mayor de la población del conjunto de la ciudad está relacionada con actividades privadas, en tanto que la delegación se ocupa más en el sector público: 22.3% pertenece al ISSSTE en el D.F., contra 37.5% de los habitantes de la delegación. Finalmente, los protegidos por el Seguro Popular son en ambas poblaciones una minoría: 4% en el D.F. y 2.6% en Xochimilco.[36] Los datos nos muestran que en Xochimilco más de la mitad de la población está fuera de la protección social, del Estado de bienestar en lo que se refiere a servicios médicos, de jubilación y de protección por accidentes del trabajo, como ya señalamos: tiene 10 puntos porcentuales menos que en el D.F. La precariedad y vulnerabilidad en Xochimilco es mayor.

Acerca del capital humano, los datos indican que no hay diferencias en lo referente al grado de población alfabeta; en ambos casos 96% tiene ese atributo. Respecto al nivel de instrucción de la población de 15 años y más las cifras son las siguientes: 3.6% no tiene escolaridad, 7.68% no terminó la primaria, 13.7% sí lo hizo, secundaria incompleta agrupa 4.7%, secundaria completa 23%, bachillerato y estudios técnicos con secundaria completa representa 24.7%, normal básica 1.26% y profesional 18.2%, finalmente tiene estudios de posgrado 1.4%. El 68.6% de los xochimilcas con más de 15 años tiene secundaria completa o más escolaridad, 45.6% cuenta con bachillerato o más, contra sólo 10%, que tiene primaria incompleta o menos. Se trata de una población relativamente educada en las condiciones de la

[35] Los datos son de INEGI, II Conteo de Población y Vivienda, 2005.
[36] Los datos sobre el número de derechohabientes por institución son tomados del Cuaderno Estadístico Delegacional de Xochimilco. Distrito Federal, edición 2005, Salud.

164 XOCHIMILCO EN LA NUEVA ÉPOCA (1968-2007)

ciudad y sobre todo del país.[37] Si consideramos que la escolaridad de bachillerato o más se asocia positivamente con la cultura cívica (Durand, 2004) deberíamos suponer la existencia de ese tipo de cultura en Xochimilco; los datos no apuntan a la existencia de una población apolítica o con cultura autoritaria, por el contrario, se relacionan más con los atributos ligados a la democracia.

Otros indicadores sobre desarrollo social también muestran una situación que poco tiene que ver con la marginación social. La tasa de mortalidad infantil bajó de 28.4 casos por 1 000 nacidos en el año 1998 a 21.8 casos por 1 000 nacidos en 2005, mostrando un importante avance. La tasa de fecundidad es más alta en Xochimilco que en la ciudad y disminuye más lentamente; en el D.F. pasó de 71.5% en 2000 a 65.3% en 2005, en cambio en Xochimilco en el primer año la tasa era de 72.2% y en 2005 de 70%. La estructura de la población es similar a la del D.F.: disminuye la proporción de los que tienen de 0 a 14 años y se incrementan los estratos medio de 15 a 64 años y mayores de 65, mostrando su tendencia al envejecimiento, así como la existencia del bono demográfico que no se aprovecha por la falta de empleos formales, como lo muestran las estadísticas del IMSS.

Finalmente, en este rubro poblacional debemos señalar que la inmigración a la delegación es poco importante; en 2005 sólo 1.7% del total de la población residía cinco años atrás en otra entidad, siendo la más abundante la que viene del Estado de México, 28.3% del total.[38]

No obstante, como suele suceder siempre, los datos promedio esconden la desigualdad interna, la cual es muy importante como puede observarse en los datos por colonia o por AGEB (año 2000). La ubicación de los lugares con los niveles más bajos corresponde a aquéllos en los cuales se ubican los asentamientos irregulares, mientras que los que tienen niveles más altos son aquéllos donde están los sectores de clase media. A manera de ejemplo (mapa 1) se puede observar que en las colonias donde hay mayor número de asentamientos el analfabetismo está sobre 6%, mientras que en la de clase media se reduce a menos de 2%. Lo mismo se puede apreciar en el mapa correspondiente a número de ocupantes por cuarto (mapa 2), o en el tipo de material del techo de las viviendas (mapa 3).

[37] Fuente: INEGI, II Conteo de Población y Vivienda 2005. Cabe aclarar que las diferencias de la escolaridad por sexo no son significativas, en general las mujeres muestran cifras poco mayores.
[38] Los datos tienen como fuente: INEGI, II Conteo de Población y Vivienda 2005.

MAPA 1. POBLACIÓN ANALFABETA DE 15 AÑOS Y MÁS, POR COLONIAS, DE LA DELEGACIÓN XOCHIMILCO, 2000

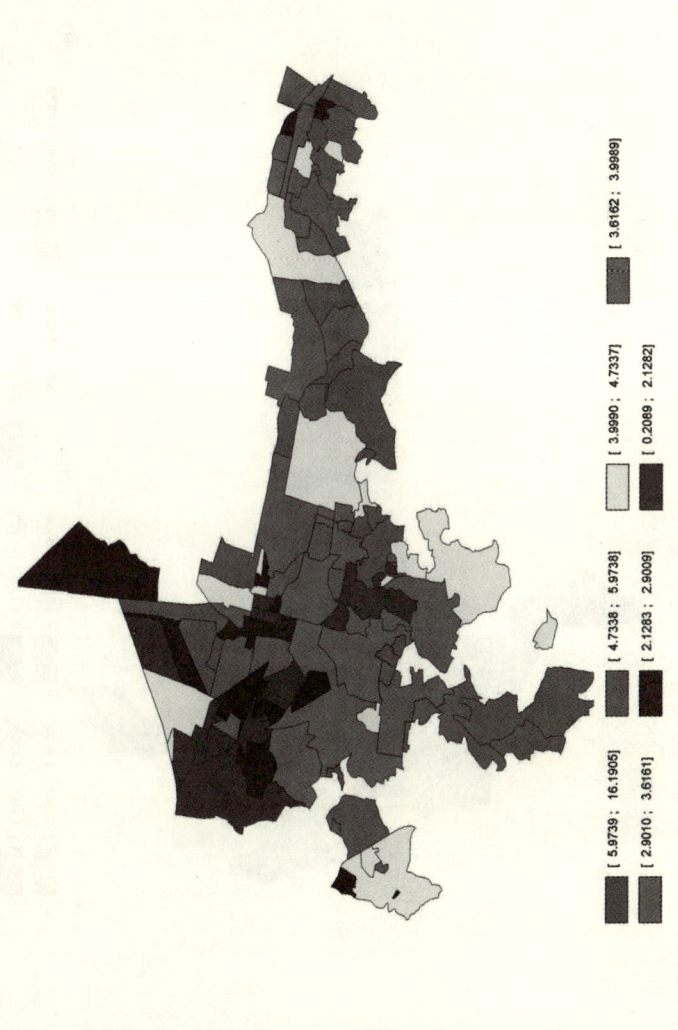

FUENTE: XII Censo General de Población y Vivienda, 2000, México, INEGI.

MAPA 2. PROMEDIO DE HABITANTES POR CUARTO EN VIVIENDAS PARTICULARES, POR COLONIAS, DE LA DELEGACIÓN XOCHIMILCO, 2000

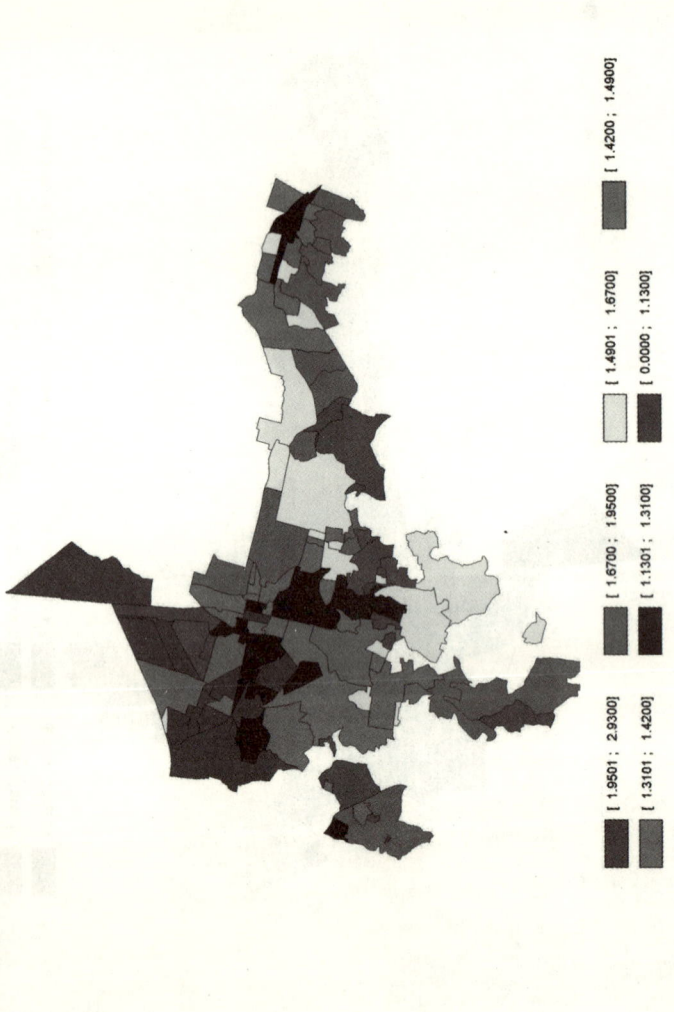

[1.9501 ; 2.9300]

[1.6700 ; 1.9500]

[1.4901 ; 1.6700]

[1.4200 ; 1.4900]

[1.3101 ; 1.4200]

[1.1301 ; 1.3100]

[0.0000 ; 1.1300]

FUENTE: XII Censo General de Población y Vivienda, 2000, México, INEGI.

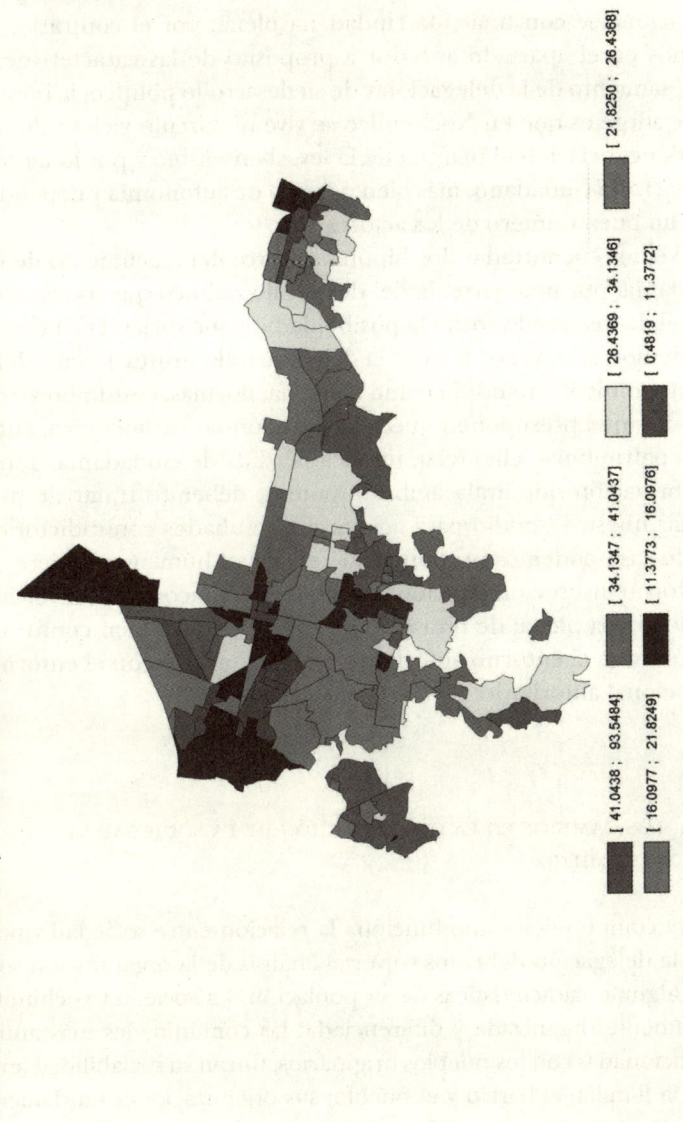

MAPA 3. VIVIENDAS PARTICULARES HABITADAS CON TECHOS DE MATERIALES LIGEROS, NATURALES O PRECARIOS, POR COLONIAS, DE LA DELEGACIÓN XOCHIMILCO, 2000

[41.0438 ; 93.5484]

[34.1347 ; 41.0437]

[26.4369 ; 34.1346]

[21.8250 ; 26.4368]

[16.0977 ; 21.8249]

[11.3773 ; 16.0976]

[0.4819 ; 11.3772]

FUENTE: XII Censo General de Población y Vivienda, 2000, México, INEGI.

Los datos que hemos mostrado indican claramente que no existe para el conjunto de la delegación una situación de marginación; todo lo contrario: es una delegación con baja marginación y con un respetable capital humano, que goza de protección social y seguridad institucional de las más altas del país. No obstante, estos datos no parecen relacionarse con una vida ciudadana plena; por el contrario, como vimos en el apartado anterior a propósito de las características del poblamiento de la delegación y de su desarrollo político, la impresión que surge es que en Xochimilco se vive un círculo vicioso de ilegalidad, negociación al margen de la ley, clientelismo y por lo tanto bajo desarrollo ciudadano, más bien pérdida de autonomía y dependencia de un buen número de los actores.

Vemos encontradas dos hipótesis acerca del crecimiento de la ciudadanía; por una parte, la del desarrollo político que asocia a cierto nivel de desarrollo social la posibilidad de que surjan la ciudadanía y la democracia, y, por la otra, la del desarrollo institucional y del régimen político, entendido como la forma, normas, costumbres, instituciones, que presuponen que una situación no democrática, autoritaria, patrimonial, clientelar, implica pérdida de ciudadanía. Tenemos información que avala ambas hipótesis, debemos tratar de profundizar nuestro estudio para aclarar sus resultados contradictorios; en todo caso podemos proponer que el capital humano requiere de un entorno institucional racional-legal, democrático para convertirse en ciudadanía plena; de otra manera cabe esperar o bien conformismo y sumisión al entorno autoritario o bien conflicto con el entorno institucional autoritario.

3.3. LOS CAMBIOS EN LA ORGANIZACIÓN DE LA SOCIEDAD EN XOCHIMILCO

Para comprender cómo funciona la relación entre sociedad y política en la delegación debemos volver al análisis de la organización social y de algunas características de su población. La sociedad xochimilca es altamente organizada y diferenciada; las comunidades más antiguas, relacionadas con los pueblos originarios, fincan su sociabilidad anclada en la familia, el barrio y el pueblo; sus organizaciones fundamentales tienen que ver con lo cívico-religioso, con las fiestas religiosas que celebran los habitantes sin que intervenga necesariamente la Iglesia o el párroco local, y con los productores de bienes primarios o prestadores de servicios. Al lado de esas organizaciones encontramos las que corresponden a las nuevas zonas habitacionales de clase media, los grandes fraccionamientos o los condominios, y los correspondientes a las unidades habitacionales más populares creadas por el Fovissste, el Infonavit u otras institucionales similares, cuya organización está definida en el Código Civil del Distrito Federal y los reglamentos correspondientes. También existen las organizaciones de los asentamientos irregulares que agrupan a los vecinos para poder negociar con la autoridad delegacional la prestación de servicios urbanos, a los cuales no tienen derecho según la ley de uso del suelo. Finalmente destacamos las organizaciones de los habitantes y trabajadores que se encuentran al margen de la ley o que de alguna manera la contravienen, como son los vendedores en vía pública, los transportistas tolerados, taxis de la montaña o bicitaxis, los habitantes de los asentamientos irregulares.[39] Obviamente hay otras muchas organizaciones civiles y religiosas que no parecen tener una importancia significativa en Xochimilco. Veamos cuáles son algunas de las características de dichas organizaciones y su repercusión en la construcción de la ciudadanía y del espacio público.

En los pueblos y barrios hay organizaciones de carácter tradicional que integran a los vecinos alrededor del culto a los santos patronos, de fiestas, peregrinaciones, de costumbres que tienen que ver con la comida, con las relaciones sociales en el vecindario,[40] con la relación entre los géneros, el machismo, con las relaciones dentro de la familia.[41] Esta organización implica una fuerte participación de todos los habitantes, un fuerte compromiso psicológico y social, que se expresa como presión social para que todos participen y de recriminación para los que no lo hacen.

[39] Dejamos de lado lo referente al narcomenudeo, cuya organización a pesar de ser cada vez más evidente e influyente en la vida de las personas escapa a los límites de este trabajo.

[40] Se menciona que antes no se permitía que hombres de otros barrios cortejaran a mujeres del barrio; incluso en las fiestas los grupos solían mantenerse separados, ahora ha disminuido pero el sentimiento de pertenencia y exclusividad está aún presente.

[41] Llama mucho la atención el testimonio de varios entrevistados que señalan la falta de cariño, de caricias entre padres e hijos, hay una forma de relación afectiva que rechaza el contacto físico, es una especie de autoritarismo que aleja a las personas. Ello no quiere decir que no exista responsabilidad en la formación de los hijos, pero la idea de autoridad y de cómo ejercerla somete a las personas (la autoridad no se discute) y las aleja.

La organización toma la forma de mayordomías, lo que implica que sólo aquellos que tienen los recursos (individual o familiarmente) pueden asumir el compromiso; existe mucha colaboración en la preparación de los alimentos, las portadas, los "toritos", las ruedas y, en general, la elaboración de cohetes, la banda de música, los chinelos y santiaguitos, pero la responsabilidad de mayordomo es siempre mayor. Las relaciones internas de la organización suelen ser muy autoritarias y tradicionales, machistas, verticales.

En las organizaciones que pudimos observar encontramos elementos importantes. Primero, hay una clara desconexión de lo cívico religioso con lo propiamente cívico o lo político, incluso hay un deslinde de la relación con la Iglesia o el párroco; la relación con las autoridades es también de autonomía (no permiten la injerencia de los funcionarios de la delegación), pero exigen apoyo por ser una práctica tradicional del pueblo o del barrio. Segundo, el gran esfuerzo de organización y de cooperación para llevar a cabo las actividades no se traduce en una acción cívica, como defender al barrio o al pueblo, representarlo ante las autoridades, promover su desarrollo, encauzar sus demandas urbanas. Tercero, la participación de las personas tiene un significado individualizado: cada una lleva su o sus promesas, hay un compromiso personal con los problemas y las necesidades. Existen símbolos colectivos como la marcha; los cohetes que ahuyentan a los malos espíritus y son el vehículo para transportar a las alturas las promesas; la música y los bailables; la portada que se pone en la entrada de la iglesia, la propia fiesta y las comidas; sin embargo, el elemento central es la promesa en tanto que la relación con el santo o la virgen, la súplica o el agradecimiento, es siempre individual.

Hay una resistencia de las personas a que los mayordomos utilicen la fiesta para fines políticos personales, es mal visto, aunque hay quien lo hace. Dado que la organización y el evento son temporales, marcados por la fiesta y los rituales, el mayordomo, fuera de esa temporalidad, carece de capacidad de convocatoria para otros fines. Hay fiestas o ceremonias que son transversales a los pueblos y a los barrios, la Virgen de los Dolores de Xaltocán, el Santo Niñopa y el Santo Señor de Chalma, en cuyas celebraciones participan los distintos pueblos, barrios, incluso de otras partes fuera de la delegación, y de organizaciones gremiales, pero dentro de ellas permanecen claramente diferenciadas las comunidades. Sobre esto profundizaremos en el próximo capítulo.

Las organizaciones tradicionales de los pueblos y barrios promueven valores particulares, parroquiales, son lo opuesto a lo público, lo universal, el derecho de todo el mundo a participar; como las fiestas cívico-republicanas, defienden la identidad restringida y destacan la diferencia. Su individualismo, el ser portador de su promesa, se expresa también en un rechazo del otro, salvo de la familia, incluso de los vecinos; no suelen ser solidarios en la solución de problemas públicos: si el vecino no tiene agua es su problema, si alguien ha invadido la vía pública, la banqueta o incluso la calle, aunque les afecte no lo asumen como su problema, como su responsabilidad de denunciar el hecho ante la autoridad, de exigir que se cumpla el respeto a la ley y al derecho de todos para disponer del espacio público.[42]

En la celebración de las fiestas es común que se cierren algunas calles o avenidas, que haya mucho ruido ya sea por la música o por los cohetes, que, en fin, se produzcan muchas molestias a vecinos y a las personas que circulan por esas calles; aquí hay claramente una violación de los derechos ciudadanos, pero son justificados por la tradición: "siempre fue así, tenemos derecho a preservar nuestros usos y costumbres"..., incluso se argumenta que lo ahora público vino a perjudicar sus derechos, "la fiesta siempre se hizo en estos lugares, el gobierno nos invadió", y más aún, se dice que los espacios que ahora ocupan las calles y parques eran de sus antepasados, que les pertenecen, que son del pueblo. Es una clara disputa entre lo privado y lo público.

La vida de los pueblos y barrios y de sus organizaciones se ha visto alterada por la dinámica de la urbanización; los habitantes de los lugares tradicionales u originarios se quejan de que los "ajenos" y los "avecindados" no respetan las tradiciones, que la delegación los descuida y no mantiene adecuadamente los servicios urbanos por atender a los fuereños. Incluso se han dado movimientos y luchas de organizaciones de los pueblos para evitar la construcción de unidades habitacionales (San Gregorio Atlapulco) que empezaron a edificarse a

---

[42] El siguiente es un caso ejemplar de ese uso del espacio público: El habitante de una casa estaciona su auto a la entrada de su garaje, en general acostumbra guardarlo. Le llaman a su casa, sale a ver y encuentra a un vecino que le dice que no puede estacionarse allí, que ése es su lugar; él argumenta que es su entrada, que nadie más que él debe utilizar ese lugar para estacionarse; el otro afirma que la calle es pública y que él ya tomó ese lugar, que lo dejará entrar y salir, pero que él no le puede quitar su lugar. La noción de que lo público puede ser apropiado, privatizado, está ampliamente arraigado.

partir de los años ochenta y que se sumaban al crecimiento hormiga (Garzón, 2002: 38).

También encontramos organizaciones tradicionales que cumplen funciones específicas como el cuidado de los panteones y que por su objetivo o misión tienen un carácter cívico y deben involucrarse en actividades político-administrativas e incluso participar en la elección de instancias locales, como las coordinaciones (especie de subdelegaciones que sirven de enlace de la zona con la delegación); sin embargo, son independientes de los partidos políticos.

Las organizaciones de productores y de prestadores de servicios tienen una larga tradición en la delegación: productores de plantas y hortalizas o de amaranto; los propietarios de trajineras, vendedores en los mercados públicos, etc. Estas organizaciones tienen un carácter local muy fuerte, limitadas por los pueblos de Xochimilco, San Gregorio Atlapulco, Santa Cruz Acalpixca, Tulyehualco, etc., y son altamente excluyentes de otros actores. Por ejemplo, los trabajadores asalariados o incluso los propietarios que no son oriundos del pueblo son discriminados y rechazados. Tales organizaciones gremiales tienen relaciones con las organizaciones cívico-religiosas, con los partidos políticos y con el gobierno. Sus relaciones mercantiles son apegadas a derecho, pero las laborales con frecuencia escapan a ello; existe aún el trabajo familiar, así como los contratos verbales con los trabajadores asalariados. En tanto están estrechamente relacionados con las costumbres de los pueblos y barrios, entre los más ricos suelen seleccionarse los mayordomos para las fiestas, quienes defienden los valores locales y parroquiales, se oponen a abrir sus espacios para enriquecer la vida pública –como comentamos– y promueven valores como la intolerancia, la discriminación, la segregación.

En las zonas residenciales hay otro tipo de organizaciones; éstas son plenamente civiles, condominales o de colonias, y bastante eficientes en la defensa de sus intereses, urbanización, limpieza, conservación y funcionamiento de los servicios públicos, lo cual contrasta con el resto de la delegación. Son organizaciones que pueden identificarse con las que señalan las teorías del capital social, reglamentadas en el Código Civil, que fomentan la colaboración y la confianza entre los miembros y permiten la defensa de sus derechos, además de impedir que los gobernantes y funcionarios abusen de su poder: impongan obras, destruyan espacios públicos, limiten sus derechos o incumplan con sus obligaciones.

En las unidades habitacionales y edificios multifamiliares, aunque el principio del derecho es el mismo y también lo son las formas de organización, los resultados son muy diferentes; en estos casos el número de departamentos o de familias que no colaboran, por muy distintas razones,[43] es mayor y acaba por inviabilizar la autoadministración de la unidad o del edificio; el deterioro físico y social es casi seguro. Al contrario de las zonas residenciales, las unidades se tornan dependientes del gobierno para poder sobrevivir, para que les arreglen los edificios, para que se hagan cargo de la organización del edificio y de la unidad. La legitimidad del representante o del administrador ya no depende de su capacidad para proteger los derechos de los condóminos y de obligar al gobierno a cumplir con sus obligaciones, sino de su capacidad para que el gobierno les haga el favor, de sus buenas relaciones con la autoridad y, como consecuencia, de garantizar algún intercambio que interese al funcionario: dinero o clientela. Así, en un caso vemos que se garantizan los derechos ciudadanos; en el otro se precarizan, se supeditan a la lógica del favor que siempre es humillante.

Las organizaciones de los habitantes de los asentamientos irregulares no tienen ningún respaldo legal, su legitimidad depende de su eficiencia para gestionar las demandas de los vecinos ante las autoridades. En esa gestión sobresalen las relaciones políticas con el PRD o con alguna de sus corrientes, lo que les impone la lógica del clientelismo, del favor y del intercambio político, servicios por apoyo político tanto electoral como para nutrir manifestaciones o movimientos que fortalezcan al líder. En el intercambio con la delegación no está ausente la violencia; cuando falla la gestión, cuando los funcionarios no resuelven las demandas es muy frecuente que los pobladores cierren calles o avenidas, que tomen o al menos bloqueen el edificio de la delegación; en los casos en los que se les quiere desalojar la violencia sube de tono: queman patrullas o automóviles oficiales, se enfrentan físicamente con la policía y funcionarios, en fin, exponen la vida.

Otras formas de organización bastante difundidas en la delegación, quizás las más abundantes, son las de los transportistas irregulares o tolerados, los bicitaxis, los vendedores de vía pública, generalmente con un fuerte carácter autoritario, vertical y con muy baja

---

[43] Quizá la más importante es la falta de recursos económicos, pero también influye la falta de cultura cívica, la noción de lo público como algo que debe ser preservado y enriquecido por todos. En todo caso el tema es asunto para otra investigación.

participación efectiva de los trabajadores; los liderazgos son abusivos, se benefician tanto de las cuotas que cobran a los agremiados como de sus contactos con las autoridades para obtener ventajas personales. Cumplen básicamente la función de posibilitar la permanencia y reproducción de la actividad realizada. Van en contra del derecho, de los derechos de otros ciudadanos pero, paradójicamente, también son promotores de ciudadanía en la medida en que crean derechos; es el caso de los asentamientos irregulares y los procesos de regularización que les dotan de la propiedad de los terrenos y las casas-habitación, de los derechos de permanecer incluso con puestos fijos a vendedores en la vía pública, o la regularización de los taxis. Sin embargo, en el corto plazo tales organizaciones limitan la ciudadanía de otras personas y erosionan el Estado de derecho.

Respecto a la organización ciudadana promovida desde el gobierno de la capital podemos identificar varios cambios a partir de la Ley Orgánica del Distrito Federal, del 29 de diciembre de 1970, que modificó la administración suprimiendo la llamada ciudad de México y creando 16 delegaciones. En esta ley y en los reglamentos correspondientes se establecieron órganos de colaboración vecinal y ciudadana por medio de los comités de manzana, las asociaciones de residentes, las juntas de vecinos y el consejo consultivo que los agrupaba al lado del gobierno central. En noviembre de 1998 se promulgó una nueva ley de participación ciudadana, en la cual se crearon los comités vecinales, que deben establecerse en cada barrio, colonia, pueblo y unidad vecinal. Las primeras (y únicas) elecciones de estos comités tuvieron lugar el 4 de julio de 1999.[44] En la realidad ninguna de estas instituciones de representación ciudadana y de agregación de demandas, para mediar ante el gobierno central, cumplieron con su cometido.

3.4. LOS VALORES, LAS COSTUMBRES Y LA CIUDADANÍA

La sociabilidad en Xochimilco[45] está basada en la familia y el barrio, que suele ser la familia extendida; los lazos de confianza y de coopera-

---

[44] Sergio Zermeño realizó una crítica adecuada a la definición y funcionamiento de dichos comités, véase Zermeño, 2006.

[45] Aquí nos limitamos a las observaciones y entrevistas realizadas en la zona centro de la delegación.

ción se dan fundamentalmente en este ámbito. Las propiedades de las familias se confunden con los espacios públicos, no en sentido jurídico, sino como concepción: lo público es una extensión de lo privado, "esta plaza o terreno de la escuela o calle era de mis abuelos, ellos lo donaron, son nuestros y los podemos utilizar para nuestras fiestas o eventos sociales"; no es algo que pertenece a todos los ciudadanos.[46] Paradójicamente, esos espacios que asumen como algo que les pertenecía, cuando se ven en la necesidad de cuidarlos y de mantenerlos, la actitud cambia: "eso no es nuestro, que lo cuide el gobierno". Si dentro del barrio alguien consiguió que le arreglaran el problema de la falta de agua o de electricidad, no así al vecino, "es su problema, yo no tengo por qué meterme". No existe una concepción de lo público como espacio de todos los ciudadanos, no hay una identidad ciudadana.

Un dato que llama mucho la atención es la destrucción de ciertos valores y del prestigio de algunas profesiones, en especial el sacerdocio y el magisterio. Respecto a los sacerdotes, hay una clara tensión entre el deseo de la Iglesia católica de fomentar una religiosidad apegada a las normas oficiales, que respete los ritos y, sobre todo, que se aleje de prácticas consideradas paganas, como es el caso del Niñopa o de los otros niños que hay en varios pueblos, y entre las prácticas las que acompañan la peregrinación de Chalma; los miembros de los pueblos rechazan la intromisión de la Iglesia y defienden con fuerza la autonomía de sus fiestas, hay por ello un cierto alejamiento de los curas; además, varios entrevistados dijeron que los curas abusan, que se pelean por las parroquias que más limosnas dejan, que roban y no cooperan con la comunidad y en ocasiones la dividen para favorecer sus intereses. En el caso de los maestros es más difícil de comprender: los padres ya no les otorgan la autoridad y la libertad para educar a los alumnos como antes, ahora están más del lado de sus hijos, se oponen a los regaños, al exceso de las tareas, a las malas calificaciones, apoyan su mal comportamiento. No hay un aprecio por el resultado o la calidad de la educación, no esperan mucho de ella.[47]

---

[46] Es común en los barrios de Xochimilco que una familia cierre una calle para realizar una fiesta (de 15 años o una boda), sin pedir permiso para ello.

[47] Entrevista con las maestras de primaria Santa Eslava y Miriam. Una información señalada por la profesora Miriam es importante para ver el cambio en la imagen de las profesiones o de las aspiraciones para el futuro. A un alumno que no cumplía con sus deberes la maestra le dijo que si no se empeñaba acabaría como chofer de microbús; el niño se quejó en su casa y organizaron una visita de microbuseros para defender su oficio y dignidad y acusaron a la maestra de discriminarlos.

El comportamiento individual también tiene mucho de tradicional. La forma de vivir, comer y vestir se asemeja más a un ambiente rural que a uno urbano, los hábitos alimenticios tradicionales parecen poco sanos: exceso de grasa y carbohidratos; se prefieren los antojitos en las calles y parece que los lugares con más cochambre son los más concurridos; esto parece ser un indicador de buen sabor, de buena cocina. Respecto del vestir, sobre todo a las mujeres mayores, les gusta la ropa tradicional: vestido y delantal.

Entre los jóvenes se nota una pérdida de identidad con sus pueblos. Por una parte, no encuentran en la delegación un sitio para poder desarrollar sus actividades culturales o recreativas (salvo las deportivas), por lo cual deben salir a otros lugares, hasta para ir al cine:

...La juventud de aquí de Xochimilco, dentro de un promedio de 18 a veintitantos años, a mi percepción es gente muy inquieta, con otras perspectivas, realmente involucrada en realmente tener alternativas hacia espacios culturales, de buscarlos y de tratar de generarlos aquí en Xochimilco, pero de pronto ven que aquí no se puede, entonces buscan espacios en sus escuelas, en ámbitos fuera de Xochimilco, porque aquí en Xochimilco no hay espacios para ellos. Y ellos buscan un desligue de Xochimilco, como que ya no quieren ser de aquí, como que no les interesa, como que creen que ser de Xochimilco es ser menor, a diferencia de jóvenes que viven en otras delegaciones como Coyoacán.[48]

Por otra parte, se ha perdido la identidad con la agricultura y con las actividades tradicionales:

Como que para los jóvenes eso de dedicarse a la agricultura es denigrante, como que ya no todos se sienten orgullosos de ser xochimilcas, como que ser xochimilca significa campo y pobreza y pues ellos ya quieren otra cosa, ya quieren andar como los demás muchachos estudiando y viajando y teniendo otro tipo de vida.[49]

Hay al mismo tiempo la persistencia de las tradiciones y signos de cambio, de ruptura con la identidad: "Los chicos ya no se sienten tan involucrados a lo tradicional, como que ya no quieren participar de esos eventos en los que no participan los demás jóvenes de su edad."[50] La cultura de los jóvenes, que mucho tiene de metropolitana y de

[48] Entrevista con la profesora Santa Eslava, 7 de febrero de 2007.
[49] Facundo Millán, en entrevista, 6 de abril de 2006.
[50] Entrevista con la profesora Santa Eslava, 7 de febrero de 2007.

global, se deslinda de lo local, sobre todo porque ellos no pueden trabajar sus vínculos en espacios culturales en la delegación; fuera de su ámbito es más difícil trabajar el tema, aunque hay espléndidos esfuerzos, por ejemplo cercanos al rescate de la lengua náhuatl y sus expresiones literarias.[51]

3.5. LOS CAMBIOS EN EL SISTEMA POLÍTICO DEL DISTRITO FEDERAL

En los mismos años de cambios importantes en la ciudad y en la delegación, también los hubo en la forma de representación de los ciudadanos ante el gobierno de la ciudad. Las modificaciones se iniciaron tímidamente en 1987; primero, en el marco de la reforma a la legislación electoral federal, la Ley de Organizaciones y Partidos Políticos, se creó la Asamblea de Representantes del Distrito Federal. Sin embargo, sus pobres funciones –sólo tenía facultades para reglamentar– no dejaron satisfecho a nadie, a pesar de que era una imitación de parlamento y un primer avance en el sistema político de la ciudad, que hasta entonces había sido muy autoritario. En 1988 se eligió a los primeros representantes de la Asamblea de Representantes del Distrito Federal (la Asamblea dura sólo dos periodos de tres años cada uno). El 25 de octubre de 1993, por decreto, se elevó a la Asamblea de Representantes a órgano de gobierno, con facultades legislativas y no meramente reglamentarias. De acuerdo con el decreto del 22 de agosto de 1996, pasó a ser denominada como Asamblea Legislativa del Distrito Federal.

En las elecciones federales de 1988 para presidente de la República, senadores y diputados, apareció por primera vez el Frente Democrático Nacional,[52] organismo antecesor del PRD, cuyo candidato a la

---

[51] Si se compara el esfuerzo de Xochimilco con el que se realiza en la delegación Milpa Alta, en donde adultos mayores aún hablan el náhuatl, se observa el diferente compromiso cultural con las raíces.

[52] El Frente Democrático Nacional se había formado con la escisión del PRI, conocida como la Corriente Democrática, encabezada por Cuauhtémoc Cárdenas y Porfirio Muñoz Ledo, por el Partido Auténtico de la Revolución Mexicana, el Partido Mexicano Socialista, el Partido Popular Socialista, el Partido del Frente Cardenista de Reconstrucción Nacional y el Partido de los Trabajadores, además participaba una amplia gama de organizaciones sociales, en especial las ligadas al movimiento urbano popular. La dirección política cabía a los ex priistas agrupados alrededor de la figura del ingeniero

presidencia sufrió el fraude electoral, pero se logró el triunfo al Senado de sus dos candidatos por el D.F.; Cuauhtémoc Cárdenas ganó en la capital la votación para presidente de la República y el Frente se posicionó como la tercera fuerza política nacional más importante.

En el mismo año se eligieron los primeros integrantes de la Asamblea de Representantes, los candidatos del Frente se presentaron desunidos, cada uno por su partido de origen: PMS, PPS, PFCNR, y obtuvieron muy pocos triunfos; en esas elecciones el PRI siguió siendo la principal fuerza en la capital.[53] Pese a estos avances la fracción del PRI, gracias a una legislación abusiva, que creó la cláusula de gobernabilidad, por la cual el partido ganador, sin importar el porcentaje de votos, obtenía la mayoría simple de la representación en la Asamblea, fue altamente representada; de esta manera el PRI obtuvo 51.5% de las curules con sólo 25.72% de los votos; además el regente de la ciudad y los delegados continuaban siendo nombrados, el primero por el presidente de la República y los segundos por el propio regente; eran sus empleados, ni el regente ni los delegados representaban a la ciudadanía del Distrito Federal.

El predominio del PRI en la Asamblea se extendió hasta 1997. En 1991 obtuvo 45.7% de los votos contra 19.64% del PAN y 12.05% del PRD; en 1994 bajó a 40.56%, mientras el PAN continuaba como la segunda fuerza con 27.05% y el PRD alcanzaba 21.19%. En 1997 la situación se invirtió gracias al enorme apoyo que el electorado dio a Cuauhtémoc Cárdenas: el PRI cayó a 25.3%, el PAN quedó como la tercera fuerza con sólo 17.6% y el PRD se levantó como la primera con 44.2%. En este proceso el PRD no perdió la elección para representantes en ninguna delegación.

La elección democrática de las autoridades del D.F. no se concretó hasta la reforma constitucional de mediados de 1996, la cual tuvo un enorme impacto en las estructuras de gobierno de la ciudad. Se incrementaron las facultades de la Asamblea Legislativa, que ahora está integrada ya no por asambleístas sino por diputados con fuero, con atribuciones suficientes para crear y modificar los ordenamientos

Cárdenas. Después de la elección el PMS cede su registro para dar lugar al Partido de la Revolución Democrática.

[53] En las elecciones de 1988, para la ARDF el PRI obtuvo 25.72% de los votos. El PAN 22.67%, el PPS 14.93%, el PFCRN 13.14%, el PMS 8.27% y el PARM 7.13% (Peschard, 1995: 315). Sumados los votos de los partidos que conformaron el FDN suman 44.47%, mostrando la relevancia del movimiento encabezado por Cuauhtémoc Cárdenas.

legales que norman la vida cotidiana de los capitalinos. Además, se determinó que a partir de 1997 y el año 2000, respectivamente, el jefe de gobierno y los delegados de las demarcaciones políticas fuesen electos por voto universal, secreto y directo.[54] Más adelante nos ocuparemos de describir las facultades y las relaciones entre los niveles de poder en la ciudad y sus consecuencias.

La democratización del régimen político en la capital tiene efectos significativos. En la elección de 1997, para jefe de gobierno, el ingeniero Cuauhtémoc Cárdenas ganó con 47.1% de los votos, muy lejos de los candidatos del PRI, con 25.1%, y del PAN, con 15.3 por ciento.

Dado que en ese año todavía era facultad del jefe de gobierno nombrar a los delegados de las 16 demarcaciones políticas, sin importar los votos recibidos en cada una de ellas, el PRD tuvo la oportunidad de designarlos de entre sus militantes y dispuso de todos los recursos presupuestales. De un golpe el PRD logró todo el poder en la ciudad; la posibilidad de nombrar a sus delegados le permite ejercer el poder para fortalecer al partido, ampliar sus bases y mejorar las formas de representación. El nombramiento de los delegados no fue fácil ni un simple acto del nuevo jefe del gobierno, fue el producto de una negociación con las fuerzas locales del partido; en el caso de Xochimilco, Cárdenas propuso primero a un candidato que fue vetado y sólo después nombró a Estefanía Chávez, quien no pertenecía a ninguno de los grupos fuertes en la delegación.

El haber desplazado al PRI del control de esos recursos, sumado a la pésima dirección del tricolor en el Distrito Federal,[55] llevó a que el viejo partido desapareciera del mapa político de la capital y se convirtiera en la tercera fuerza en las elecciones de 2000. Muchos de los cuadros medios del priismo, los viejos líderes y gestores se cambian al PRD, llevando consigo sus bases y sus viejas prácticas autoritarias y clientelares y compitiendo por el control de los electores con los líderes del movimiento urbano perredista.

Sin embargo, es importante resaltar que hay una transición política del priismo al perredismo. La transición tiene que ver por una parte con el debilitamiento del sector ejidal, afectado por las expropiacio-

---

[54] En este mismo año se consolida el IFE y se establece la credencial de elector con fotografía para dificultar el fraude electoral.

[55] Según el testimonio de algunos entrevistados ligados al partido, tanto Manuel Aguilera como María de los Ángeles Moreno dirigieron de manera desastrosa el PRI local, destruyendo los cuadros medios locales y alejando a las bases.

nes, especialmente al ejido de Xochimilco, por los efectos de la democratización en el Distrito Federal y por el mal manejo del PRI del Distrito Federal y de su líder local, que, según Facundo Millán, "se pasó de autoritario y manipulador".[56] En 1996, cuando el PRI aún tenía el gobierno de la ciudad, con Manuel Aguilera al frente, se realizaron elecciones para coordinadores en la delegación con los siguientes resultados: ocho priistas, entre ellos el líder campesino Antonio Rosas, ocho perredistas, entre los que destacaban Juan González y Faustino Soto, por la zona de Tepepan, y una panista, es decir, 17. De acuerdo con el testimonio de un entrevistado, el líder de los ejidatarios Toño Rosas intentó imponer sus candidaturas y abusó de su capacidad de distribuir puestos a nuevos vendedores de plantas, perjudicando a los ya establecidos, con lo cual debilitó su posición de organizador y aglutinador de las diferentes organizaciones; al mismo tiempo nuevos liderazgos sociales empezaron a competir con autonomía por los puestos de representación, entre ellos un grupo de inmigrantes del estado de Guerrero encabezados por Juan González y Faustino Soto.

El primer gobierno de izquierda en el Distrito Federal, el del ingeniero Cárdenas, se caracterizó por un intento de acercarse y fortalecer a la sociedad civil, se crearon las asociaciones vecinales para permitir una representación ciudadana a la sociedad de la capital; asimismo, se promovieron comités para que la sociedad civil participara en la definición de políticas públicas, especialmente en el área de salud. Cuauhtémoc Cárdenas también legisló para proteger a los adultos mayores y a las madres solteras: el inicio parecía promisorio.

Los dos movimientos que marcaban la relación, por un lado el intento de fortalecer a la sociedad civil y por el otro la expansión de la relación clientelar, y por lo tanto la reproducción de las prácticas autoritarias del viejo régimen priista tuvieron desenlaces diferentes en las distintas delegaciones, en Xochimilco dominó la práctica clientelar.

En la siguiente elección para jefe de gobierno, Andrés Manuel López Obrador ganó con muy poco margen sobre el candidato del PAN, Santiago Creel, 34.5% contra 33.4%. El PRD logró en las elecciones para jefe de gobierno el triunfo en la mitad de las delegaciones y el PAN lo hizo en las otras ocho. El sistema de partidos que se dibujaba

---

[56] En la entrevista, la líder local priista María Teresa Alquicira insistió en que la dirección del partido en el Distrito Federal por parte de María de los Ángeles Moreno fue ineficiente; Moreno abandonó a los liderazgos locales provocando su debilitamiento y final derrota.

era tripartito, con un PRI que ya era la tercera fuerza pero aún tenía 22.8% del total de los votos.

Durante el gobierno de López Obrador se perdieron los avances logrados por Cárdenas para fortalecer a la sociedad civil y la organización independiente de la ciudadanía en el Distrito Federal. Se suprimieron o marginaron dichos comités y las elecciones vecinales se pospusieron durante todo el sexenio; la sociedad civil fue alejada del gobierno y hasta hostilizada, como en el caso de la marcha contra la violencia, promovida por una gran cantidad de organizaciones de la sociedad civil.

En lugar de la colaboración y la participación se fomentó una relación paternalista con los sectores pobres de la ciudad, basta recordar el exitoso (políticamente) apoyo a los adultos mayores y las becas a madres solteras; todo ello para los fines políticos del líder y del PRD. Se privilegió una relación populista con el pueblo (el líder expropia la voz del pueblo) y se marginó el fortalecimiento de una sociedad civil autónoma; el líder asumió el discurso del pueblo, se erigió en su intérprete, despojó a los sectores populares del discurso: sólo por medio de él se podrían expresar. El otro político quedó definido como enemigo, traidor, neoliberal, conservador, panista…, el juego político se estableció como algo excluyente y autoritario, la pluralidad y la tolerancia se debilitaron. López Obrador, desde el inicio de su gobierno, provocó la confrontación con el gobierno federal, primero con el horario de verano, al cual se oponía, y además afirmaba que no era facultad del presidente implantarlo, sobre lo cual la Suprema Corte le dio la razón; después aprovechó el proyecto de construir un nuevo aeropuerto para confrontarse, oponiéndose al mismo y alentando la oposición de los moradores de San Salvador Atenco. La confrontación le permitía destacarse como el defensor de los intereses populares, frente a la reacción neoliberal.

Es obvio que en la definición de ese juego participaron activamente otros actores políticos cuyos ataques a López Obrador, desde que era candidato y fue acusado de no reunir los requisitos marcados en la ley para serlo (no tenía la antigüedad requerida como residente), pero sobre todo con el desafuero con lo cual se intentó destituirlo e inhabilitarlo como candidato a las elecciones presidenciales de 2006, le permitieron a éste presentarse como la víctima de los conservadores, sobre todo por representar los intereses del pueblo y de la nación. En este movimiento que fortaleció enormemente a López Obrador, el PRD se descaracterizó, dejó de lado su programa e ideología, se

asumió como la otra parte de la derecha (Bartra, 2007) y se volvió
dependiente de la dinámica impuesta por el líder.

A finales de 2007 el PRD se muestra dividido en dos grandes corrientes que aglutinan a las tribus. La primera es la comandada por
López Obrador, que se basa en esa visión negativa de la derecha, los
malos, sobre todo en la defensa (al estilo "juarista) del supuesto triunfo en las elecciones de 2006, del cual fueron despojados por la derecha (PAN, empresarios y otras fuerzas conservadoras) y se afirma en
la defensa de viejas demandas nacionalistas muy caras a los priistas, la
defensa del sector energético, Pemex, la Comisión Federal de Electricidad y Luz y Fuerza del Centro y la defensa de la economía popular en
contra del neoliberalismo. La otra gran corriente, más centrista, más
socialdemócrata, en la que destaca Cuauhtémoc Cárdenas sin ser ya la
figura de antaño, busca la definición de un proyecto de izquierda participativa por medio de la política, no sólo de la confrontación, para
influir en el rumbo del país y competir por el poder. La pugna, como
veremos más adelante afecta la dinámica del gobierno de la ciudad y
de las delegaciones.

En las elecciones para jefe de gobierno el PRD consolida el avance.
En 1997, Cárdenas obtuvo 47.1% de los votos; en 2000, Andrés Manuel López Obrador 34.5%, el PAN alcanzó, impulsado por el fenómeno Fox, 33.4%, y en 2006, Marcelo Ebrard obtuvo 46.37%, propulsa-
do por la popularidad de López Obrador. Pese a que el electorado del
Distrito Federal ha sido sensible a la presencia de hombres fuertes o
candidatos carismáticos (Cárdenas, Fox, López Obrador), es innegable el avance del partido.

En las elecciones de delegados de 2000 el PRD ganó en nueve delegaciones, el PAN en siete, el PRI no ganó ninguna; cabe resaltar que
en tres delegaciones, Cuauhtémoc, Magdalena Contreras y Tlalpan,
el PRD le ganó al PAN por menos de 500 votos de diferencia; en la
suma total de votos para elegir delegados el PAN aventajó al PRD por
una décima porcentual. En 2003 el panorama cambió radicalmente:
el PRD ganó 13 de las 16 delegaciones, el PRI ganó una y el PAN dos.
En 2006 el PRD ganó 14 delegaciones y el PAN dos, el PRI desapareció
nuevamente de los gobiernos locales de la ciudad.

Como quiera que sea, el hecho fundamental es que el PRD se impuso
como la fuerza importante de la ciudad. En la Asamblea Legislativa ha
contado con la mayoría absoluta de los diputados en las dos últimas legislaturas; en la actual tiene 36 (34 del PRD, uno de Convergencia y uno

del PT) de 66 escaños, 55% del total; el segundo partido (el PAN) cuenta con 17 diputados. La mayoría simple de la Coalición por el Bien de Todos le da, en principio, una situación política legislativa muy cómoda.

En el nuevo escenario político el diseño institucional que definió la reforma de 1997 con un desequilibrio entre las facultades del jefe de gobierno y las de los delegados, y sin contrapesos para estos últimos –un cabildo–, vino a favorecer el centralismo político y administrativo, la preponderancia del jefe de gobierno y, pese a sus limitaciones ante el gobierno de la ciudad, la libertad de los delegados para disponer de los recursos de los programas e imponer la corrupción como una práctica cotidiana.

Para comprender el sistema político que crea la reforma al artículo 122 de la Constitución Política de los Estados Unidos Mexicanos debemos hacer algunos señalamientos generales, sin entrar en los detalles de los cambios. Primero, se establecen tres órganos de gobierno, la jefatura de gobierno (poder ejecutivo), la Asamblea Legislativa del Distrito Federal (poder legislativo) y el Tribunal Superior de Justicia del Distrito Federal (poder judicial), todos ellos con facultades limitadas si se les compara con las que tienen los respectivos poderes en los estados de la República.[57] En los niveles de gobierno en las delegaciones es donde se crea la diferencia más importante; en sentido opuesto a la realidad de los municipios de la República, cuya capacidad de gobierno se fortaleció con la reforma al artículo 115 constitucional, las delegaciones, que son el equivalente en el D.F., carecen de ayuntamiento, de un poder legislativo que sirva de contrapeso al presidente municipal, ello hace que el gobierno delegacional sea estrictamente unipersonal. El jefe de gobierno tiene como facultades cumplir y ejecutar las leyes relativas al Distrito Federal que expida el Congreso de la Unión, promulgar, publicar y ejecutar las leyes que expida la Asamblea Legislativa, presentar iniciativas de leyes o decretos a la Asamblea Legislativa, nombrar y remover libremente a los servidores públicos dependientes del órgano ejecutivo federal. El presupuesto también refleja esa asimetría entre el jefe de gobierno y los delegados: estos

---

[57] El Congreso de la Unión mantiene las funciones de legislar en lo relativo al Distrito Federal, con excepción de las materias conferidas a la Asamblea, expedir el estatuto de gobierno del D.F., en lo relativo a la deuda pública, etc. Asimismo, el presidente de la República mantiene la facultad de iniciar leyes respecto del D.F., proponer al Senado quién debe sustituir al jefe de gobierno si es removido, enviar al Congreso de la Unión la propuesta de monto de endeudamiento, nombrar al jefe de la policía y al procurador del D.F. en una terna propuesta por el jefe de gobierno.

últimos, en conjunto, sólo controlan aproximadamente 30% del total, una parte importante se va en gasto corriente; la parte que puede ejercer el delegado le es entregada etiquetada por la Asamblea Legislativa y administrada por el gobierno central, la entrega de los fondos se hace con retraso, dificultando la realización de las obras o programas y con el fin de que lo no ejercido se devuelva al gobierno central y éste pueda aplicarlo a sus prioridades.

El gobierno delegacional es considerado como un órgano descentralizado, el cual es elegido mediante el voto de los ciudadanos de la demarcación de forma universal, secreta y directa; es decir, tiene legitimidad democrática, pero no una responsabilidad con los ciudadanos que lo eligieron y a los cuales gobernará, sino apenas con la Asamblea Legislativa del Distrito Federal. El delegado tiene autonomía funcional en materia de gobierno, puede nombrar libremente a sus funcionarios y asimismo removerlos, de él dependen todos los empleados, incluidos los contratados bajo el régimen de honorarios. También decide dónde y cuándo se hacen las obras[58] y se dan los servicios; ciertamente los recursos financieros llegan en su mayoría etiquetados, pero por medio de transferencias puede modificarlos con bastante libertad. En la pequeña parte que le corresponde, que no es poca, impone su arbitrio.

En la práctica los delegados, al menos los de Xochimilco, realizan obras que les rendirán beneficios político-electorales y también fondos para ellos; todo el mundo sabe que en cualquier obra se cobra al contratista el 10% de bonificación (corrupción), por ello cada administración rehace las banquetas de las avenidas u obras similares que son las que dejan jugosas comisiones.

Otra limitación fundamental de los delegados es que dependen del gobierno central para el uso de la fuerza pública; en las delegaciones sólo existen policías preventivos, incapaces de hacer frente a conflictos mayores. Desalojar invasores de predios o comerciantes en vía pública, o bien impedir un linchamiento, sólo puede hacerse con el apoyo del gobierno de la ciudad, el cual generalmente, cuando lo presta, es muy escaso; en cambio presiona a los delegados para que eviten problemas, "negocien" y encuentren soluciones aunque sea al margen de la ley.

[58] Las obras como pavimentación, drenaje, agua, están limitadas a las vías secundarias, en las primarias la responsabilidad es del jefe de gobierno. Asimismo, respecto de la infraestructura educativa y de salud les corresponde únicamente lo referido al mantenimiento, no tienen capacidad para realizar obras nuevas.

La contradictoria situación de los delegados, que por una parte tienen márgenes de libertad muy amplios y por la otra están supeditados al jefe de gobierno, provoca ineficiencia, impunidad y corrupción. Es verdad que disponen de recursos presupuestales pero tienen obstáculos para utilizarlos, deben negociar con el gobierno central, tienen la función de mantener el orden y la observancia de la ley, pero no cuentan con los recursos ni las fuerzas policiales, para hacer valer las acciones más drásticas (desalojos o retiro de ambulantes) y sobre todo para mantenerlas en el tiempo, tienen que negociar con los infractores y encontrar soluciones que siempre acaban violando el derecho establecido. Los delegados tienen la posibilidad de presentar ante el Ministerio Público a quienes infringen la ley, pero éste no funciona adecuadamente, puede ser corrompido por los acusados e incluso revertir la demanda. La operación irregular del Ministerio Público vuelve inseguros y temerosos a los funcionarios intermedios, que prefieren evitar a la justicia para resolver problemas con infractores organizados.

El delegado como autoridad unipersonal, sin un ayuntamiento que lo controle, concentra su poder sobre la población local, pero al mismo tiempo dada su incapacidad para disponer de la fuerza pública y de la justicia para poder enfrentar a las organizaciones de los invasores de tierras, de los asentamientos irregulares, vendedores en vía pública o taxistas tolerados, se muestra débil ante dichos grupos; el tener que negociar con ellos provoca situaciones y compromisos que limitan aún más su autoridad.

El pésimo diseño institucional de los gobiernos delegacionales ocasiona que los ciudadanos no tengan la garantía de que sus derechos serán respetados y salvaguardados por la autoridad local; por el contrario, es esa misma autoridad la que con frecuencia provoca la no observación de los derechos y, mediante la corrupción y la impunidad, debilita el Estado de derecho y limita el ejercicio de la ciudadanía.

El círculo vicioso que hemos descrito es más agudo en las delegaciones con una fuerte presencia de esos grupos organizados cuya actividad cae en la ilegalidad aunque sin llegar a ser crimen organizado, como es el caso de Iztapalapa, Iztacalco, Xochimilco y Tláhuac; puede ser más benigno e incluso diferente en las delegaciones en donde dichos grupos son débiles, donde la población es más homogénea y con mayor capital humano y social, donde la organización vecinal es más fuerte, como podrían ser la Miguel Hidalgo o la Benito Juárez.

3.5.1. *Las corrientes del* PRD *y los desequilibrios institucionales*

En realidad, en el Distrito Federal hay una especie de régimen político presidencialista o, en todo caso, unipersonal, el cual fue exacerbado por la presencia de hombres fuertes, con gran ascendencia sobre
el partido en su conjunto, y especialmente sobre los representantes
electos, como fue el caso de Cuauhtémoc Cárdenas y Andrés Manuel
López Obrador (AMLO).

En el actual gobierno de Marcelo Ebrard estas condiciones han
cambiado, debido a que él no es un hombre fuerte, con liderazgo
personal, sino alguien dependiente de AMLO: a él le debe el puesto,
por lo cual su poder es menor pero, aun así, inmenso frente a los diferentes delegados y en general respecto de los ciudadanos. También
hay que subrayar que las limitaciones, evidenciadas en la aprobación
del presupuesto por parte de la Asamblea Legislativa, corresponden
más a pugnas entre las tribus que al diseño institucional del sistema
político de la capital o a un sistema de contrapesos, que continúa
siendo muy favorable al jefe de gobierno.

Paradójicamente, en el periodo en que el gobierno de la capital fue
elegido con el mayor número de votos, el jefe de gobierno presenta
mayor debilidad dentro del partido, en el cual hasta la fecha no había
sido admitido, y ante la Asamblea Legislativa, en la cual la corriente
Nueva Izquierda (NI) ejerce oposición sobre éste y sobre las corrientes que lo apoyan, como Izquierda Democrática (ID), Izquierda Social
(IS) y Unidad Nacional y Renovación (UNyR). La corriente de NI ha
mostrado interés por deslindarse del liderazgo de AMLO para que el
partido defina una línea institucional y no personal.

Sin un "hombre fuerte" que aglutine al PRD, la tendencia centrífu-
ga impulsada por la lucha y acumulación de poder de las corrientes
se impone, debilitando la base de apoyo político del jefe de gobierno,
aunque no necesariamente la de los delegados, como veremos en el
caso de Xochimilco.

Las pugnas entre las corrientes por el control de poder en la ciudad se expresan en el seno de cada delegación, dentro de la Asamblea
Legislativa, entre la Asamblea y el jefe de gobierno por el control de
los gastos, especialmente los sociales, que permiten alimentar el clientelismo, dentro del propio partido en donde se disputan, de nuevo,
el control de los órganos de dirección. Como un subproducto de su
lucha, las corrientes apoyan o debilitan a los líderes históricos del

perredismo, como ha quedado claro en las últimas elecciones estatales, especialmente las de Tabasco y Michoacán, donde la presencia de López Obrador y Cárdenas ha sido determinante en sentido negativo o positivo.

3.5.2. *La redefinición de la relación entre gobierno delegacional y algunos grupos excluidos*

Para poder exponer con claridad la relación entre la delegación y la ciudadanía, es necesario recordar la condición social de la primera, que describimos en las páginas anteriores. Hay en la delegación una problemática que se extiende a todo el país, es decir, la existencia de desigualdad social y la presencia de situaciones de ilegalidad tanto en la tenencia de la tierra como en actividades realizadas al margen de la ley.

¿Cómo actúan las autoridades ante esta realidad?

Los funcionarios delegacionales muestran algunas pautas regulares, la primera es la tolerancia; la segunda, la dificultad para actuar, desalojando, por ejemplo, a vendedores o pobladores de asentamientos irregulares, amén de la capacidad de mantener dichas medidas; la tercera es la permanente negociación de acuerdos parciales, al margen de la ley; la cuarta es el establecimiento de relaciones de intercambio clientelar.

El delegado debe pedir el apoyo de la Secretaría de Seguridad Pública (ssp) en las acciones donde se requiere la presencia de granaderos durante el tiempo suficiente para impedir que los vendedores o pobladores irregulares se reinstalen, lo cual es prácticamente imposible. Los gobiernos centrales han presionado a los delegados para que no creen conflictos, negocien, encuentren soluciones y mantengan la paz social. Incluso ante el Ministerio Público las autoridades delegacionales son colocadas en desventaja; éstas no pueden presionar para que se cumpla la ley, pues dependen de la Procuraduría General de Justicia del Distrito Federal (PGJDF), la cual no suele preocuparse por la suerte de los abogados de la delegación; en cambio, las organizaciones de vendedores de calle o de taxistas tolerados se encargan de corromper a los ministerios y revertir la demanda contra las autoridades. En síntesis, la autoridad del delegado y los recursos para enfrentar el problema son escasos e insuficientes, es decir, las autoridades son incapaces de hacer cumplir la ley.

Sumado a lo anterior, los líderes del PRD en Xochimilco, antes de llegar al gobierno ya estaban ligados a diferentes grupos de vendedores de calle, taxistas tolerados y organizaciones de asentamientos irregulares; tienen compromisos sociales y políticos y, por ello, son gestores de sus intereses.[59]

Lo que hemos narrado no representa ninguna novedad en nuestra vida cotidiana, ya que es algo que acontece en gran parte de la ciudad; lo sorprendente son los círculos viciosos que se crean y cómo se nulifica o destruye a la ciudadanía.

La permisividad que se estableció en el gobierno de López Obrador, en particular en la delegación Xochimilco, se traduce en la conformación de órdenes particulares, producto de la negociación, que niegan el Estado de derecho, los derechos de los vecinos y crean fronteras con diferentes reglas que los habitantes deben aprender y saber cuándo usar. Asimismo, trastocan los principios de autoridad y la propia forma de gobierno o la gobernanza, por lo que se camina hacia la construcción de un orden autoritario que se basa en el control de la población, en la negación de su autonomía.

La permisividad tiene dos fuentes principales: por una parte, el interés en construir alianzas con los líderes de los "informales" por medio de intercambio de favores, del clientelismo; por la otra, la debilidad de las autoridades delegacionales para detener el fenómeno del crecimiento ilegal de los asentamientos irregulares, de los vendedores ambulantes y de los transportes ilegales.

Sobre este último punto cabe resaltar que dichos grupos cuentan con el recurso de la violencia para enfrentar a las autoridades: la toma o bloqueo de las instalaciones del gobierno, el cierre de las vías de comunicación, o incluso la resistencia ante los intentos de desalojo o reubicación, en los cuales se ha llegado a incendiar vehículos de la propia delegación. Ante ello, las autoridades deben negociar ciertos acuerdos con los líderes para "regular" los procesos.

Así, crean acuerdos al margen de la ley, se reconoce el "derecho" de los vendedores de calle, se les extiende un "permiso" que viola la Ley de Mercados, pero que les crea un "derecho" o privilegio que afecta

---

[59] El actual secretario general del Comité Ejecutivo del PRD en la delegación es Javier Orduña, líder de la Unión de Comerciantes Acatonalli, A.C., que agrupa a los vendedores en vía pública que se ubican en la avenida Guadalupe I. Ramírez, entre 16 de Septiembre y Pedro Ramírez del Castillo, a un costado del nuevo edificio de la delegación.

el derecho formal de los demás, a cambio de una cuota que depositan en una cuenta bancaria, ingreso extraordinario de la delegación. Este privilegio es utilizado por los líderes y sus agremiados para limitar la entrada de nuevos vendedores, pues ellos no tienen "el permiso", no tienen "derecho" a vender. Se crea así un orden particular que se rige con sus reglas específicas, lo cual trastoca el establecido por la ley. De esta manera, los vendedores que tienen sus puestos dentro de los mercados son sometidos a la competencia de los de la calle, que venden más barato y están más al alcance de los transeúntes; esto hace que los vendedores establecidos salgan a vender en la calle, convirtiendo los puestos fijos en bodegas o accesorias de los de afuera; pero entonces protestan los de afuera, pues los de adentro no tienen derecho, ellos tienen el permiso y los otros no.

Este orden es precario, depende de la protección de las autoridades, del hecho de que no desconozcan los acuerdos y los quieran regularizar o reubicar, como acontece con frecuencia en los cambios de gobierno y como se ha visto actualmente con Marcelo Ebrard y lo hecho en Tepito o en el paradero de Indios Verdes o con los vendedores en vía pública. En el caso de Xochimilco este orden no ha sido alterado en los últimos seis años, por el contrario, parece ampliarse.

El sistema se sostiene gracias a que, por una parte, garantiza el intercambio político del clientelismo, es decir, los votos para los funcionarios o líderes del partido, en especial en la contienda interna del PRD, en la designación de los candidatos que el PRD postulará, ya que es allí donde se efectúa la gran elección, puesto que en la formal los demás partidos no son competitivos.

Al respecto, puede afirmarse que en Xochimilco se está configurando un sistema de partido hegemónico, pues en el año 2000, del total de las secciones electorales (173), de los distritos locales 37 y 39, el PRD obtuvo más de 50% de los votos para jefe de la delegación en sólo 17 secciones; en cambio, en la elección de 2006, para el mismo cargo, tuvo la mayoría en 145 secciones, 84% del total. En el 2000 no tuvo ninguna sección con una mayoría superior a 66% de los votos, en 2006 la alcanzó en 38 secciones, 22% del total; la gran mayoría del avance perredista se da en las secciones ubicadas en la montaña, donde el clientelismo es mayor. En conjunto la votación para el jefe delegacional pasó de 43.7% en 2000 a 60.6% en 2006, lo que representa un avance más significativo que el obtenido en la elección para jefe de gobierno del Distrito Federal, que pasó de

46.1% en 2000 a 52.3% en 2006. Los controles parecen ser más eficientes para el jefe local.[60]

Por otra parte, el sistema se sostiene porque permite la expansión, o al menos el mantenimiento, de los órdenes particulares: los vendedores son respetados en sus privilegios, los transportistas no son molestados y a los asentamientos irregulares se les deja crecer y se les garantizan los servicios básicos, en especial el agua por medio de servicio de pipas de la delegación.

Si uno ve el fenómeno en su dimensión espacial, encuentra que la delegación está dividida por lugares definidos por esos órdenes particulares que escapan al Estado de derecho, que son producto de negociaciones y que establecen fronteras donde rigen reglas particulares. Son claros los asentamientos irregulares y su precariedad: sus límites están marcados por el robo del servicio eléctrico; por el fin de la red hidráulica y el principio de los tinacos que llenan las pipas; por la dependencia de las autoridades para su sobrevivencia; por su organización y su disposición, sea para apoyar a las autoridades o para enfrentarlas cuando rompen los acuerdos. Son claras las zonas que son servidas por el transporte tolerado, por los taxis de la montaña, los cuales establecen acuerdos complejos con las autoridades, con el transporte concesionado, para respetar las rutas y complementarse, con la regulación de la competencia a través de la creación de barreras para impedir el acceso de nuevos taxistas (lo que ha sido difícil). Lo mismo ocurre con los bicitaxis, cuyos colores indican la organización a la que pertenecen, pero también su frecuente división y más o menos la zona de servicio. Son claras las zonas en que se establece el comercio de calle, los límites que tiene cada una de las organizaciones que se extienden por diferentes partes de la delegación.

La delegación está dividida en una multitud de espacios que responden a órdenes particulares, que establecen fronteras. Un habitante de la montaña sabe cuáles son las reglas de los taxis tolerados, debe saber cómo tratar con ellos; sabe, desde luego, cómo obtener el agua, cuándo llegará la pipa y qué se debe hacer para que no le roben el líquido de su tinaco; sabe que debe responder a los llamados del

---

[60] En 1994 el PRD obtuvo 21.9% de los votos para la elección de los asambleístas, contra 27.05% del PAN y 40.56% del PRI. En el distrito XXIV correspondiente a la delegación Xochimilco y una parte de la de Tlalpan, el PRD alcanzó 26.9% (cinco puntos más que el promedio del D.F.), contra 36.6% del PRI y 25.4% del PAN; en la delegación ya era la segunda fuerza, desplazando al PAN.

líder para apoyar al político perredista que los protege, sabe cuáles son los riesgos de comprar a los vendedores de calle, dónde se ubican los ladrones y qué hacer para evitarlos o para limitar la violencia. Todo el día realiza trayectorias que atraviesan diferentes órdenes cuyas reglas hay que conocer para minimizar los riesgos. Para un habitante del centro tradicional su vida se va complicando por esos órdenes que aparecen y cambian las reglas del juego: se desdibuja el orden tanto de la tradición para la comunidad como del Estado de derecho para la sociedad de la delegación.

En la relación de las organizaciones que representan los órdenes con las autoridades, el delegado es quien tiene más recursos para intercambiar, es el que puede manipular mejor el intercambio clientelar, los favores y servicios por apoyo político; sin embargo, no es el único: hay otros políticos de la misma o de otras corrientes que también cuentan con recursos y se erigen en protectores de las organizaciones. El delegado actual (Adolfo Uriel González Monzón) es de la corriente de Martí Batres (Izquierda Social), que se conformó como una escisión reciente de la de Bejarano (Izquierda Democrática); entre los diputados locales, uno pertenece a Nueva Izquierda (Nancy Cárdenas) y el otro (Abelino Méndez Rangel) era de UNYR pero se fue a Izquierda Social. De los diputados federales, uno forma parte de Izquierda Democrática Nacional (Alejandro Sánchez Camacho) y el otro (Miguel Ángel Solares Chávez) es miembro de Nueva Izquierda.

Cada una de las corrientes cuenta con recursos institucionales que puede utilizar para favorecer a los funcionarios de la delegación, buscando fortalecerse y asegurar sus clientelas. Así, la corriente Unidad Nacional y Renovación, del secretario de transporte Armando Quintero, cuenta con las facultades para regular el transporte en la delegación; Izquierda Social, de Martí Batres, tiene los recursos de la Secretaría de Desarrollo Social; Nueva Izquierda, de Jesús Ortega, tiene recursos en distintas instancias (Asamblea, Cámara de Diputados, Senado). Los recursos son siempre usados sectariamente.

Esas fuerzas también se expresan dentro del aparato burocrático de la delegación: las direcciones generales se reparten con base en acuerdos, alianzas y cuotas de poder, por lo que también allí se da una privatización de lo público.

Otro elemento que es importante para comprender la relación entre los funcionarios y los grupos es el Ministerio Público local, el cual depende del procurador del D.F., y así hasta completar un complicado mosaico de influencias, controles y lealtades, de conflictos, traiciones, alianzas y poder.

También es común en la delegación que todas las corrientes del perredismo distribuyan despensas entre los hogares más pobres. Éstas se preparan con mercancías de la Central de Abasto, incluidos productos perecederos que ya no se pueden vender, pero que todavía están en buen estado para ser consumidos; se venden a las familias por un precio bajo, según su contenido, y ello deja una pequeña ganancia a los organizadores. Con las despensas se mantienen grupos de "repartidores o promotores" que conforman redes de cada corriente, con lo que se busca el apoyo político de las familias beneficiadas. Con las ganancias, que pueden ser considerables dado el gran número de despensas, se paga algo a los promotores, se mantiene a líderes y se crean fondos para la próxima campaña. Esta actividad es permanente, no sólo se da en tiempos electorales. De esta manera se crea una competencia por las clientelas y por conformar los corrales electorales.

En el gobierno actual (2006-2009) se ha consolidado la preponderancia del anterior delegado, Faustino Soto, quien controla las direcciones generales más importantes y ha formado grupos de gestores ligados a su grupo –Alternativa Democrática, que pertenecía a la corriente Izquierda Democrática Nacional (IDN) y se unió a Izquierda Social, de Martí Batres–; estos gestores, que también operan como grupo de choque,[61] se distribuyen por toda la delegación atendiendo demandas y canalizándolas a las direcciones que controla Soto o a otras instancias. El control de las redes clientelares ha destacado un nuevo proceso de dominación. Faustino Soto logró hacerse del control del mayor número de redes en la delegación con lo cual se convirtió en el hombre más poderoso; además sus allegados ocupan puestos en la administración de vital importancia para alimentar y controlar las redes; incluso muchos entrevistados y militantes del PRD afirman que el actual delegado

---

[61] El periódico *La Crónica de Hoy,* del 2 de enero de 2008, publicó el reportaje: "Usa delegado en Xochimilco a salvadoreños como golpeadores" sobre la existencia de un grupo de salvadoreños ilegales que se asentaron en chinampas de forma irregular y los cuales funcionan como grupo de choque contra los opositores del delegado actual. El líder se pasea impunemente y amenaza a los pobladores. Pese a las denuncias de los vecinos la delegación insiste en no saber nada. Asimismo, dos entrevistados señalaron que tanto Faustino Soto como Uriel González han aprovechado el puesto para apropiarse de terrenos puesto que muchos propietarios no tienen documentos y son fácilmente despojados.

Uriel González es dependiente del hombre fuerte. Esta situación ha creado un poder paralelo al gobierno formal que es aún más arbitrario y no rinde cuentas absolutamente a nadie. Ya han existido algunos intentos desde el gobierno central para disputarle el control de las redes (en especial sobresale la intervención de René Bejarano y Dolores Padierna, pero han fracasado). Entre las corrientes perredistas que no están en el poder se ha ido conformando una oposición en contra de Faustino Soto, y buscan limitar su poder aliándose con funcionarios del gobierno central y legisladores para poder hacerle frente.

El resultado es que se crean corrales de votantes, cuya acción es fundamental para definir a los candidatos del PRD y para hacerlos ganar en la elección formal. Como en el viejo sistema, el elector independiente no decide nada en las elecciones locales (otra cosa son las federales, en especial las presidenciales), la lucha importante se da dentro del propio partido. La definición de Adam Przeworski (1989), acerca de la democracia como el régimen en el cual hay certidumbre en las reglas para realizar la elección e incertidumbre en los resultados de la misma ya no se cumplen en Xochimilco y tampoco en la ciudad de México.

Al parecer, nos encaminamos a un sistema local autoritario, en el cual los votos de los corrales niegan el papel que la ciudadanía debería ejercer de manera libre y autónoma. La mediación que deberían realizar las organizaciones de la sociedad civil para defenderse del gobierno y preservar la autonomía de los ciudadanos opera sólo en una parte de la delegación, especialmente en aquellos lugares en que se construyeron fraccionamientos de clase media, como Jardines del Sur, Bosques Residenciales del Sur o la zona del cerro de Tepepan, en los cuales hay una mayor competencia partidaria, en especial con el PAN. En el resto de la sociedad xochimilca, esa función la han usurpado las corrientes del PRD, sometiendo a una buena parte de la población en organizaciones clientelares y dependientes.[62]

[62] Si utilizamos la definición operacional de democracia elaborada por Adam Przeworski, Michael E. Álvarez, José Antonio Cheibub y Fernando Limogni (1991: 18-22) que califican como democracias "...todos aquellos regímenes que institucionalizan la competencia por el acceso al poder a través de procedimientos electorales en los que se observan tres principios fundamentales: *a*] incertidumbre *ex ante* con respecto a los resultados, *b*] irreversibilidad *ex posto* con respecto al ganador, y *c*] regularidad *pro tempore* con respecto a la celebración periódica de comicios" (citado por Elizondo, 2000: 38), debemos admitir que en Xochimilco no existe la democracia en virtud de que el primer principio no se cumple, como tampoco se cumplía en el periodo del Estado corporativo. Una vez indicado el nombre del candidato por el hombre fuerte no hay

En las entrevistas aplicadas a los participantes de las fiestas de Xaltocán, más de 30, los entrevistados manifestaron opiniones muy negativas sobre la política, los políticos y los procesos electorales. Hay un total desencanto hacia el sistema político; sin embargo, también la mayoría expresó su voluntad para participar en las elecciones, el voto sigue siendo una obligación apreciada, lo que no deja de ser un indicador de alienación y de cinismo político, en esto hay una continuidad con el pasado.

3.6. RECAPITULACIÓN. XOCHIMILCO: UNA SOCIEDAD ACORRALADA

A lo largo de las últimas cuatro décadas Xochimilco se transformó radicalmente. A pesar del desastre ecológico y particularmente en la productividad de las tierras agrícolas que causó la política de extraer toda el agua de la delegación sin preocuparse por la recarga de los mantos acuíferos, la sociedad xochimilca no mostraba grandes cambios. Ciertamente ya había nuevas estrategias de vida, sobre todo la educativa –el magisterio– aunque dependiente de las actividades primarias; se le prefería entre otras cosas porque permitía continuar trabajando la tierra, al menos media jornada, para ayudar a la familia. Los grandes cambios, según el análisis que hemos presentado, vienen de afuera de la delegación, de las transformaciones de la ciudad.

Las obras viales que el gobierno realizó para las Olimpiadas de 1968 modificaron radicalmente las vías de comunicación de la delegación y la integraron a la dinámica de la ciudad en su conjunto rompiendo su aislamiento. Al mismo tiempo esas obras realizadas sobre tierras ejidales expropiadas crearon conflictos con los ejidatarios, que ante la incertidumbre y la presión de los fraccionadores urbanos iniciaron la venta ilegal de sus tierras.

Salvo pequeñas zonas la base material de la vida comunitaria desapareció ya por las expropiaciones, por la venta de los terrenos o, simplemente, por el abandono de tierras que se volvieron de baja productividad o porque los dueños ya no quisieron trabajarlas.

La urbanización de la delegación se realizó por dos vertientes dife-

incertidumbre *ex ante*. En cambio, en los procesos que corresponden a la ciudad o a la federación sí se puede hablar de democracia.

rentes; por una parte, la creación de casas-habitación de clase media
que indicaban la posibilidad de que la delegación caminara hacia la
definición de una zona residencial que conviviera con los pueblos y
los barrios. Por la otra, había ya la venta hormiga de pequeños lotes
de manera ilegal, sobre todo en la parte oriente de la delegación, que
mostraba el otro camino, una urbanización caótica. El resultado es
una mezcla de todo, pero predomina lo caótico, la falta de planeación
y de previsión de los diferentes gobiernos de la ciudad y locales; las zonas de clase media quedaron como lunares en medio de la expansión
de los pueblos y de los asentamientos irregulares.

El terremoto de 1985 que afectó a la delegación también acarreó
que grupos afectados en el centro de la ciudad fuesen ubicados allí,
propiciando el avance de grupos ajenos, con costumbres diferentes,
que volvieron más complejo el tejido social. A partir de allí, bajo la protección de las administraciones priistas y después perredistas, la llegada
de personas que compraban terrenos irregulares no dejó de fluir.

Un elemento importante que explica el destino de la delegación
es el conflicto que se desata por el fallido intento del gobierno de
la ciudad para llevar a cabo un plan de recuperación integral y que
pretendía crear una zona de turismo y de entretenimiento que haría
de la delegación un lugar de alta atracción turística e inmobiliaria,
dando lugar a la expansión de los fraccionamientos de clase media.
De nueva cuenta, el conflicto desatado por la necesidad de expropiar
tierras para la construcción del proyecto generó la oposición de los
ejidatarios, el fracaso del proyecto en su versión más ambiciosa y atizó
la venta ilegal de tierras y acabó con la posibilidad de la urbanización
moderna de la delegación.

La transición del Xochimilco rural al urbano se procesó sin planeación de los gobiernos responsables, resultando una zona caótica, con
un tránsito cada día más difícil y costoso para los habitantes. Acabó
siendo un lugar difícil para la vida y desarrollo de las comunidades,
sus costumbres y sus rituales.

La urbanización caótica que tiene como eje a los asentamientos irregulares creó una trama de relaciones sociales basadas en la ilegalidad,
en la negación del derecho como principio de convivencia. El transporte tolerado, los taxis de la montaña, se juntaron a los asentamientos, los
sirvieron, lo mismo que hicieron los bicitaxis en la zona baja, y a ellos
se unieron los vendedores de calle que proliferaron en toda la delegación, principalmente alrededor de los mercados y de los centros de

mayor afluencia de personas en busca de transporte. Además de que esas actividades estaban fuera de la ley, su operación afectó a muchos ciudadanos que vieron afectados sus derechos sin tener a nadie que los defendiera y les garantizara el respeto a sus derechos.

Ya en la década de los noventa la delegación es vista como una zona de crisis económica, de decadencia de las actividades primarias, y como una zona donde se permiten y se promueven los asentamientos irregulares y muchas otras actividades ilegales. En ese proceso iniciado en las administraciones priistas se crea una parte de los líderes del PRD que a la larga dominarán la política en la delegación.

Sin embargo, no hay que perder de vista que con todos sus problemas la delegación cuenta con una infraestructura urbana y de instituciones de bienestar público (educación, salud, deporte), amplia, desarrollada, cuyo capital humano también es similar al del resto de la ciudad. Los derechos sociales están bastante diseminados y son muy aprovechados por los habitantes. No estamos hablando de una zona de muy alta o alta marginación; aun en los sectores con una integración más deficiente hay servicios, informales, ilegales, pero los hay.

La reforma política del gobierno de la ciudad y de las delegaciones significó un gran avance en los derechos de los ciudadanos. El poder elegir al jefe de gobierno, a los diputados a la Asamblea del Distrito Federal, a los diputados federales, cuyos distritos ahora coinciden más con los linderos de la delegación, a los senadores y al delegado implica la recuperación en lo local de un derecho perdido desde 1928 y en los niveles del Distrito y federal una mayor representación política.

Sin embargo, la forma en que se desarrolló el proceso político acabó por influir negativamente en el desarrollo de la delegación. La política delegacional se convirtió en el motor del círculo vicioso que ha vivido la sociedad xochimilca desde los últimos 20 años. El predominio del PRD en la delegación y, dentro de éste, las corrientes más atrasadas, más autoritarias y antidemocráticas, han fomentado el clientelismo, la formación de corrales electorales, que niegan la ciudadanía y la competencia electoral, tanto dentro del partido como entre los partidos. La privatización del gobierno de la delegación y su uso faccioso han acorralado a la sociedad xochimilca y han destruido los avances democráticos que la propia reforma política prometía.

Lo que empezó como un proceso de urbanización caótica, mediante la proliferación de los asentamientos irregulares, se acompañó con el desarrollo de un sistema de transporte ilegal, tolerado, que amplió los grupos sociales que serían clientelizados por las corrientes del PRD; a esos grupos se agregaron los nuevos vendedores en vía pública y los "franeleros"; ese proceso se presenta ahora como un sistema de dominación complejo que privilegia la negociación, al margen de la ley, de las relaciones sociales y de poder.

La ley, como hemos señalado, no deja de estar presente, de aplicarse aquí y allá, sin embargo, y esto es lo central, no es un sistema universal, no se aplica siempre, sino a conveniencia de los actores. La negociación entre particulares, incluidos en esta categoría el delegado y sus funcionarios que privatizaron el gobierno, es la norma más general.

A pesar de la preponderancia del círculo vicioso tenemos que resaltar que existen procesos que llevan a la creación de ciudadanía. La regularización de los terrenos y las viviendas en los asentamientos irregulares, de los taxis de la montaña, los derechos logrados por los vendedores en la vía pública son derechos que liberan a las personas del clientelismo, que les permite exigir sus derechos ya no como dádiva sino como lo manda la ley; de esta manera su integración a la sociedad es menos desfavorable.

Quizá es el precario funcionamiento del sistema de justicia, del Ministerio Público y de los jueces lo que explica la debilidad de los ciudadanos ante los circuitos de la ilegalidad. Sin duda la debilidad de la justicia se suma a la debilidad de los gobiernos, de la ciudad y de la delegación, para hacer frente a esos círculos viciosos y acaban comprometidos con su desarrollo, generando intereses contrarios a la ciudadanía (Zepeda, 2005).

Respecto de la identidad de los habitantes de Xochimilco habría que decir que persisten las identidades comunitarias de los pueblos y barrios, y se mantienen las tradiciones, pero nos parece que ahora son minoritarias. La mayor parte de la población no se siente parte de esas comunidades, ni tampoco se siente xochimilca o de cualquier otro pueblo. En este sentido la identidad ciudadana rompió definitivamente sus lazos tradicionales, de sangre, de familia, de barrio, pero no logró crear una identidad ciudadana como miembro de la nación-Estado, donde todos son iguales ante las leyes universales.

Si comparamos el desarrollo en los últimos años en Xochimilco con el acontecido en la ciudad de México y en el país, como nación, vemos cómo lo local puede ser tan diferente. Decíamos al principio del capítulo que la crisis del Estado corporativo había recolocado la contradicción entre la igualdad formal de los ciudadanos ante la ley y el Estado y la desigualdad real que agudizaba el nuevo capitalismo. En ese periodo identificamos un proceso de descentralización del poder y un debilitamiento del Estado, lo que implica un deterioro de la ciudadanía al no poder el Estado garantizar los derechos civiles, disminuir las desigualdad social y superar los atrasos políticos. Si bien la reforma política electoral fortaleció los derechos políticos de los ciudadanos y al régimen electoral democrático, también es cierto que la permanencia de organizaciones corporativas poderosas y monopolios privados, así como la existencia de un estamento político viciado han dificultado el avance del sistema democrático y retrasado la conformación de un verdadero espacio público.

En la ciudad de México ese proceso se dio de manera diferente. Al contrario de la experiencia federal, no existe un debilitamiento del poder ejecutivo, hay de hecho una centralización del poder, el jefe de gobierno priva sobre los delegados, y la Asamblea Legislativa apenas puede intentar un equilibrio de poderes pues sus facultades aún son limitadas. En la ciudad se reproduce un sistema político presidencialista, vertical, apoyado por la clase política perredista conformada por las llamadas tribus, con fuertes características autoritarias; buena parte de sus líderes son de origen priista de la corriente nacionalista, acostumbrados a prácticas clientelares y al control de los votantes. Las tribus fincan su poder en el control de las bases y luchan por los cargos del poder de la ciudad realizando alianzas circunstanciales y apoyando a los que pueden traer más votos, son proclives a defender y apoyar liderazgos personales de corte populista, pero no son leales más que a sí mismas. Ese comportamiento busca evitar la competencia política tanto entre las tribus como con los otros partidos políticos en las elecciones en el Distrito Federal. La pluralidad política que se ve en el ámbito federal tampoco acontece en la ciudad donde el PRD se va convirtiendo en el partido dominante y excluyente. Sin embargo, el centralismo político, el mayor poder y facultades del jefe de gobierno, no significa que el Estado se fortalezca; por el contrario, la ausencia de un Estado de derecho, la vigencia del Estado de excepción permanente, hace que los actores que buscan imponer sus intereses particulares, que buscan arreglos al margen de la ley se multipliquen por la forma de hacer política de los perredistas. De alguna manera se está reproduciendo el viejo sistema autoritario con otro tipo de actores; restan algunos de los corporativos, pero la mayoría son nuevos, ligados a los procesos de exclusión social como asentamientos irregulares, vendedores de calle, transportistas tolerados, con los cuales negocian privilegios a cambio de apoyo político y orden en sus espacios. La contradicción entre la igualdad formal y la desigualdad real busca ser regulada por el gobierno, no por un régimen de representación y participación democrático, sino por estas formas clientelares, de control de poblaciones, de negación de la ciudadanía.

En Xochimilco, y pese a su dependencia político-administrativa del gobierno de la ciudad, se ve una mayor centralización del poder, la conformación de un líder fuerte que basado en el clientelismo y el control del aparato delegacional se impone sobre el resto de las fuerzas políticas, conformando un sistema político local autoritario y paralelo a la delegación; este hecho se ve fortalecido por la falta de un cabildo que represente los intereses de la ciudadanía y por la proliferación de actores que operan fuera del sistema legal. El delegado actual y seguramente el que siga, está limitado por ese liderazgo así como por la dependencia del jefe de gobierno y el cúmulo de compromisos que resultan de las negociaciones. Por si fuera poco el sistema judicial poco ayuda dada su ineficacia y corrupción.

En este contexto destaca la observación de que en la delegación Xochimilco encontramos al mismo tiempo una alta tasa de capital humano, lo que de acuerdo con las hipótesis de los análisis de la cultura política debiera traducirse en una mayor presencia de la cultura cívica, y al mismo tiempo atestiguamos el desarrollo de un sistema de relación gobierno-ciudadanos con fuertes caracteres autoritarios, con baja participación y una imposición de los líderes no democráticos sobre el conjunto de la población. Existe una clara contradicción entre el subdesarrollo institucional, en buena parte inducido por la reforma política en el Distrito Federal, y el capital humano de los pobladores de la delegación, reproduciendo el mismo modelo denunciado por Almond y Verba (1963) para el conjunto del país a finales de los años cincuenta: ciudadanos aspirantes a serlo y un sistema político autoritario que los oprime y niega esa posibilidad.

CAPÍTULO 4. EL EJERCICIO DE LA CIUDADANÍA EN XOCHIMILCO. TRES ESTUDIOS DE CASO

4.1. INTRODUCCIÓN

Como hemos visto en el capítulo anterior, en la delegación Xochimilco convive una gran cantidad de trayectorias de ciudadanía, desde ciudadanos "plenos", quienes circulan conforme a derecho en todos los ámbitos de la vida pública donde interactúan (son propietarios de su vivienda o pagan el alquiler con contrato registrado, pagan sus impuestos y servicios públicos, circulan en trasporte legal, propio o concesionado, trabajan en el mercado laboral formal y gozan de las prestaciones que marca la ley, cuando es necesario se relacionan con las autoridades públicas en los términos estrictamente legales, participan en la política de forma independiente y autónoma, etc.) hasta ciudadanos cuya trayectoria por los ámbitos públicos está marcada por la ilegalidad (ocupan terrenos, invaden o compran ilegalmente, no pagan impuestos ni tampoco los servicios, algunos se los roban, se transportan por medios ilegales o tolerados, se emplean en el mercado informal y no gozan de los beneficios de la ley, se abastecen de mercancías ilegales o vendidas en el mercado informal y sus relaciones con las autoridades suelen estar al margen de la ley signadas por la corrupción, el abuso de poder e incluso por la violencia de ambas partes), y su participación política suele estar mediada por el clientelismo, por la venta o intercambio del voto.[1] Entre estos dos extremos podemos encontrar una gran cantidad de trayectorias específicas en las cuales lo legal y lo ilegal se entrelazan en el espacio urbano y en el tiempo de vida de los ciudadanos.

La observación participante y las entrevistas a profundidad realizadas en la delegación,[2] para conocer cómo se vive en sus distintos

---

[1] De las trayectorias excluimos las que cruzan el crimen organizado, especialmente el narcomenudeo. Su presencia es cada vez más importante, pero no contamos con información sistematizada.

[2] La nota metodológica sobre el trabajo de campo y su análisis está en la parte final de la introducción.

pueblos y barrios, nos dan la impresión (nada más que eso) de que las trayectorias con un fuerte contenido ilegal (no confundir con criminal) son las que predominan en la delegación.[3] Desde luego esas trayectorias aunque suelen tener cierta permanencia en el tiempo, no son estáticas, como hemos mencionado en los capítulos anteriores; aun en situaciones de ilegalidad se crean derechos o privilegios (de propiedad, de formalización de comercios), por lo cual el conjunto de las trayectorias recrean, redefinen el carácter del espacio público.

En la delegación las trayectorias de los vecinos se pautan también por normas tradicionales que definen espacios sociales semipúblicos;[4] son las celebraciones cívico-religiosas[5] de cada uno de los pueblos y barrios, o de un conjunto de ellos, que cumplen una función muy importante en la cohesión social y todavía en la identidad de los miembros de las comunidades

El hecho empírico de que todas las trayectorias, tanto las basadas preferentemente en el derecho como las que no lo están, se realicen ante la misma autoridad de la delegación o del gobierno de la ciudad, nos muestra la existencia de ese Estado de excepción (no todos son iguales) al que nos hemos referido; evidencia que el derecho no tiene una aplicación universal, que los funcionarios no tratan a las personas con criterios y normas de tipo universal, que predomina la ambigüedad. A estas alturas de nuestro estudio ello es una obviedad, lo que ahora nos interesa es ver cómo las trayectorias reproducen o combaten ese Estado de excepción permanente. La realización de ciertas trayectorias, como decimos, puede crear derechos, pero también destruirlos, afectando a otros grupos de ciudadanos. Las trayectorias también pueden afectar el comportamiento de las autoridades, obligándolas a encontrar soluciones a problemas negociando fuera

[3] Una encuesta nos podría dar información cuantitativa confiable acerca de qué porcentaje de las trayectorias son realizadas exclusivamente en ámbitos legales, no obstante nuestro análisis ha privilegiado el estudio cualitativo del comportamiento de los ciudadanos en ámbitos determinados.

[4] Empleamos el concepto semipúblico para referirnos a actos, celebraciones, manifestaciones que tienen un origen privado, en este caso religioso, que son efectuados en la vía pública, con la autorización formal o de hecho de las autoridades gubernamentales y con la participación abierta al público que quiera asistir. Sus reglas son privadas, impuestas por la tradición, y en algunos aspectos se oponen al derecho público, lo redefinen. Para una discusión más amplia véase el capítulo 1.

[5] Empleamos el término "cívico-religioso" para denotar los eventos religiosos que son realizados y controlados por actores civiles, por miembros de la comunidad; la Iglesia y la parroquia son un actor secundario.

de la ley. No se trata sólo de corromper o entrar en la corrupción para evitar un castigo, para agilizar un trámite, sino de modificar, privatizar los espacios públicos, cambiar la relación entre la autoridad y el ciudadano. Ya vimos en el capítulo anterior cómo el delegado se torna débil y chantajeable por el acto de negociar reiteradamente fuera de la ley.

El Estado de excepción se vuelve permanente justamente por esas dinámicas de reproducción persistente de lo ilegal, que contradicen las normas del derecho, que están presentes en muchas de las trayectorias que realizan los habitantes de la delegación.

En este capítulo vamos a analizar tres ámbitos en donde se observan diferentes procesos de la privatización del espacio público. El primero es el de las fiestas religiosas llevadas a cabo por los pueblos, en especial nos referimos a las fiestas de la Virgen de los Dolores, cuya parroquia está en el barrio de Xaltocán, pero en cuya celebración participan vecinos de muchos otros pueblos, barrios y organizaciones de productores o comerciantes. El segundo es el Mercado 377; la situación de los vendedores en la vía pública de este mercado viola claramente el Reglamento de Mercados, así como los lineamientos que establece el Programa de Reordenamiento del Comercio en Vía Pública, sobre el comercio "ambulante" de la ciudad, pero que han encontrado un estatus de "semilegalidad" que les permite, mediante constantes negociaciones con las autoridades, continuar y hasta expandir sus actividades. El tercer ámbito de estudio lo constituyen los bicitaxis que operan en el centro de Xochimilco; se trata de un tipo de transporte que no es ilegal, en la medida en que ninguna norma lo prohíbe, cuenta con una reglamentación que norma su funcionamiento, pero tiene una situación jurídica precaria.

En el primer caso, la realización de las fiestas tiene una legitimidad tradicional, como vimos en el capítulo 2: es una costumbre muy arraigada en los pueblos y parte importante de la identidad de los mismos, es la reproducción de la vida comunitaria, de los lazos barriales y, en el fondo, de los lazos de sangre. Desde luego que no es una actividad ilegal, pero su estudio nos permite conocer cómo se da la relación entre esos espacios particulares, de los pueblos, con el espacio propiamente público en la delegación, ya que no se trata de una convivencia inocente en donde la imbricación de lo privado y lo público no afecta; por el contrario, como lo mostraremos, sí lo hace sensiblemente: altera la calidad del espacio público y también modifica la noción de autoridad, el comportamiento de los ciudadanos involucrados en la creación de la esfera pública y en el uso de la acción ciudadana y de la política.

En el segundo caso, el de los vendedores en vía pública, exploraremos cómo se construye una relación clientelar, cómo la negociación al margen de la ley (ya sea porque la ley que se crea no logra ordenar la situación social anterior o porque ésta no se cumple después de su promulgación) acaba por erosionar la autoridad y amplía las zonas de excepción donde el derecho no es la norma. Veremos el tipo de organización de los vendedores, sus características autoritarias, el tipo de intercambio que realizan los líderes con sus bases y con las autoridades. Finalmente analizaremos cómo resultan afectados otros agentes que ven su ciudadanía precarizada.

Por último, con el estudio de los bicitaxis, de sus organizaciones y trabajadores, mostraremos cómo una actividad que no es ilegal, que debe ser regularizada,[6] puede ejemplificar un proceso de creación de ciudadanía que contraría la dinámica del clientelismo. Su creación y crecimiento espontáneo modificó el espacio público que debió ser regulado por la ley referida y por procesos administrativos en cada delegación. Ciertamente, la informalidad, el trabajo precario, la falta de protección legal, significaban un riesgo: desvirtuar la finalidad del servicio que se presta, cómo en esta actividad –de la misma manera que los vendedores en vía pública– los involucrados podían ser víctimas del clientelismo, del intercambio desigual de favores, modificando sus proyectos de vida y sus trayectorias. Sin embargo, su historia muestra un proceso de construcción de ciudadanía.

4.2. LAS FIESTAS RELIGIOSAS Y LA CIUDADANÍA EN XOCHIMILCO

4.2.1. *Introducción*

El interés de estudiar la relación entre las fiestas y la ciudadanía radica en que atrás de las fiestas existe una comunidad de individuos ubicados en pueblos, barrios y colonias, que participan siguiendo reglas

---

[6] La Ley de Transporte y Vialidad del Distrito Federal, promulgada el 20 de diciembre de 2002, define en su artículo 19, fracciones IX a XV, lo referente al transporte en bicitaxis y las atribuciones de las delegaciones para regularlo.

tradicionales; es decir, su individualidad, su autonomía personal es restringida por las prácticas comunitarias tradicionales; las decisiones son tomadas de acuerdo con las viejas costumbres, incluso los dirigentes y los mayordomos se someten a esas prácticas, siguiendo los ritos y ceremonias establecidos muchos años atrás. Esa vida comunitaria se opone a las prácticas implícitas en el concepto de ciudadanía liberal; como lo mostramos en el capítulo 1, es parte de su historia. En efecto, la ciudadanía presupone la autonomía de las personas y su libertad la cual no debe ser coartada por ningún intermediario social; las decisiones correspondientes deben ser tomadas mediante la reflexión independiente y, desde luego, en esa reflexión pueden intervenir elementos emocionales, no sólo racionales, pero su procesamiento es individual, autónomo.

Nuestro interés estriba, en síntesis, en que las prácticas comunitarias son diversas de las ciudadanas, responden a lógicas distintas, no necesariamente contradictorias. Como veremos en las páginas siguientes esas prácticas comunitarias pueden ser complementarias al desarrollo de la ciudadanía y a los derechos de los individuos, pero también pueden anularse y debilitar a la ciudadanía.

Es muy fácil entender que dentro de la comunidad que está atrás de las fiestas religiosas es imposible que los participantes puedan elegir si la fiesta se hace como siempre o si se pone a votación, si se hace de manera tradicional o se innova, si se introducen nuevos ritos y ceremonias. De la misma manera, en una elección democrática es inadmisible que una comunidad decida por todos los ciudadanos a quién se entregará su voto. En el primer caso, la tradición simplemente desaparece; en el segundo, la elección no sería democrática, simplemente la ciudadanía no existe.[7]

Se puede constatar que un individuo participa tanto en fiestas tradicionales, siguiendo las reglas de la comunidad, como en elecciones y participando en la vida pública, ateniéndose a las reglas democráticas y del derecho público. También se puede pensar que cada activi-

[7] Sobre este tema hay una importante discusión, específicamente acerca de los métodos que utilizan las comunidades para elegir a sus autoridades, los llamados usos y costumbres (vigentes en Oaxaca) que para algunos se asemejan a la democracia directa, mientras que para otros representan formas autoritarias y excluyentes (Hernández-Díaz, 2007; Durand, 2007; para una presentación en términos más amplios puede consultarse Kymlicka, 1996). Nuestro análisis no se refiere a la selección de autoridades comunitarias, sino a las prácticas comunitarias y sus consecuencias para la ciudadanía y la conformación del espacio público.

dad se desarrolla en tiempos y espacios diferentes ya que se trata de dos funciones distintas, incluso de identidades diferentes: ser devoto de la virgen y participar en sus celebraciones puede ser claramente diferenciado de su identidad como ciudadano; por lo tanto, no habría por qué suponer que se oponen y que puedan entrar en conflicto, pero no es así.

Las fiestas a que haremos referencia se desarrollan en la vía pública, no sólo en espacios privados: la iglesia, la casa del mayordomo o de otros participantes, o incluso en lugares públicos pero cerrados como parques, centros deportivos o alguna explanada de la delegación. Por lo tanto, hay una relación con las autoridades que permiten la celebración de las festividades. Hay formalmente un permiso, pero éste no se basa en la ley escrita (que prohíbe cerrar o bloquear la vía pública) sino en la tradición, que se impone al derecho formal. Las autoridades deben respetar la tradición, ser tolerantes en la aplicación del derecho, pues de lo contrario se meterán en problemas con los miembros de la comunidad quienes siempre están dispuestos a defender, ante todo, sus prácticas tradicionales. Hay, por lo tanto, una alteración, al menos temporal, del espacio público: la tradición lo acota, lo niega. De la misma manera la autoridad emanada de la tradición se impone a la que proviene del derecho al gobierno local. Conviven dos normatividades que conforman el orden que no es el liberal, pero tampoco el tradicional; es un orden específico, producto de una larga historia y de una falta de solución adecuada que incorpore las normas y costumbres tradicionales al derecho normativo vigente.

La definición de la acción comunitaria dentro del espacio público con predominio de lo privado también nos da una indicación de su traslape con la autoridad pública. La comunidad que celebra las fiestas, en general, se limita al espacio de un barrio o a un pueblo, pero allí las vías públicas (en general vías secundarias) afectadas por las celebraciones son limitadas. Sin embargo, en el caso de las fiestas que involucran a distintos pueblos y barrios, como las fiestas de la Virgen de los Dolores, las del Señor de Chalma o las del Niñopa, el espacio ocupado afecta una porción importante de las vías públicas, primarias y secundarias, de la delegación. En el caso de las fiestas "locales", limitadas a un barrio, el trastorno de derechos de terceros prácticamente se restringe a los habitantes del lugar, quienes suelen compartir, en su gran mayoría, la necesidad de realizar la fiesta; en el segundo caso, éste se expande al público en general, a los transeúntes, los pasajeros y conductores del transporte público, los automovilistas que circulan por la zona, cuya mayoría no es parte de la comunidad que celebra, son ciudadanos que ven sus derechos temporalmente restringidos.

Existe, por lo tanto, un conflicto en el uso de la vía pública, de los derechos de terceros y por ello una alteración del espacio público, espacio regido por leyes universales.[8] El mismo problema se presenta con el ruido que producen los cohetes o las bandas de música que afectan la tranquilidad de los vecinos que viven en las cercanías. El ciudadano vecino que no es parte de la comunidad ve sus derechos alterados, sin que la autoridad de la delegación o de la ciudad pueda impedirlo.

La separación entre comunidad y ciudadanía se evidencia en un elemento que nos parece más interesante y central; nos referimos a la relación entre la organización y la participación de los miembros de la comunidad en las fiestas cívico-religiosas y la organización de los involucrados en la comunidad, ya no para la fiesta, sino para la defensa de sus derechos ciudadanos, así como pedir cuentas a las autoridades de sus actos, exigir transparencia, denunciar la corrupción, demandar la prestación de los servicios públicos urbanos de calidad, exigir un sistema de justicia eficiente; en fin, la organización para la vigencia de sus derechos y el cumplimiento de las obligaciones por parte de las autoridades públicas.

Contrasta la capacidad que tiene la comunidad para organizarse en el esfuerzo que realizan todos los miembros; los gastos en los que incurren por supuesto siempre son superiores para los mayordomos y sus familias, pero toda la comunidad participa y eso tiene distintos costos. En oposición, los mismos miembros de la comunidad no están dispuestos a realizar ningún esfuerzo para organizarse con el fin de lograr beneficios en la infraestructura de sus barrios o en la mejora de los servicios urbanos que proporciona el gobierno. Mientras que en el primer caso la comunidad funciona como sustrato de la sociedad y sus reglas obligan a la participación, en el segundo parece que

---

[8] Para dar un solo ejemplo, en el último cambio de mayordomo que cuida del Niñopa, el nuevo mayordomo y su grupo decidieron cerrar durante 15 días una calle (San Juan) cuyo tránsito es importante para la movilidad del transporte en el barrio de San Juan (información proporcionada por un vecino). La nota sobre el cambio puede verse en *La Jornada* del 3 de febrero de 2008. Un dato curioso, que no deja de indicar un prejuicio, es que el mayordomo, quien esperó 12 años para poder serlo, había estado preso y a la ceremonia invitó a compañeros de reclusión, lo cual fue muy mal visto por los participantes.

predomina un individualismo egoísta o un "familismo amoral" (Banfield, 1958) y una indiferencia acerca de la calidad y buen funcionamiento de los espacios y servicios públicos.[9]

En el caso de la organización para las fiestas cívico-religiosas existe un beneficio espiritual, en el sentido de que se hacen promesas, se piden favores a la Virgen o al Niño, existe la renovación del factor esperanza en el individuo, de sentirse seguro, protegido, y también hay la satisfacción de cumplir con su comunidad, de participar en su reproducción, en recrear su identidad, que también es la de él, el sentirse resguardado amerita cualquier sacrificio; desde luego que el individuo recibe una presión de los miembros de la comunidad para participar y en el caso de no hacerlo sufren recriminaciones y el enfriamiento de las relaciones con los demás miembros de la comunidad, pero esa presión es en parte la negación de la individualidad o la afirmación de la superioridad de la comunidad.

Esta defensa de la comunidad se expresa no sólo en la celebración de las fiestas, sino también en contra de los intentos de otras autoridades o instituciones por apropiarse del control de las celebraciones. Los conflictos con las autoridades de la delegación o de la parroquia que pretenden apoderarse del control han sido frecuentes y siempre se han impuesto las comunidades; hay una oposición tanto con el gobierno como con la Iglesia católica y un conflicto latente, hay incluso un cierto desprecio de los participantes por las autoridades de la delegación y de la Iglesia.

En contraposición a este enorme esfuerzo de organizarse para realizar los fines de la comunidad y su defensa, no parece existir el más mínimo compromiso ni interés para defender los espacios públicos y mucho menos para exigir la vigencia y riqueza de lo público, del Estado de derecho, de pedir cuentas a la administración gubernamental. La calidad de vida que se deriva del buen gobierno y que, sin duda, afectaría a la riqueza de la comunidad, como barrio o como pueblo, y a todos sus miembros en tanto que ciudadanos (el que se cumplan rigurosamente sus derechos y puedan tener certidumbre y seguridad) parece estar en un segundo plano dentro de las preocupaciones e intereses de los habitantes. En términos habermasianos, no hay esfera pública.

[9] En el trabajo de Banfield se sugiere que la desconfianza generalizada llevaría a los miembros de la comunidad (Montenegro, Italia) a pensar que el regreso a la vida privada sería la elección más racional. Las personas no veían ninguna razón para participar en la acción colectiva cívica (1958: 10).

¿Cómo explicar la separación de estos dos mundos, su falta de comunicación, de congruencia? ¿Cómo influye la contraposición entre lo legal y lo no legal en la definición de lo público, del espacio y de la esfera, de la autoridad político-administrativa, de la ciudadanía? ¿Cómo la comunidad y el ejercicio de la ciudadanía se complementan o se contraponen en la vida cotidiana?

Trataremos de enfrentar las interrogantes mediante la descripción de las fiestas, de las ceremonias, de los ritos y del sentido que los entrevistados otorgan al proceso en su conjunto y a cada una de sus partes, buscando conocer el contexto subjetivo en que se producen las opiniones e interpretaciones de los entrevistados, lo que algunos autores identifican como el sentido común (Geertz, 1994: 96; Castro, 2000: 153). Dentro de este contexto subjetivo y el contexto social que analizamos en el capítulo anterior, interpretamos las respuestas de nuestros entrevistados y buscamos las respuestas a las preguntas.

En primer lugar, vamos a describir sucintamente cómo se desenvuelve la fiesta de la Virgen de los Dolores, sus participantes, los componentes de la celebración. En segundo lugar, mostramos cómo la asumen los participantes que entrevistamos. En tercer lugar, analizamos las relaciones entre los organizadores de las fiestas, la parroquia y las autoridades. Finalmente, presentamos las opiniones de los entrevistados acerca de la participación cívica, buscando descubrir cómo se da la separación entre el mundo cívico-religioso y el cívico-ciudadano.

Antes de pasar a la descripción de las fiestas de Xaltocán y para terminar esta introducción al tema, queremos subrayar que durante el proceso se entrecruzan tres instituciones fundamentales. En primer lugar la comunidad, en realidad un conjunto de comunidades que se articulan como una sola alrededor de las celebraciones; en segundo lugar la Iglesia católica, que formalmente controla el culto a la Virgen de los Dolores, las formas y ritos en que se debe expresar el catolicismo, y en tercer lugar el gobierno de la delegación.

La relación entre la Iglesia y el gobierno está regida por las leyes del Estado laico, por la separación del Estado y de la Iglesia; por lo tanto, para el gobierno de la delegación la acción de la Iglesia es fundamentalmente un asunto privado, la participación de los fieles dentro de la Iglesia es un asunto ajeno al gobierno.[10] La Iglesia se

---

[10] Aquí dejamos de lado hechos como el que la propiedad de los templos lo sea de la nación y que el Estado debe velar por su conservación y preservación como monumentos históricos. Asimismo, no nos interesa que la Iglesia busque ser reconocida como

relaciona con sus fieles como individuos, como creyentes que se congregan en el culto, en la fe, la relación básica es del individuo ante Dios y la religión.[11] La relación del gobierno es con los ciudadanos, con los individuos que gozan de derechos y obligaciones, que pueden organizarse para enfrentar al gobierno y defender sus intereses, pero donde esta intermediación no anula al individuo, al ciudadano.

Lo interesante del entrecruzamiento es que la comunidad, los pueblos, los barrios, no se constituyen, ni por ser un conjunto de fieles, ni un conjunto de ciudadanos, sino por compartir una larga historia común, como lo mostramos en el segundo capítulo, que finalmente se afianza en los lazos de sangre, en la sociedad gentilicia. La comunidad goza de una cohesión, de una solidaridad, de una autoridad propia, de intereses específicos propios que podemos decir que se condensan en las tradiciones.

Por lo tanto, es un error suponer que la relación de la comunidad con la Iglesia y el gobierno se puede resumir en la relación de un grupo de fieles con la Iglesia o de un grupo de ciudadanos con el gobierno. Aunque los individuos que dan sustento a las instituciones sean los mismos, cada institución es autónoma y lo que se espera de los individuos es muy distinto, las identidades de ellos son específicas. En el entrecruzamiento no siempre dominan las instituciones más poderosas o nacionales, como el Estado y la Iglesia; en ocasiones específicas domina la institución que cuenta con el apoyo más decidido de los individuos, la que produce las identidades más profundas.

Por otra parte, debemos considerar que las instituciones cambian a lo largo del tiempo, la modernización y la secularización las modifican, así como también influyen elementos como el clientelismo, el incremento de actividades ilegales, el abuso de la autoridad, dentro de la Iglesia como del gobierno, pues transforman la relación de los individuos con las instituciones. En este proceso la comunidad, quizá la institución más estable, también va sufriendo cambios que la debilitan o la fortalecen. Por lo tanto, la relación entre las instituciones no permanece estática en el tiempo, incluso cambios o conflictos co-

un actor político que interviene en la esfera pública en múltiples asuntos del Estado, simplemente asumimos que lo hace como cualquier otro actor privado, otras Iglesias o los banqueros, etcétera.

[11] La Iglesia católica pretende que los fieles conformen una comunidad virtual, la comunidad de Dios. En el caso de Xochimilco todo indica que esta comunidad no compite con la basada en las relaciones de parentesco, de sangre, aunque en ésta exista, como una parte fundamental, un contenido religioso.

yunturales pueden introducir alteraciones significativas en la interrelacion institucional.

En el curso de la historia de los elementos de las festividades podemos ver cómo cambian esas relaciones y cómo, desde su constitución, las instituciones mantienen su especificidad, su autonomía y cómo su presencia hace que las fiestas sean una síntesis de esas relaciones.

4.2.2. *Antecedentes de la fiesta de la Virgen de los Dolores*

La religiosidad en Xochimilco tiene, como vimos en el segundo capítulo, una historia que arranca de la época prehispánica. Podemos destacar el politeísmo de los xochimilcas, la estrecha relación entre la religión, los dioses y sus funciones, con la naturaleza, la identidad entre el clan y el dios particular o distintivo. Esos elementos que podríamos considerar como superados, abandonados, destruidos por el dominio de los sacerdotes y creencias católicas, en realidad los podemos encontrar, transformados, reelaborados, en la actualidad. El dios particular está presente en el patrono del pueblo o del barrio, que justamente diferencia a los pueblos y los barrios; las fiestas continúan relacionadas con la dinámica de la naturaleza, en este aspecto hubo una coincidencia con la religión católica y su vinculación con la agricultura y las estaciones; el politeísmo está disfrazado u oculto atrás de la multitud de santos y vírgenes que adoran. El hecho de que varios entrevistados afirmaran que en las fiestas de Xaltocán se piden favores o milagros a la Virgen de los Dolores, pero que debe quedar claro que el favor o el milagro lo hace Dios, que la Virgen simplemente intercede ante su hijo, el cual difícilmente negará la solicitud de su madre, muestra, en la necesidad de aclarar la actualidad de un cierto politeísmo, una variedad de representantes de lo sagrado, de lo divino. Muchos de estos elementos también los podemos encontrar en las narraciones que nos hablan de que debajo de los templos o lugares católicos están los dioses de los pueblos indígenas originarios, que el venerar un santo o virgen católico esconde la adoración a uno prehispánico.

En el caso de los antecedentes católicos, como ya lo vimos en el segundo capítulo, éstos arrancan con la llegada de los frailes en los inicios de la colonia. Su evangelización se llevó a cabo por múltiples vías, pero destaca la de encimar el nuevo dios y sus santos y vírgenes en los viejos templos o lugares de culto indígena. Desde el principio, la conversión de los indios se hacía mezclando las creencias, la dominación, los castigos, el dolor; al final se impuso la religión católica, pero ésta fue preñada por las viejas prácticas y creencias y el sincretismo se coaguló en formas específicas de religiosidad en las diferentes comunidades indígenas. Por ello, la religiosidad católica no es una sola, por el contrario, está llena de matices locales. Allí donde la comunidad sobrevivió, resistió el embate de la cultura occidental, el catolicismo está enriquecido por las viejas creencias.

La religiosidad de los xochimilcas también ha sufrido cambios que responden a la dinámica de las instituciones: han sido insuficientes para mantener sometidos a los católicos los cambios de la Iglesia en diferentes concilios, los distintos tipos de padres que controlan las parroquias, la relación de las autoridades con los fieles, el autoritarismo y dominación extrema de los padres sobre la grey que se ha ido debilitando; el temor a Dios, al pecado, la dependencia del sacerdote para que otorgue el perdón. Ahora la crítica es abierta y pública (lo pudimos constatar en varias entrevistas), como es el caso de los abusos sexuales de los padres incluso sobre niños y niñas. La autoridad del sacerdote es cuestionada, su carácter de único representante de Dios se diluye, la noción de que la relación con Dios es personal, un asunto de cada individuo, gana terreno. Esta individualización de la relación con Dios no proviene sólo del debilitamiento de la autoridad del sacerdote, sino que responde también a cambios en la cultura religiosa más general, más amplia, por ejemplo la popularización del credo protestante o evangélico, y también de cambios en la cultura de los propios agentes que cada vez más buscan su individualidad (Martuccelli, 2008).

La relación entre las instituciones y dentro de ellas de las personas con sus diferentes funciones nos brindan el contexto para el estudio de las fiestas, los espacios privados se mezclan con los públicos y ambos se redefinen. Los miembros de las comunidades en su papel de fieles y de ciudadanos, dan vida, reproducen, modifican a las instituciones.

Ahora sí veamos cómo se establecen estas relaciones en las festividades de la Virgen de los Dolores.

La capilla de la Virgen de los Dolores se remonta a los inicios de la colonia, la versión oficial afirma que fue el cacique Juan Cerón quien la mandó construir en 1620, en la hacienda de Xaltocán, y que, desde entonces, se invitaba a los hacendados cercanos a que dieran permiso a los indios para acudir a ella dos domingos antes del miércoles de ceniza, al inicio de los preparativos para cultivar la tierra. Desde entonces se celebran las fiestas de la Virgen de los Dolores. En las entrevistas pudimos recoger otra versión de la fundación: se dice que en una ocasión Hernán Cortés era perseguido en aquellos lugares, vio una pequeña cabaña o jacal, bajó del caballo y se escondió en el lugar, adentro había una pequeña imagen de la Virgen y le pidió su protección para no ser descubierto por sus perseguidores, éstos entraron en la choza y no vieron nada más que a la Virgen y se retiraron, Cortés prometió que en pago por haberlo protegido, haciéndolo invisible, le mandaría construir una capilla, lo cual cumplió. Desde entonces existe el culto a la Virgen de los Dolores en esa capilla. La creencia popular es que es muy milagrosa y que se le deben hacer promesas y, por supuesto, pagarlas para recibir sus favores.[12]

No existe, o no conocemos, una historia de cómo evolucionaron las fiestas de Xaltocán desde aquellos años hasta nuestros días, pero hay claramente algunos elementos de continuidad. La invitación a los indios que se hacía en la colonia corresponde con la invitación que ahora se hace a los pueblos y barrios de la región para que participen de las celebraciones. Esta práctica no es única de estas festividades; en las peregrinaciones al santuario del Señor de Chalma también se hacen estas invitaciones a los barrios y pueblos. En estos casos no se trata de una fiesta local, de un barrio o un pueblo, sino de un conjunto que se une para adorar, para pedir y para ofrecer promesas. En el caso de Xaltocán esta unidad parece estar relacionada con el inicio de la preparación de la tierra, asunto que era del interés del conjunto de las comunidades.

Otro rasgo peculiar es que las fechas en que se celebran las fiestas no corresponden a la fecha en que se celebra a la Virgen de los Dolores, en su día marcado por el calendario católico, el 15 de septiembre; en esta fecha la fiesta es menor, ni siquiera existe un mayordomo encargado de ello.

La fiesta encierra un simbolismo que tiene mucho que ver con el

---

[12] Una entrevistada mencionó que la capilla había sido construida en el lugar donde se encontraba un dios de los xochimilcas; sin embargo, siempre que preguntamos a otros entrevistados éstos negaron la información. Independientemente de la veracidad del hecho nos interesa resaltar la asociación entre las religiones. Nada extraño si consideramos que en otros casos, como en Chalma o en la catedral metropolitana, el hecho está confirmado.

lugar donde se construyó la capilla y la función que tenía desde su origen; pedir por buenas cosechas, buena pesca, además del simbolismo de la imagen y de su carácter de mediadora ante Dios para que las solicitudes sean atendidas.

Para las fiestas que anteceden al miércoles de ceniza hay un mayordomo encargado de la festividad en Xaltocán, además de 32 mayordomías que en ella participan. El sincretismo es otro elemento de continuidad: la mezcla de creencias de lo prehispánico[13] con la religión católica expresa un simbolismo complejo que da sentido de identidad y enriquece la participación de los fieles; al mismo tiempo que se acercan al Dios cristiano, mantienen viva su identidad prehispánica, a la cual nunca renunciaron aunque siempre ocultaron.

Sin esos rasgos de continuidad sería imposible entender la permanencia de las propias comunidades cuya identidad está fuertemente asociada a las creencias y prácticas religiosas, así como la interrelación entre las comunidades de la delegación e incluso de otras delegaciones o estados. Hay un colectivo que se forma de la unión de colectividades menores con motivos religiosos propios; pareciera que hay una recreación social del viejo Xochimilco.

4.2.3. *Descripción de la fiesta de la Virgen de los Dolores de Xaltocán*

La fiesta se realiza en una fecha asociada al calendario lunar y a la liturgia católica, es decir, dos semanas antes del miércoles de ceniza, antes del carnaval, generalmente en el mes de febrero: la fiesta dura 17 días a lo largo de los cuales se realizan una enorme cantidad de actividades. Las celebraciones se inician con el llamado Día de Banderas, en el cual el mayordomo de Xaltocán, encargado de atender a la Virgen en ese año, después de la realización de una misa a la Santísima, saca a la Virgen de los Dolores del templo y junto a la Comisión Única para el Control de Bienes y Festividades de la Parroquia de

---

[13] El día anterior a la peregrinación de la comunidad de Santa Cruz Acalpixca había en la casa del mayordomo, señor Pérez, un grupo amplio de mujeres (alrededor de 30) preparando los alimentos para dar de comer a los participantes. El proceso era realizado conforme a las formas más antiguas, sin ninguna tecnología; asimismo, había un grupo que tocaba música prehispánica, con chirimía, con atuendos y otros instrumentos indígenas. Las personas disfrutaban mucho de la música y de la presencia de ese símbolo de su pasado (observación directa, 3 de enero de 2006).

Xaltocán[14] y de los fieles que se juntan, se inicia un recorrido por los barrios para invitarlos a participar en las festividades. En la marcha participan una banda de música, que en general proviene del estado de Morelos, de Tlayacapan, grupos de danzantes como los chinelos y los santiaguitos, los coheteros; también participan los encargados de las mañanitas, de la "tarde romántica", los del "Niño Dormidito" y los grupos de las peregrinaciones al Señor de Chalma. A los participantes se les entregan cañas (antes eran carrizos, pero ya no los hay) en cuya punta amarran unas banderolas de plástico; las cañas se las entregan a los miembros de los barrios a donde paran. En cada capilla el mayordomo del Día de Banderas y los miembros de la Comisión Única, se reúnen con el mayordomo local y sus ayudantes, intercambian saludos y realizan la invitación, escuchan la aceptación y el compromiso de asistir. En cada lugar se ofrece comida (antojitos, tamales, etc.) y bebidas (incluso alcohólicas) a los participantes de la marcha; al salir del lugar se juntan los fieles del barrio visitado y de esta manera el contingente va creciendo; al final es muy grande. Según el testimonio del señor Facundo Millán en la Plazuela de la Asunción, barrio de Tlacoapa, último en ser visitado, se congregan seis mil personas o más. Al terminar se regresa a la parroquia de Xaltocán. El proceso restructura, rearticula la comunidad ampliada.

A partir del siguiente domingo los barrios realizan sus peregrinaciones. Ese día participan Xaltocán, Nativitas y Santa Cruz; cada uno realiza su misa, la cual es pagada con la contribución de los miembros de la comunidad de cada barrio, además colocan su portal en la entrada principal a la iglesia e introducen su virgen o sus vírgenes, que son réplicas, pero con vestidos diferentes que simbolizan la identidad de las diferentes comunidades; al terminar la misa salen y queman cohetes, ruedas y toritos, la banda de música toca y toda la gente se

---

[14] La Comisión es una organización diferente del cargo de mayordomo de Xaltocán. La Comisión es la encargada de organizar la participación de los distintos pueblos y barrios que asisten a las fiestas en los diferentes días; asimismo, coordinan a diferentes comisiones encargadas de acciones específicas como: colaboradores que hacen la colecta en Xaltocán, por las sociedades del barrio que cooperan anualmente para la celebración de la fiesta de la Santísima Virgen de los Dolores entre las que están la sociedad de coheteros, de las mañanitas de febrero, de los chinelos, de santiaguitos, del jaripeo, de cañas, de los adornos del atrio de la iglesia y reparto de banderas en el recorrido de los barrios, comisión del Señor de Chalma, comisión del Niño Dormidito, de la comida a los danzantes en la fiestas y en la octava, etc. La Comisión está conformada por un presidente, un secretario y un tesorero, además de varios voluntarios.

divierte. La peregrinación de Santa Cruz suele ser muy concurrida: participan más de dos mil personas. En los siguientes días los barrios hacen su actividad, lo mismo que otros grupos, como los vendedores del mercado, cada uno tiene su mayordomo o encargado para ello.

En cada uno de los barrios se celebran otras actividades, desde luego están los preparativos para la visita a la Virgen en la casa del mayordomo, donde se prepara comida, se arman las ruedas y los toritos, se realizan rosarios u otros rezos para adorar a la Virgen. En otras casas se hacen ceremonias parecidas que tienen que ver con promesas, como hacerle a la Virgen un altar y una celebración particular. Al finalizar la participación del barrio, al regreso al mismo, las familias organizan comidas en las cuales puede participar cualquier persona, invitada o no.

En las celebraciones existe una gran cantidad de símbolos, algunos de la comunidad y otros personales. El grueso de la celebración es comunitario, por ejemplo la portada que se pone a la entrada de la parroquia está adornada con semillas o con flores, ahora también con juguetes y dulces, y representa las actividades que la comunidad le pide a la Virgen proteger: la cosecha, la pesca. Por supuesto que la propia marcha a la parroquia es comunitaria y también lo es la fiesta que se realiza en la casa del mayordomo. En todas estas actividades la comunidad se reconoce y se reproduce.

La promesa es individual o acaso familiar, se realiza en el seno de la celebración comunitaria, pero es un compromiso, una petición, un favor, un milagro, que tiene que ver con la salud propia o de un familiar o con problemas económicos. A cambio de la solicitud el fiel promete algo a la Virgen: dejar de beber un año, entrar de rodillas en el templo, hacerle una celebración particular. La promesa se cumple con independencia de que la solicitud a la Virgen haya sido atendida favorablemente o no.

El nexo de la comunidad o la persona con la Virgen se realiza al margen de la parroquia: salvo la celebración de la misa, el resto se realiza de forma directa. En realidad es la comunidad con su celebración la que crea el espacio simbólico para que el individuo pueda hacer su promesa y cumplirla, pueda comunicarse con la Virgen y con Dios. La fe en que las promesas serán atendidas y los milagros cumplidos, está al margen de la Iglesia, que incluso combate estas creencias por considerarlas actos paganos. Un dato interesante acerca de cómo la comunidad crea el espacio simbólico es la interpretación que se da al hecho de quemar cohetes; se dice que sirven para ahuyentar a los malos espíritus, pero también para que las promesas de los participantes lleguen más pronto al cielo.

En las entrevistas que realizamos con los participantes en las celebraciones pudimos apreciar que su religiosidad tiene contenidos muy variados. En un extremo están aquellos entrevistados que nos dijeron que no eran católicos, eran ateos o profesaban otra religión, pero que participan en las fiestas porque les gustaban, eran del barrio. En el otro extremo encontramos personas que se sorprendían cuando les preguntábamos cuál era su religión; decían que nunca lo habían pensado, que nadie les había preguntado eso, que eran católicos porque allí todos lo eran. Es una propiedad de la comunidad que ellos simplemente comparten como todos los demás, aquí el individuo se pierde, no elige ni cuestiona. Entre los entrevistados muy practicantes encontramos algunos que tienen una percepción individual, participan activamente, son muy comprometidos, pero eso les parece poco pues creen que un buen católico debería hacer más, por ello dicen que no son "muy católicos". Finalmente, cabe resaltar que varios entrevistados dijeron no participar en las actividades de la Iglesia, que eran creyentes a su manera y preferían comunicarse con Dios sin la intermediación de la Iglesia; entre estos entrevistados había algunos muy comprometidos con las celebraciones y no parecían ser sólo una especie de "modernos";[15] los puede haber, pero parecen más desengañados del papel de la Iglesia, de los abusos y corrupción de los párrocos. El papel y compromiso de los individuos dentro de la comunidad varía en su religiosidad, en su entrega, pero su identidad es muy clara y fuerte.

Antes de pasar al análisis de las relaciones con la administración pública queremos apuntar un elemento que vale la pena destacar, nos referimos al carácter que asume la participación de los miembros de la comunidad. Por una parte, hay una enorme religiosidad, una participación de culto comprometido para adorar a la Virgen; en las procesiones y en las misas se ve en el rostro de las personas una enorme devoción; por la otra, hay un comportamiento lúdico, podría

---

[15] La tesis de la modernidad, de la separación del individuo de las ataduras colectivas, no parece ser del todo válida en estos casos debido a su participación en las fiestas y en la comunidad que las realiza. Algunos de los entrevistados que evidenciaron una postura individualizada afirmaron que habían leído la Biblia y otra bibliografía para conocer mejor su religión.

decirse pagano: durante las fiestas se come hasta hartarse; se convida a los fieles que participan en la actividad de cada pueblo o barrio, lo cual es un claro momento de cohesión comunitaria, pero al final y en algunas ocasiones en actos intermedios los participantes beben, se emborrachan,[16] y la fiesta termina en desmanes, violencia, peleas, agresiones a mujeres, etc.[17] Esta mezcla de religiosidad y comportamiento lúdico ha llevado a la Iglesia a intentar controlar las fiestas y las ceremonias, lo que ha generado roces y conflictos.

4.2.4. *La comunidad (los fieles) y la Iglesia (el párroco)*

Las relaciones de la Iglesia católica con las comunidades en Xochimilco no han dejado de tener conflictos. Hay que dejar muy claro que los xochimilcas son un pueblo muy católico y muy participativo en los ritos y ceremonias, las relaciones de los fieles con los sacerdotes son, mayoritariamente, de sumisión y obediencia, aunque la autoridad de los párrocos cada vez parece ser más cuestionada. En esta investigación encontramos dos conflictos importantes en la parroquia de Xaltocán: uno se debió a la remoción de un padre sin que se avisara a la comunidad; el otro al intento de otro párroco de hacerse del control de los festejos de la Virgen de los Dolores. En ambos casos, el conflicto acabó enfrentando a la Iglesia con la comunidad.

Xochimilco, junto con Tláhuac y Milpa Alta, pertenece a la VIII vicaría de la arquidiócesis de la ciudad de México, hay nueve parroquias y cinco rectorías; además, como ya hemos señalado, cada barrio cuenta con su capilla, la cual es atendida por el padre de la parroquia; en cada una hay un párroco responsable y puede ser auxiliado por otros más jó-

---

[16] No es raro que en la marcha de banderas algunos de los participantes lleguen al final de la fiesta borrachos, incluso se puede ver a los danzantes tomando alcohol. Una entrevistada comentó que ya había luchado mucho para que no les dieran de beber, pero que a la gente le parecía natural que se bebiera y que a algunos se les pasen las copas. Una entrevistada que participaba como "chinelo" nos dijo que el que en los barrios se diera de beber a los bailantes creaba muchos problemas, pero que por más que pidió que no lo hicieran nadie le hizo caso (señora Petra Flores Gómez, 74 años, de Xaltocán, entrevista realizada por Marisol Arzate Rivera, 2007).

[17] Existen muchos comentarios acerca de fieles que prometieron no beber durante un año o que no lo harán durante el próximo y que al empezar la nueva vida, ya sin la promesa, se emborrachan. Este comportamiento también es claro en las peregrinaciones al santuario del Señor de Chalma, sobre todo cuando los peregrinos salen del templo, después de entregar sus promesas, de sentirse libres del compromiso.

venes. La arquidiócesis está dirigida por el cardenal, en la vicaría atiende el obispo, cuya sede está en la iglesia de San Bernardino de Siena ubicada en el centro de Xochimilco. Los sacerdotes de las parroquias dependen del obispo. Se trata de una estructura extremadamente vertical y autoritaria. Los padres de las parroquias del Distrito Federal son todos ordenados en la Universidad Pontificia del Distrito Federal.

Ya en las parroquias los padres acumulan poder y riqueza dependiendo de la importancia de la parroquia; poder, en la medida en que controlan a la población de la parroquia, que es respetado y querido, temido por los pecadores, y que se convierte a su vez en poder dentro de la Iglesia, pero que también se ejerce con las autoridades locales; riqueza, en la medida en que las limosnas le proporcionan una fuente de ingresos, que junto con otras donaciones y el cobro de los servicios[18] pueden convertirse en montos muy considerables (obviamente una parte se envía al obispo, pero otra se queda). Las parroquias más ricas son disputadas por los sacerdotes, y los que logran hacerse de una buena parroquia procuran permanecer en ella el mayor tiempo posible. Entre la mayoría de los fieles hay una desacralización de la figura del sacerdote, al que se le ve como un hombre común: pocos lo ven como el representante de Dios y el mediador indispensable.[19]

La parroquia de la Virgen de los Dolores es una de las más ricas y convoca una enorme cantidad de fieles –por las fiestas de Xaltocán– que rebasa los límites de la parroquia; se localiza en una zona de nivel socioeconómico medio.

Entre 1995 y 1996 el padre de Xaltocán, quien ya llevaba allí 25 años, o un poco más, tenía una secretaria con cerca de 20 años de antigüedad en la parroquia; se decía (según la opinión de algunos entrevistados) que era su mujer y quien mandaba en la parroquia; además en la iglesia trabajaban un hermano y otros familiares de la

---

[18] Como un indicador se puede señalar que en la parroquia de Xaltocán por una misa de media hora se cobran 2 500 pesos y se realizan aproximadamente 350 al año. El párroco no coopera para sufragar los gastos de las fiestas, y el mantenimiento de la parroquia es realizado en buena parte por los fieles y la Comisión de Bienes y Festividades, destinando para ello las ganancias de las fiestas de la Virgen de los Dolores.

[19] En Xaltocán se sabe que los padres tienen casas, automóviles, fruto de su enriquecimiento. Próspero Mercado, un líder de vendedores en vía pública del Mercado 377, comentó en la entrevista: "Pero hay muchos que la verdad en la noche dejan la sotana y se van a cabaretear porque somos hechos de la misma materia [...] ¿Ustedes creen que el padre no vaya a tener hijos? Es el derecho a la vida, te reproduces, mueres [...] yo creo que me hago padre de aquí a los 40, junto mi lanita, y me consigo una buena mujer."

secretaria. Los fieles se quejaban de ser maltratados y de que les cobraban muy caras las misas y éstas duraban poco. Al padre le ayudaba otro sacerdote, más joven, recién llegado y muy apreciado por la comunidad, que iba ganando prestigio y fuerza entre los fieles.[20]

El padre joven fue removido de la parroquia a espaldas de la comunidad, de manera intempestiva. Cuando la gente se enteró empezó a movilizarse y a solicitar que regresaran al padre para, al menos, hacerle una despedida. Para ello acudieron a la Comisión Única para el Control de Bienes y Festividades de la Parroquia del Barrio de Xaltocán intentando realizar una intermediación, primero con el padre del barrio, después con el sacerdote de San Bernardino de Siena y finalmente con el cardenal; en todos los casos la Iglesia defendió su autonomía y su derecho a tomar las decisiones sin consultar a nadie; las relaciones se tensaron. En las discusiones con las autoridades eclesiásticas surgió el argumento, entre los fieles que conformaban las comisiones, de que la Iglesia eran ellos, que tenían derecho a ser tomados en cuenta. La comunidad se reconoció a sí misma, resistió y se confrontó con las autoridades de la Iglesia.

El saldo del conflicto fue un alejamiento por parte de los fieles del padre, el obispo y el cardenal y el desgaste de los dos primeros, que salieron perjudicados en el desarrollo de sus carreras eclesiásticas. El sacerdote fue removido de la parroquia y fueron designados otros y, según Facundo Millán, el padre de San Bernardino debido al conflicto y su impericia perdió la oportunidad de ser nombrado obispo.

El segundo conflicto se desarrolló poco después del anterior. En este caso el párroco pretendió hacerse del control de las fiestas de la Virgen. El sacerdote no tenía buenas relaciones con la gente, que empezó a quejarse. Para poder enfrentar el disgusto quiso ganarse a la Comisión Única llamándolos para colaborar con la iglesia; sin embargo, al mismo tiempo pretendió controlarlos exigiéndoles que le rindieran cuentas del dinero de la fiesta y de su organización. Los miembros de la Comisión se negaron, afirmaron que se debían al pueblo y que sólo a él rendirían cuentas. En respuesta, el párroco quiso organizar a otro grupo de fieles para que se hicieran cargo de la organización de las fiestas pero fracasó por la falta de apoyo de la

---

[20] En la interpretación del señor Facundo Millán la creciente popularidad del nuevo párroco inquietó al sacerdote viejo y al padre de San Bernardino de Siena, quienes para alejar el peligro de sus carreras dentro de la curia decidieron en acuerdo con el cardenal trasladar al nuevo padre a otra parroquia.

gente. En su afán de controlar las festividades trató de anular a la Comisión Única, para ello hizo una denuncia federal por daño en propiedad del Estado; específicamente acusaba a los miembros de la Comisión de haber dañado, rayado, la puerta de la parroquia. El proceso fue muy largo y complicado, sus acusaciones continuaron, denunció que lo habían amenazado con una pistola, etc. El conflicto adquirió proporciones públicas, apareció en los periódicos y se volvió un escándalo. La Comisión logró defenderse y las acusaciones no prosperaron.

En la víspera de las fiestas de la Virgen, en febrero, el sacerdote llamó a los fieles y a los miembros de la Comisión para realizar un nuevo acuerdo. Sin embargo, al mismo tiempo envió al padre ayudante para levantar un acta en contra de los miembros de la Comisión acusándolos falsamente de amenazas y por no dejarlo trabajar. Los desconfiados miembros se habían trasladado antes al Ministerio temiendo que algo pasara en la reunión y pudieran ser nuevamente demandados. Ante la presencia de los acusados, el padre principal que llegó a confirmar la declaración del ayudante, quedó en ridículo y se vio obligado a realizar un acuerdo: el párroco sería el responsable de los actos celebrados dentro de la iglesia, mientras la Comisión lo sería fuera de la misma. Ese acuerdo rige hasta la fecha. Poco después el sacerdote de marras fue transferido a otra parroquia en el Distrito Federal.

En su propósito de controlar los festejos, según nos informó Facundo Millán, el sacerdote contó con el apoyo de los panistas de Caltongo[21] quienes también se oponen al componente pagano en las fiestas y creen que la Iglesia es la que debe controlar las festividades.

El conflicto mostró la unión de la comunidad, que apoyó a la Comisión y se opuso al sacerdote y a la Iglesia en defensa de sus tradiciones y de sus organizaciones.[22] En ambos conflictos nos parece que queda claro que la tradición comunitaria es más fuerte que las normas de la Iglesia, que en último término la religiosidad se expresa dentro

[21] Este grupo de militantes del PAN tiene su origen desde 1945, cuando se expande el sinarquismo en Xochimilco. Entrevista con el licenciado Jiménez Barranco del Comité Directivo del PAN de Xochimilco, el 12 de julio de 2007.

[22] En las entrevistas que realizamos entre los fieles y los participantes en las celebraciones fue una constante la confianza en la Comisión Única; todos concordaron en que al final de las fiestas se rendía cuenta de los ingresos y gastos, de lo que había sobrado y se decidía en qué sería utilizado, siempre destinado a la iglesia, el culto a la Virgen, etcétera.

de la comunidad; si la Iglesia pretende desconocer la autoridad de la comunidad su representación será marginada, sustituida.[23]

4.2.5. *La comunidad y la administración delegacional*

Para el desarrollo de las festividades de la Virgen de los Dolores de Xaltocán la buena relación entre los organizadores y las autoridades de la delegación es fundamental.

Durante la realización de estas fiestas se altera considerablemente el tránsito de vehículos y de manera general la vida de los habitantes del barrio o la de quienes por allí transitan. Los vendedores de artículos típicos de la ocasión (vendedores de dulces, de artesanías, de comida –buñuelos o pan de huevo–) cierran el carril de circulación que va de Xaltocán a Nativitas, reduciendo drásticamente el flujo de los vehículos. De la misma manera, las peregrinaciones de los pueblos o barrios cierran por completo las avenidas por donde pasan y detienen hasta por horas el tránsito. En general las personas aceptan la situación como algo normal, que tiene que ver con la forma de ser de los pueblos, pero todos reconocen que causan problemas y dificultades; los entrevistados aluden mucho al hecho de que las ambulancias o los bomberos no pueden pasar para atender alguna emergencia.

Las dificultades en el espacio urbano para la realización de la fiesta se originan en el crecimiento caótico y arbitrario de la zona. La parroquia cuenta sólo con un pequeño atrio y un pequeño parque, insuficientes para albergar a los diferentes tipos de participantes. Esta situación es señalada por los entrevistados para resaltar su derecho a realizar la fiesta: ellos no invadieron, fueron invadidos, son los automóviles los que crean el problema, no la tradición, que no fue respetada por las au-

---

[23] La tensión entre la comunidad y la Iglesia católica también se ha expresado en relación con las festividades relacionadas con el Niñopa, las cuales también las ha querido controlar la Iglesia, sin el menor éxito (Salles, 1997). No está por demás señalar que en una entrevista que realizamos en Oaxaca con un sacerdote, presbítero Fernando Cruz Montes, el miércoles 22 de febrero de 2007, del municipio de San Sebastián Tutla (municipio de usos y costumbres), éste nos narró que las autoridades comunitarias controlan todo lo referente a la Iglesia, incluso lo que se refiere a las limosnas y en qué serán ocupadas, sólo les permiten quedarse con el pago de los servicios. Contra lo que se podría pensar la comunidad suele ser una institución más poderosa que la Iglesia en diferentes lugares (entrevista con el párroco de San Sebastián Tutla, Oaxaca, y coordinador diocesano del Centro de Orientación al Migrante, presbítero Fernando Cruz Montes).

toridades. Necesariamente la vía pública es privatizada temporalmente y provoca tensiones con las autoridades de la delegación.

En el plano administrativo, la delegación tiene que autorizar la ocupación de las vías públicas y reorganizar el tránsito de los ciudadanos; así también debe otorgar los permisos para que los vendedores ambulantes que llegan a ofrecer sus productos durante la fiesta puedan trabajar, otorgar los permisos para que se ocupen espacios en vía pública, para la instalación de puestos y de juegos mecánicos, para el baile en el deportivo Xochimilco, el permiso para que se quemen los cohetes, las ruedas y los toritos, etc. Todos estos elementos son cubiertos por los miembros de la Comisión Única y en general les son otorgados sin ninguna diferencia. El único problema que conocimos, que terminó en un enfrentamiento, se debió a que la delegada Estefanía Chávez, quien fue nombrada por Cuauhtémoc Cárdenas (1997), intentó controlar la organización de las festividades para imponer un orden que afectara menos a la población; los miembros de la Comisión se opusieron y simplemente amenazaron con decir a la población que la delegada se oponía y no daría los permisos. La delegada se retractó y mantuvo la tradicional relación. La reacción de los miembros de las comunidades de los barrios podría ocasionar costos sociales y políticos significativos.

En el plano administrativo el problema que se presenta para la delegación es que sus permisos afectan el disfrute de los derechos de otros ciudadanos, especialmente el derecho a la libre circulación y al silencio por las noches; sin embargo, en la medida en que es temporal y que para la mayoría de las personas afectadas las fiestas son un derecho fundamental de los pueblos, estas limitaciones no tienen repercusiones negativas.

Sin embargo, la relación entre la delegación y la comunidad, como sugiere el incidente con la delegada Estefanía Chávez, no se agota en lo administrativo, sino que tiene repercusiones políticas. Mientras el PRI era el partido único y en la delegación no había elecciones, lo que pensara la ciudadanía local poco afectaba la dinámica del poder, todos eran lo mismo, sólo había priistas, muy pocos panistas y comunistas, las autoridades se identificaban sin diferenciar a las instituciones a que pertenecían. A partir de que el jefe de gobierno pasó a ser elegido y después también los delegados y los diputados locales, la relación con los ciudadanos se tornó fundamental en dos sentidos: primero, la disputa por los votos; es fundamental no contrariar a los votantes.

Segundo, el control de los votantes; se coopta a los intermediarios o representantes populares importantes. La democratización electoral diferenció claramente los ámbitos.

En el primer caso, si no se apoyan las tradiciones de la comunidad es obvio que la antipatía será inmediata; en el segundo caso la relación es más complicada. Sin duda, una alianza entre un político y los miembros de la Comisión Única sería un buen control de los miembros de la comunidad, el problema es que ello no es posible; simplemente, los miembros de la Comisión serían desconocidos. Para los miembros de la comunidad no es aceptable, por ejemplo, que un mayordomo utilice su cargo para hacer política, sólo podrá hacerlo después de que haya dejado el cargo. Para los miembros de la comunidad existe una clara y radical separación entre ésta y la política o el gobierno; es posible que ello sea una forma de preservar la comunidad, de resistencia milenaria frente a lo externo, frente a la dominación de los otros, lo cierto es que esa relación es inaceptable para ellos.

En el año 2006, cuando observamos de cerca las celebraciones, pudimos constatar que el delegado Faustino Soto impuso la organización de un baile, al final de las fiestas, para beneficiar a un empresario de Tlalpan, que lucraba con esto y a cambio daría dinero al delegado para su campaña u otra cosa. La comunidad o algunos de sus miembros se oponían al baile porque causaba problemas y molestaba a los vecinos; pese a ello el delegado impuso sus intereses personales. Hubo sin duda una confrontación, pero Faustino Soto, como lo señalamos en el capítulo anterior, ya era muy fuerte, básicamente gracias al control de amplias clientelas, para desafiar a la Comisión y a los participantes de la fiesta que se oponían al baile; sin embargo, con ello se ganó el desprecio de los miembros de la Comisión y de muchos participantes.

4.2.6. *Comunidad y construcción de lo público*

El análisis que hemos realizado nos muestra una oposición entre los intereses de las comunidades y sus organizaciones y el gobierno delegacional, una oposición que se traduce no en la separación de los ámbitos, sino en la creación de un espacio semipúblico, de un espacio que se desarrolla en la vía pública y que impone a la administración pública las normas y la autoridad de lo privado, de la comunidad, de los barrios y de los pueblos. Vimos también cómo la comunidad en el espacio de lo privado, en su relación con la Iglesia, logra preservar su autonomía y cómo, incluso en el terreno de lo sagrado, de los ritos de la Iglesia, logra establecer su impronta, su identidad.

Resulta trivial decir que la comunidad es la institución más débil si se le compara con la Iglesia católica o el Estado; cuando éstos se enfrentan como fuerzas en conflicto abierto la comunidad pierde, así ha sido desde antes de la conquista cuando los xochimilcas fueron sometidos por los mexicas. Sin embargo, el dato central es cómo las comunidades han conseguido resistir a la brutal dominación de los otros más poderosos, sin querer intentar, siquiera, una respuesta. Resulta claro que uno de los pilares de la resistencia ha sido la defensa de la comunidad como ámbito privado, separado de lo público. La hipótesis de que la comunidad se asienta, como en sus orígenes, en los lazos de sangre, ahora metamorfoseados en la familia, en el parentesco civil, como núcleo fundamental, resulta relevante para entender esa fortaleza y su capacidad de enfrentar, de asimilar y reformular la cultura occidental, la religión, especialmente la católica.

Esta centralidad de los lazos de sangre que se expresa en la familia y en la comunidad parece oponerse a la comunidad cívica que es característica del espacio político moderno, en el cual el individuo, en tanto que ciudadano, es separado de sus anclajes comunitarios o socioeconómicos: todos son iguales ante el Estado y la ley. La comunidad se impone a sus miembros, limita su autonomía, los aísla de lo público, niega la política, defiende lo local, desde allí resiste.

Cuando preguntamos a nuestros entrevistados acerca de sus conocimientos políticos, su evaluación del gobierno delegacional, de los servicios que disfrutaban y de la posibilidad de organizarse en defensa de sus intereses como ciudadanos, pudimos constatar que la inmensa mayoría conoce al delegado, sabe que fue elegido. La gran mayoría evalúa de manera muy negativa la calidad del gobierno, muestra el alto desprecio por la política y se evidencia como ciudadano ineficiente, "cuando uno va a la delegación nada se resuelve, son vueltas y vueltas". La respuesta más desconcertante fue al preguntar sobre la pertinencia de organizarse para exigir que se mejoren los servicios públicos; la mayoría contestó que cada uno debía cuidar de sus intereses: "si mi vecino no tiene agua es su problema, yo ya la conseguí". En términos de cultura política son ciudadanos bien calificados en cuanto a su conocimiento, a su capacidad de entender la política, de evaluar el desempeño de la política y del gobierno, y son conscientes de su capacidad, como ciudadanos, de resolver o no sus problemas acudiendo a la administración pública.

El rechazo a la política y al gobierno, la negligencia para organizarse, parecen tener una fuente política: su ineficacia como ciudadanos, su incapacidad de ser atendidos adecuadamente en las instituciones del Estado, en especial en las correspondientes a la administración de la justicia.

El ser parte de una comunidad, participar intensamente en ella, defenderla ante otras instituciones, no está asociado a la calidad ciudadana o a las capacidades personales. Nada tiene que ver con el "familismo amoral" (Banfield, 1958) en el cual fuera de la familia o de la comunidad nada vale, no existe solidaridad ni colaboración posibles. Son ciudadanos incompetentes, ineficaces no por falta de capacidades o conocimientos personales, sino por la pésima calidad y desempeño de las instituciones públicas y por las debilidades de las autoridades públicas.

Como ciudadanos aislados es muy difícil hacer valer sus derechos, sus supuestos derechos; la comunidad es más productiva, pero tiene sus limitaciones: si se sale de sus límites, de la realización de sus fiestas, de sus manifestaciones, de la defensa de sus intereses particulares, se vuelve frágil y vulnerable. La política la divide y la confronta. La comunidad es eficiente en el espacio privado, o en lo que hemos denominado semipúblico, pero no lo es en el espacio estatal.

En ese sentido la comunidad no se opone a la ciudadanía, incluso la puede enriquecer, darle un sentido solidario, incrementar la cohesión social.[24] La comunidad subsiste o aparece como un espacio premoderno, tradicional, arcaico, no por culpa de ella misma sino por el aislamiento a que la someten las instituciones públicas, el gobierno, los partidos, la justicia. Las personas se refugian en ella debido a su ineficacia en el espacio público; una verdadera democratización, una ciudadanía plena seguramente impulsaría la transformación de la comunidad, el debido reconocimiento de sus tradiciones; realizar sus festividades, por ejemplo, como pleno derecho, acabaría con lo semipúblico y fortalecería a la comunidad.

Las relaciones que hemos analizado entre la Iglesia y la comunidad

---

[24] Al respecto ya se ha escrito mucho, véase Kymlicka, 1996; mi posición está en 2007ª.

nos muestran otra faceta de esa degradación, aunque dentro del espacio privado. La percepción de que los padres de la Iglesia son peores que los políticos, abusan de su poder, tienen mujeres, violan sus juramentos y votos, abusan sexualmente de los fieles, se enriquecen en contra de lo que pregonan, mina la autoridad de los sacerdotes y lleva a los fieles a buscar salidas personales para su religiosidad; rechazan la intermediación de la Iglesia, de los sacerdotes, de nueva cuenta la comunidad es un buen sitio para refugiarse, para ser.

La información que recabamos y hemos analizado nos deja claro que el soporte fundamental de los habitantes de los barrios y de los pueblos de Xochimilco es la comunidad, los dota de identidad, esperanza, visión de futuro, certeza, les permite incluso transitar por el espacio público o el laboral con mayor seguridad; al final la comunidad, y sobre todo la relación entre las comunidades, dota a sus miembros de redes sociales que facilitan las trayectorias de los actores.

La comunidad provee a sus miembros de herramientas, recursos, capacidades que permiten vivir en el Estado de excepción permanente, les permite transitar entre la legalidad y la ilegalidad, tener influencias o palancas, acceder a los espacios públicos privatizados, como sindicatos, espacios corporativizados, etc. Lo que la comunidad no puede hacer es fortalecer a la ciudadanía y anular el Estado de excepción.

4.3. LOS VENDEDORES EN LA VÍA PÚBLICA EN EL MERCADO 377 Y LA CIUDADANÍA

4.3.1. *Introducción*

La presencia de los vendedores en la vía pública tiene una larga tradición. Ya los primeros pobladores (xochimilcas, mexicas) realizaban el comercio en la vía pública. En la colonia se introdujo el concepto de mercados, pero ello no inhibió la continuidad del comercio callejero. Son muy conocidos los pasajes que muestran cómo los xochimilcas llevaban sus productos a la gran Tenochtitlan o después a la ciudad de México utilizando los canales que comunicaban ambas poblaciones. También es sabido que los habitantes de los pueblos cercanos a Xochimilco, incluidos algunos que hoy forman parte de los estados de Morelos o del Estado de México, ciertos días de la semana, jueves y domingos, llevaban sus productos para intercambiarlos en el mercado instalado en la plaza pública a cielo abierto en el centro de Xochimilco.

No es de nuestro interés justificar la realidad actual de Xochimilco con el pasado, nos interesa rescatar lo que podemos denominar un "uso y costumbre" que continúa vigente hasta nuestros días: los productores de mercancías agropecuarias vendían y venden sus productos en las plazas públicas, el Reglamento de Mercados establece que en las temporadas de cosecha, los productores pueden vender sus productos fuera de los mercados, es decir, en la vía pública.

Los pobladores realizaban el comercio de esta manera hasta la primera mitad del siglo pasado. En 1951, el 17 de junio, se promulgó el Reglamento de Mercados para el Distrito Federal, y en 1956 se construyó el Mercado 377;[25] a partir de la promulgación del Reglamento el Estado definió la categoría de comercio legal y su contraparte, el comercio ilegal. En el Reglamento se permite el establecimiento de puestos permanentes o temporales *siempre y cuando no constituyan un estorbo: i. para el tránsito de personas en las banquetas, ii. para el tránsito de vehículos en los arroyos y iii. para la prestación y uso de los servicios como bomberos, drenaje, aguas potables, transporte, electricidad, teléfonos, etcétera* (artículo 62). Los que estaban dentro del mercado, los que habían logrado la concesión de un puesto adentro eran el comercio legal; los que se quedaron afuera fueron clasificados como ilegales.[26] Había, como mencionamos, las excepciones marcadas por las ventas en épocas de cosecha o en las fiestas comunitarias. Este comercio ilegal nunca fue eliminado –de ambulantes o comerciantes, que instalan puestos semifijos en la madrugada o muy temprano en la mañana y desmontan y retiran en las tardes– y se ha mantenido con altibajos hasta nuestros días.

[25] Con anterioridad se construyó el Mercado Xóchitl Zona 44 que está al lado norte, separado por la avenida Francisco I. Madero del Mercado 377; en esa calle hay aproximadamente 100 puestos de planteros en la vía pública. Asimismo, al sur del Mercado 377 había un espacio donde se vendían plantas y flores de productores de la delegación Milpa Alta y de otros estados como Morelos, Estado de México e incluso Veracruz. El 377 tiene como límites al norte la avenida Francisco I. Madero, al sur la calle Nezahualcóyotl, al este 16 de Septiembre y al oeste la calle Morelos. En los cuatro linderos hay vendedores instalados en las banquetas, sólo en Nezahualcóyotl la calle está cerrada al tránsito y hay tres hileras de puestos. Todos los puestos contravienen el Reglamento de Mercados.

[26] La asignación de los puestos se realizó mediante sorteo entre los vendedores que estaban antes.

Los habitantes de Xochimilco no sólo vendían en los mercados de la delegación, sino que se trasladaban a otros mercados del centro de la ciudad para tender sus puestos y vender productos de su cosecha o comprados en el mercado de La Merced (entrevista con la profesora Santa Eslava).

En términos generales, para el conjunto de la delegación, el comercio en vía pública[27] se ha expandido rápidamente en las últimas dos décadas acompañando al crecimiento de la población y, en especial, al aumento de los pasajeros que utilizan el transporte público y que en las zonas de traslado o terminal suelen realizar sus compras entre los comerciantes ubicados allí. En la actualidad existen en la delegación 4 100 vendedores en vía pública ordinarios y 1 500 de temporada (atienden la época de cosecha o las fiestas cívico-religiosas), lo que suma un total de 5 300 (Bravo, 2008).

Entre los vendedores en vía pública predominan los que tienen puestos semifijos; los hay legales, como es el caso de los boleros o aquellos que están en el Programa de Reordenamiento del Comercio en Vía Pública[28] y tienen un reconocimiento administrativo para vender, y los ilegales, que se van colocando amparados por organizaciones de vendedores. Existen, como en el resto de la ciudad, vendedores ambulantes, también legales e ilegales; entre los primeros están los que ofrecen tarjetas de prepago telefónico, periódicos y revistas, paletas producidas por empresas formales, etc.; sin embargo, el comercio ambulante más importante es el de los agrupados en los mercados sobre ruedas o los tianguis, que ocupan durante un día a la semana una o varias calles y ofrecen una amplia gama de mercancías, el número de vendedores que participan va, desde una decena hasta cinco mil y venden productos tanto legales como ilegales (desde CD y DVD piratas hasta productos de contrabando, piratas o robados); entre los segundos, hay los que venden, sin protección de alguna empresa,

[27] Para una definición del término y su diferenciación de otros, como ambulantes, trabajadores informales, trabajadores ilegales, etc., se puede consultar Carlos Bravo, 2008.

[28] El Programa de Reordenamiento se publicó en 1998 y se pretendía que permitiera regular la actividad; en realidad se le asume como un instrumento de negociación. A pesar de que el Programa permite que las autoridades otorguen permisos, dentro de lo que marca la ley, lo que no se hace, no da certeza jurídica a los vendedores, las autoridades pueden revocar los permisos y retirarlos. Este Programa fue un avance; el anterior dispositivo legal, un bando expedido en 1993, prohibía el comercio en vía pública, asumía que era una actividad que debería ser erradicada; por supuesto, como la Ley de Mercados, tampoco fue respetado (Bravo, 2008).

productos alimenticios como "alegrías", chicles, paletas de dulce; en general estos trabajadores se ubican en los cruces de avenidas donde los autos tienen que detenerse o en donde se producen diariamente congestionamientos, también hay quienes venden, utilizando vehículos, ropa, calzado, bolsas de vestir.

Asimismo, hay los vendedores en la vía pública que tienen puestos fijos. Entre los legales están básicamente los puestos de venta de periódicos y revistas, protegidos por el sindicato de los voceadores; entre los ilegales hay una gran gama de artículos, aunque suelen predominar los puestos de alimentos o comida. En general puede decirse que la gran mayoría de los vendedores o prestadores de servicios en vía pública están organizados, ya sea por alguna empresa –Telmex, periódico *Reforma,* un sindicato–, como en el caso de los voceadores, o por organizaciones específicas de cada agrupación de vendedores; son muy escasos los vendedores independientes y aislados, éstos tienen muy pocas probabilidades de sobrevivir ante el abuso de las autoridades o de las organizaciones que dominan la vía pública en donde se ubican o pretenden ubicarse. La relación de las organizaciones y los gobiernos delegacionales y de la ciudad es compleja, pero esta problemática la analizaremos en detalle utilizando como caso de estudio el Mercado 377, ubicado en el centro de Xochimilco.

Alrededor de los vendedores en vía pública hay una amplia red de corrupción de autoridades que extorsionan a los comerciantes y que crean un ambiente de absoluta ilegalidad y arbitrariedad.[29] De acuer-

---

[29] Una muestra de lo anterior es el reportaje de *La Jornada* publicado el 20 de marzo de 2007 que citamos en extenso: "En la amplia red de intereses económicos generados por el ambulantaje en esta capital, los inspectores de vía pública, policías locales y federales, así como funcionarios de Aduanas no son ajenos, e inclusive han sido un elemento fundamental para el crecimiento desmedido y anárquico de esta actividad.

"Los testimonios acerca de inspectores que pasan la *charola* a diario; de policías que extorsionan a líderes o ambulantes; de efectivos de la Agencia Federal de Investigaciones (AFI) que hacen ventas nocturnas de mercancía confiscada, o de funcionarios de Aduanas que ofrecen contenedores de productos de contrabando, son una constante entre dirigentes del comercio informal.

"Algunos vendedores informales recuerdan cómo hasta hace un año elementos de la AFI llegaban a las ocho de la noche a la esquina de Pino Suárez y San Jerónimo, a bordo de sus unidades oficiales o de camionetas negras sin placas, en las que llevaban diversos productos que ofrecían a los ambulantes, incluso mostraban catálogos de lo que podían entregar. 'Ahí ofrecían ropa, *chucherías,* de todo, y lo rematanban. Por ejemplo, los discos compactos nos los dejaban hasta en 30 centavos para que nos los lleváramos, y pues claro, era el botín de guerra de los *operativos* que realizaban en las bodegas del centro', precisa una de las líderes.

do con Carlos Bravo las condiciones mínimas para poder instalarse en la vía pública son las siguientes:

a] sobornar al controlador de la vía pública para que le permita ocupar esa parte, independientemente de que cuente con "permiso" o no para ocuparla; b] conocer a alguien que ejerza esa actividad para que le permita trabajar un tiempo con ella, que le preste mercancía hasta que se independice y lo conozca el controlador de vía pública que le permita vender… c] recurrir a un líder o representante para que éste, también a cambio de una cuota de representación, negocie y acuerde la tolerancia para el comerciante por parte de los controladores de la vía pública o cualquiera de los funcionarios de la delegación con facultades para acordar ese tipo de tolerancias: el jefe de la unidad departamental de vía pública, de la subdirección y/o dirección de gobierno o incluso el director general jurídico y de gobierno y el jefe delegacional. Esto mientras, hipotéticamente, se regulariza. […] Entonces la ocupación de bienes del dominio público pasa por el cumplimiento de la normatividad. Pasa por negociaciones, por acuerdos, que generalmente se hacen en contra de ésta. Pasan por la ilegalidad; por el establecimiento de redes de complicidad (Bravo, 2008: capítulo 1, p. 62).

El Mercado 377 está ubicado en una zona de mucho tráfico; la calle 16 de Septiembre es el paso obligado de los pueblos de la montaña y del oriente hacia Nativitas, Xaltocán, el camino que va a Tulyehualco, San Pablo Oztotepec, San Bartolo Xicomulco, etc., para llegar al centro. La calle Morelos es la que lleva la circulación en sentido opuesto.[30] La avenida Francisco I. Madero, que separa los dos mercados

"En el caso de los inspectores de vía pública, son juez y parte. Por un lado, deben vigilar que no se expanda el ambulantaje, pero por otro son los que por pagos de cinco a 10 mil pesos, ponen a nuevos vendedores en tal o cual calle del centro o de otra zona de la ciudad, y les cobran directamente su cuota, o bien contratan a *madrinas, meritorios* o familiares, por medio de los cuales pasan la *charola*, de 20 a 100 pesos diarios.

"Hay también los que en algún momento fueron inspectores pero que decidieron pasarse a las filas contrarias, quizá por las mayores ganancias que eso deja, tal como Jorge del Valle Díaz, quien ocupó dicho cargo, pero que hoy es líder de ambulantes de las calles de Soledad, Zapata, Santísima, Alhóndiga, Moneda y Guatemala, o bien José Luis Carrillo González, que controla gente en Uruguay. Se menciona entre los ambulantes a algunos inspectores que a pesar de ganar 3 mil, 4 mil pesos al mes tienen residencias, automóviles y varias mujeres, lo que ha sido posible gracias a su habilidad para comprar coordinadores y subdirectores de vía pública y garantizar con ello que no sean removidos de sus zonas. Incluso, a sus superiores llegan a darles hasta 20 mil pesos a la semana." •

[30] El transporte concesionado que va a esos lugares tiene sus bases en el centro de Xochimilco y para cruzar los 400 metros que lo separan de la avenida Prolongación División del Norte invierten aproximadamente treinta minutos.

(zona 44 y 377), corre de poniente a oriente. La calle Nezahualcóyotl, que debería circular en sentido opuesto, ésta totalmente bloqueada por los puestos fijos de la organización de Próspero Mercado. Los puestos son un problema serio para la circulación; aun cuando en las tres primeras calles son semifijos (se desmontan en las noches y se arman en las mañanas), invaden los estacionamientos, las aceras y en algunos casos parte del arrollo vehicular. Las organizaciones están entremezcladas en las calles, sólo Próspero Mercado monopoliza Nezahualcóyotl; en 16 de Septiembre conviven las organizaciones de Ana Franco, con locatarios del 377 que fueron autorizados por la delegación para salir y ubicarse en el estacionamiento; en las banquetas controlan Juan Álvarez y Rosa Jacinto. En Francisco I. Madero están Guillermina Martínez y Ricardo Ceballos. Finalmente, en Morelos hay vendedores de las organizaciones de Guillermina Martínez, Ricardo Ceballos y Pedro Flores. Los vendedores se intercalan, no ocupan bloques separados.

Los comerciantes que trabajan en el Mercado 377, adentro y afuera, en la vía pública circundante, no pueden ser diferenciados con los términos de formal e informal. Los que están adentro, 960 locatarios, son trabajadores independientes, no tienen patrón, ni contrato, ni servicios derivados de la ley laboral, pagan una renta al gobierno por el local concesionado, el cual no pueden vender o alquilar, aunque los puestos pueden ser trasladados con la autorización del gobierno. El mercado tiene algunos privilegios por ser popular: el Estado le proporciona gratuitamente la energía eléctrica y el agua que allí se consume, el gobierno se hace cargo de la manutención del edificio y de la administración del mercado.

Los de afuera, aproximadamente 600 comerciantes, están al margen de la ley, pero amparados por el decreto administrativo de 1998, que definió el proceso de reubicación y reordenamiento del comercio ambulante o en vía pública. Por ese ordenamiento fueron temporalmente reconocidos y obligados a pagar un derecho de piso cuyo recibo, expedido como depósito en una cuenta de cheques por el banco, es el documento más preciado, es su testimonio de legalidad, del derecho a vender sus productos en la vía pública. También son trabajadores por su cuenta.

Tanto los comerciantes de adentro del mercado como los de afuera son trabajadores por su cuenta, que están al margen del Seguro Social o del Instituto de Seguridad y Servicios Sociales de los Traba-

232 EL EJERCICIO DE LA CIUDADANÍA EN XOCHIMILCO

jadores del Estado, aunque pueden contar con los servicios de salud proporcionados por las secretarías de Salud federal y del Distrito Federal, pero carecen de las prestaciones de jubilación y de protección ante accidentes de trabajo. Junto al mercado hay una guardería infantil que fue creada para dar servicio a los locatarios; sin embargo, la delegación primero cobra por el servicio, que debe ser gratuito, y, segundo, la ha destinado a los hijos de los funcionarias o trabajadoras de la delegación o para recomendados. En ambos casos algunos vendedores tienen ayudantes muy mal pagados, sobreexplotados y sin ninguna protección laboral, así como familiares que no reciben remuneración.

Todos los vendedores tienen jornadas de trabajo extenuantes,[31] se levantan muy temprano, cuatro o cinco de la mañana, para preparar la mercancía o para ir a comprarla, llegan al puesto a las siete u ocho para prepararlo, limpiar y arreglar la mercancía, permanecen allí, vendiendo, preparando alimentos o esperando a la clientela, hasta la noche cuando los clientes ya escasean, entonces deben levantar la mercancía y en la mayoría de los casos trasladarla a una bodega o a sus casas, llegan a su hogar cerca de las diez de la noche; la gran mayoría trabaja los siete días de la semana. Durante la jornada muchos tienen dificultades para ir al baño, pues no confían en nadie para dejar el puesto, y deben recurrir a los parientes o amigos para que les hagan el favor. Las ganancias son muy difíciles de determinar, primero porque existe una fuerte reticencia para hablar de ellas, se piensa que Hacienda les puede cobrar impuestos; segundo, algunos vendedores no hacen cálculos complicados, sólo hablan de cuánto gastan y cuánto venden, si sale o no sale para la comida y las necesidades de la familia, no saben cuanto debería corresponder a su salario, al transporte, a la vigilancia, a las cuotas para la organización, a los pagos trimestrales por el derecho de piso; según la información recabada, las ganancias son muy diferentes; dependen del producto que se vende, del empuje del vendedor, de su visión de futuro, de su espíritu emprendedor.[32]

---

[31] El Mercado 377 tiene un horario de 8:00 a 22:00 horas. Entre los locatarios no existen turnos, un solo vendedor o vendedora cubre todo el horario.

[32] Podemos señalar dos ejemplos para evidenciar las distintas actitudes. Entrevistamos una vendedora, de mayor edad, que lleva vendiendo más de 20 años, que se coloca adentro, en los pasillos, ofrece nopales y gana 300 pesos a la semana, trabaja tres horas durante cuatro días, se va temprano debido a que tiene que dar de comer a su familia. Ella hace lo mismo siempre, compra los nopales en Milpa Alta, de donde es originaria, los limpia y en pequeñas cantidades los lleva a vender. Otro vendedor, Herbert López

De acuerdo con las cuentas de algunos entrevistados el costo de trasladarse de su casa al mercado, de comer, de pagar por el uso del baño, más las cuotas al líder, significa aproximadamente 100 pesos diarios.

Los trabajadores de adentro y de afuera del mercado venden el mismo tipo de mercancías, verduras, legumbres, semillas, comida, artículos para la cocina, jarciería,[33] artesanías, ropa. Nadie vende productos ilegales o de contrabando.[34] Otro elemento en común es que en su mayoría los comerciantes son originarios de Xochimilco y, refrendando lo dicho arriba, casi todos tienen una gran antigüedad, incluso mayor a la del propio mercado, y varios ya recibieron el puesto de alguno de sus parientes; no se trata de un fenómeno social nuevo.

Otra semejanza importante entre los vendedores es su participación activa y decidida en las tradiciones cívico-religiosas de Xochimilco y de sus pueblos o barrios; todos están identificados con sus patrones o patronas y se involucran en las mayordomías, en la preparación y realización de las fiestas. Ya hablamos en el apartado anterior acerca de la fiesta de la Virgen de los Dolores y del día en el cual los vendedores del mercado hacen su procesión, llevan portada y rezan su misa a la Virgen. Esta actividad está claramente diferenciada de sus actividades, organizaciones y problemas como vendedores; algunos entrevistados se desmarcaron de estas tradiciones afirmando que no participaban porque se pedía mucho dinero.

Finalmente, cabe destacar que algo que también comparten es la delincuencia, que existe tanto adentro como afuera; se habla de cinco a 10 robos por día. Los vendedores conocen a los rateros, a los cadeneros –entre 20 y 25, que se mueven en grupos– pero no pueden hacer nada. Algunos explicaron con detalle cómo operan, pero están intimidados. Una vendedora nos contó que en una ocasión una cliente llevaba en el cuello una medalla con su cadena de oro; la estaban siguiendo y ella alertó a la señora para que se cuidara, pero aun así

Ortega, en la vía pública (esquina de Madero y 16 de Septiembre), joven, vende camisetas de variados tipos, trabaja siempre y busca mejores proveedores, los diseños de moda, y logra ingresos entre 1 200 y 1 800 por día. Él hace sus cuentas muy detalladas y tiene el objetivo de poner su máquina para estampar las camisetas. Ya ha viajado a California, Estados Unidos, y tiene un claro espíritu emprendedor.

[33] Este tipo de producto está prohibido en el Reglamento, art. 46, inciso 1.

[34] En calles cercanas, frente a la delegación y en el paradero de los autobuses urbanos hay puestos en donde se venden CD y DVD piratas, ropa (de paca) y calzado usado, pero no los hay en las inmediaciones del mercado. En el perímetro hay dos puestos de CD.

la asaltaron; uno de los rateros regresó y le dijo a la vendedora que la próxima vez que se metiera donde no debía la iban a "picar".

A pesar de sus similitudes hay grandes diferencias entre los comerciantes de adentro del mercado y los de afuera.

Los vendedores de afuera sufren las inclemencias del tiempo, la contaminación del aire y auditiva causada por la gran cantidad de vehículos que transitan cerca de sus puestos, la incomodidad del espacio y la falta de servicios, en especial del agua, que tienen que pedir o acarrear de una llave común, en general se roban la energía eléctrica, los baños están en el interior del mercado y todos deben pagar por su uso. Al retirarse deben recoger su mercancía y trasladarla a alguna bodega; unos cuantos se arriesgan a dejarla dentro del puesto, al cuidado de vigilantes privados que son pagados entre todos.

Los vendedores de adentro del mercado tienen certidumbre, seguridad sobre la posesión de su puesto; si por alguna razón faltan a su trabajo o quieren tomar unos días de descanso, simplemente cierran su local; en cambio los vendedores de la calle, a pesar de contar con un permiso y pagar su derecho de piso,[35] siempre están en la incertidumbre, bajo el riesgo de que el gobierno decida retirarlos, reubicarlos, pierdan su lugar o los cambien a otro donde las ventas sean menores. Igualmente, si un día faltan a su lugar éste puede ser ocupado por otro vendedor; nadie, salvo los líderes y sus protegidos tiene la certeza de que no perderá su lugar.

Los comerciantes del mercado cuentan con la legitimidad de su ocupación frente al conjunto de la población, nadie los critica por su trabajo, por estar en el mercado; en cambio, los comerciantes en la vía pública son estigmatizados por todos los otros grupos de la sociedad; se les acusa de competencia desleal al comercio establecido, de no pagar impuestos, de fomentar la ilegalidad, de "cochinos", de invadir la vía pública causando molestias al tránsito de personas y de vehículos, de ocupar con sus puestos los accesos destinados para guardar los coches de los vecinos, de favorecer a la delincuencia, incluso de proteger a los ladrones, cadeneros, o a los vendedores de droga, los mismos que les compran sus mercancías piden que sean retirados, que se supriman sus "derechos".

En estas diferencias subyace el hecho de que los vendedores en la vía pública, al violar el derecho de vender en lugares prohibidos,

---

[35] El derecho de piso es de 400 a 500 pesos para los puestos semifijos y de 1 100 a 1 180 para los fijos. Del pago están exentas las madres solteras, los ancianos, los discapacitados y los pertenecientes a grupos étnicos.

aun cuando cuenten con permisos temporales, están modificando el espacio público, imponiendo sus intereses particulares a los intereses públicos, negando el derecho de otros ciudadanos, además dificultan, cuando no impiden, que el gobierno pueda garantizar el disfrute de esos derechos.

Las relaciones con los vecinos son casi inexistentes pues en las zonas invadidas por los comerciantes ya no hay casas o departamentos-habitación; los antiguos vecinos decidieron en su gran mayoría abandonar un lugar que se volvió inhóspito: las banquetas y parte del arroyo vehicular fueron invadidos; el paso de transporte público se hizo cada vez más frecuente; el ruido, la inseguridad dificultaron caminar por allí y descansar dentro del hogar. La presencia de los vendedores en la vía pública y la incapacidad de las autoridades de garantizar sus derechos los expulsaron de su lugar de residencia.[36]

Su presencia dificulta el tránsito del transporte público y privado e incrementa el tiempo que debe gastarse para librar las calles invadidas. La delegación ha realizado algunos programas para mejorar esta situación, como obligar a los vendedores a no invadir la calle y a limitarse al espacio ofrecido por las banquetas; ha prohibido la disposición de dobles o triples filas de puestos, es decir medidas paliativas, pero definitivamente insuficientes para resolver el problema y para garantizar el derecho al goce del espacio público que todo ciudadano debe tener.

La relación más difícil se da entre los vendedores de afuera y los de adentro del mercado. Al vender el mismo tipo de mercancías los de afuera, que no pagan impuestos, pueden ofrecer sus productos más baratos; pero sobre todo a los transeúntes, posibles compradores, les es más cómodo comprar en la vía pública que entrar en el mercado, tarea nada fácil por la red de puestos en la calle, perderán tiempo y encontrarán más caros los productos de calidad similar; además la pérdida de los estacionamientos para el público alejó a los comprado-

---

[36] Las relaciones con los vecinos son variadas y complejas; por ejemplo, cuando hace ya 25 años se instalaron los primeros puestos, algunos de los vecinos aprovecharon e instalaron también sus puestos, por lo cual su propia sobrevivencia pasó a depender del buen funcionamiento del conjunto. En otros casos, desde un inicio lograron acuerdos para guardar sus automóviles después de terminado el día de trabajo. Sin embargo, como el comercio en vía pública se ha ampliado a otras calles, el problema se repite y, una vez más, los derechos de los ciudadanos no son garantizados; algunos entrevistados nos hablaron de vecinos que habían interpuesto amparos contra su presencia y la tolerancia de las autoridades, pero que nunca tuvieron éxito.

res que venían en sus automóviles. La competencia de los de afuera provocó que las ventas de los vendedores establecidos en el mercado cayeran drásticamente, muchos han cerrado sus puestos o los rentan como bodegas, otros han reciclado sus actividades.

La protesta de los comerciantes del mercado y su exigencia para que los de afuera sean retirados ha sido inútil, la justicia simplemente no funciona. Ante esta situación los vendedores de adentro se han salido a vender en la calle, con la ventaja de que mantienen el puesto de adentro, con todos sus servicios, y además lo utilizan como bodega para guardar sus productos por la noche; desde luego para poder estar afuera cuentan con el beneplácito de las autoridades y la tolerancia de los líderes de afuera. Este hecho es considerado por la mayoría de los vendedores de afuera que entrevistamos como ilegal, como indebido: "nosotros tenemos nuestro recibo de pago en el banco, ellos no tienen nada, no tienen derecho a estar aquí". Otro vendedor señaló que los de adentro, los locatarios, vendían sus puestos y que eso era ilegal pues éstos son propiedad del gobierno, que además acaparaban los puestos y que el delegado Soto los protegía (entrevista con Javier Gutiérrez).

Los vendedores de adentro que se salieron a la calle son liderados por Ana Franco, la representante de los locatarios que venden alimentos, y que se caracterizó por su lucha contra los vendedores de vía pública, especialmente los que representa Próspero Mercado, ya que venden los mismos productos que se expenden adentro; finalmente no logró su cometido pero sí consiguió la autorización para que 100 locatarios pudiesen vender afuera. Su presencia viola el Reglamento de Mercados que prohíbe a los locatarios instalarse fuera de sus puestos. Desde luego esos vendedores no están protegidos por el Programa de Reordenamiento.[37]

Esta demanda de los vendedores de afuera para que se respeten las reglas que permiten su presencia, aunque sean temporales, no es extraña, es parte de su reproducción. El mayor enemigo de los vende-

---

[37] En entrevista, la señora Anabel Solares, locataria que vende chiles, y también con un puesto afuera, nos dijo: "Pues no, normalmente no salimos pero si vendo adentro es por el crédito que ya tengo desde hace muchos años, y afuera normalmente viene mucha gente y se pone y tratamos de mantener todo limpio, pero nunca está limpio, entonces pedimos nuestros permisos para las salidas de festividades y ya no nos las quieren dar y es cuando viene más gente, entonces adentro no entra la gente, si tú puedes pasar adentro verás que está solo, yo adentro vendo gracias a que tengo clientes de afuera..."

dores de vía pública, en especial de los que estudiamos en el Mercado 377, es el libre mercado, la competencia, la instalación indiscriminada de más vendedores de las mismas mercancías; las ventas bajan y la posibilidad de sobrevivir también. Las organizaciones pugnan para que se limiten los permisos que entrega la delegación, buscan imponer barreras de entrada a nuevos competidores, aunque para los líderes cada nuevo vendedor equivale a una cuota de 10 o 20 pesos diarios. Son ilegales (o precariamente legales) que luchan por una legalidad que los proteja para seguir siendo ilegales. Buscan crear un orden social donde sus intereses sean reconocidos y respetados. Es ésta una disputa por la redefinición del espacio público, su privatización para beneficio de los vendedores en la vía pública.

Otra diferencia es la organización; los de afuera están organizados salvo contadas excepciones de algunos antiguos vendedores que acabaron renunciando. Más adelante profundizaremos en este punto. Se supone que los de adentro deben tener un representante por el tipo de producto que venden; sin embargo, sólo conocimos a dos: Juana Franco, vendedora de quesadillas, y Roberto Altamirano, vendedor de flores; los demás no cuentan con representante. Además, la agrupación sólo atiende asuntos internos del mercado y la relación con el administrador; los locatarios no cuentan con una organización que los represente ante las autoridades de la delegación o de la justicia, su relación es individual y por ello más débil que la que tienen los de la vía pública.

4.3.2. *Las organizaciones de los vendedores*

Los comerciantes establecidos en el interior del Mercado 377 cuentan con un administrador que se encarga del funcionamiento del establecimiento: vigila que los vendedores cumplan con el reglamento, mantengan limpios sus puestos y pasillos, guarden el orden, y los servicios funcionen. El administrador –en sus palabras– no representa a los vendedores, sino a la autoridad y está allí para hacer cumplir el reglamento. Los problemas que sufren los vendedores por la competencia desleal de los que ocupan la vía pública no es de su incumbencia, él dice que ese problema corresponde a los inspectores de vía pública, tampoco defiende sus intereses ante las autoridades de la delegación, es una persona inútil para tal fin. El edificio del Mercado 377 está en pésimas condiciones de conservación: el agua se filtra por el techo, el piso que se cambió hace dos años, pagado en parte por los locatarios, no quedó bien, el drenaje no funciona correctamente y las ratas viven en los tubos que quedaron sin conexión con el resto del drenaje.

El representante es un burócrata con baja calificación profesional que tiene una imagen muy limitada del mercado, no lo ve como una institución que deba desarrollarse como tal, donde la parte fundamental son los vendedores y su éxito, que prestan un servicio a la población para garantizar una ganancia que les permita acumular en lo individual y mantener al mercado en pleno funcionamiento; por el contrario, se asume como capataz y ve a los comerciantes como enemigos a los que hay que controlar.

En la parte sur del mercado, sobre la calle Morelos, había un amplio estacionamiento que era ocupado por los vendedores de plantas y flores; en ese lugar la delegación construyó un edificio de dos pisos: la parte baja se ocuparía como estacionamiento público y en la parte alta se instalarían a los vendedores de plantas. El predio está abandonado y sirve de basurero y criadero de ratas. El administrador asegura que todo está listo para que funcione, pero no es así; según información de la delegación hay problemas con los planteros, los que fueron reubicados en los parques del deportivo Xochimilco –avenida Prolongación División del Norte– a unas cuatro cuadras del mercado, y que ahora no aceptan dejar ese espacio en el deportivo y además quieren el nuevo en la planta alta del edificio. La negociación tiene entrampadas a las autoridades delegacionales: terreno cedido provisionalmente a los vendedores es un terreno perdido para la delegación.[38]

Entre los vendedores de afuera había siete organizaciones registradas;[39] se pueden distinguir dos tipos diferentes: las que provenían del régimen anterior (PRI) y las que se fortalecen después de 1997, cuando el PRD asume el gobierno de la delegación. Entre las

[38] El subdirector de Transporte de la delegación comentaba que cuando retiraban una base de transporte ilegal o tolerado, de los taxis de la montaña, las banquetas eran inmediatamente ocupadas por vendedores ambulantes. Hay una lucha permanente por los espacios.

[39] Las organizaciones son: Coalición de Comerciantes del Sureste del D.F., Xochimilco 23, Central de Comerciantes del Sureste A.C., Organización Milenio Comerciantes Fijos, Semifijos y Tianguis, Concentraciones en el D.F., A.C., Organización Benito Juárez, A.C., Organización Tianguitli, A.C.; Agrupación de Comerciantes Semifijos Agricultores, Xochimilco, Milpa Alta, A.C.

primeras sobresalen las de Teresa Alquicira, Organización de Comerciantes, Temporaleros Semifijos Benito Juárez, A.C. del Distrito Federal, con 18 años de existencia, y la de Guillermina Martínez Gutiérrez, Coalición de Comerciantes del Sureste del D.F., con 25 años de antigüedad; ambas actúan en Xochimilco y en otras delegaciones. En el caso de Guillermina Martínez, desde el principio se alineó con el PRD y ejerció clientelarmente como el resto de los líderes. En la organización de la señora Alquicira no se cobran cuotas a los afiliados; antiguamente los ingresos se obtenían de concesiones que otorgaba el PRI, como la concesión de los baños públicos instalados en el mercado o en los mercados, ya que aquel partido controlaba varios, y disponer de los ingresos derivados; la llegada del PRD supuso retirar esas rentas y poner trabas a su organización.[40]

En efecto, desde el arribo del PRD al gobierno de la delegación se inició una fuerte presión para que las organizaciones dejaran al PRI y militaran en el PRD. El decreto de reordenamiento de 1998, que facultaba a las autoridades a reconocer o desconocer a los vendedores, fue una herramienta fundamental para ejercer presión y obligar a los líderes a convertirse en un eslabón de la cadena del clientelismo perredista. La última líder que se mantuvo fiel al PRI, incluso candidata al puesto de delegado de Xochimilco en este año (2006), Teresa Alquicira, abandonó el PRI y se cambió al PRD; según su testimonio era imposible sobrevivir como líder popular fuera del partido del sol azteca.[41]

Las organizaciones de creación más reciente, todas formadas durante los gobiernos perredistas, han competido con las anteriores desplazándolas gracias al apoyo de las autoridades; organizaciones como la de Próspero Mercado (Organización Milenio comerciantes Fijos, Semifijos y Tianguis, concentraciones en el D.F., A.C.) o la de Juan Álvarez López (Agrupación de Comerciantes Semifijos, Agricultores

---

[40] La señora Alquicira comentó: "...el problema más grande al que yo me he enfrentado es que no soy del mismo partido de la gente de la delegación, entonces he sido atacada con saña, porque me han invitado a pasarme y yo no he aceptado, porque mis principios no son de andar de aquí para allá o a donde me convenga [...] se me ha bloqueado en todo, en todo, y me ponen gente a que me ataque, gente en contra de mí, y me quieren quitar..." (entrevista con Teresa Alquicira).

[41] En su cambio al PRD negoció que se le otorgaran 100 permisos adicionales a los que tenía, su gente nunca había entrado al Programa de Reordenamiento. Este acuerdo ha sido un obstáculo para avanzar en la solución del problema ya que los demás líderes una vez enterados exigieron del delegado el mismo trato.

Xochimilco, Milpa Alta, A.C.) compiten en número de afiliados con las más antigua. Cobran cuotas que oscilan entre 10 y 20 pesos diarios a cada comerciante y aunque sus líderes afirman no pertenecer a ningún partido están estrechamente relacionadas con las autoridades de la delegación y con alguna corriente del PRD.

Todas las organizaciones son constituidas como asociaciones civiles, cuentan con una personalidad jurídica, pero apenas son reconocidas *de facto* por las autoridades como intermediarias para negociar, poner orden en el mercado en su conjunto y asegurar el control político.

Las organizaciones, sin excepción, son verticales y autoritarias, cobran cuotas a los vendedores afiliados, los cuales no participan de la vida interna salvo cuando son llamados por los líderes para apoyar algún acto perredista o para luchar contra los "operativos" de la delegación que pretende un desalojo o alguna medida represiva contra los vendedores. La definición más clara de la relación entre los líderes y los miembros nos la proporcionó Próspero Mercado: cuando se le preguntó acerca de cómo se tomaban las decisiones en la organización respondió: "como buen líder yo estoy dando una visión amplia, no cerrada, y cuando se toma una decisión la debe tomar el líder, no la gente"; a continuación se le preguntó cómo participaba la gente, a lo cual respondió: "participan en ciertas cosas nada más, porque si los metes al primer punto que me dijiste antes (se refiere a tomar la decisión), este, no se cumplen las cosas que tú quieres ¿no?, hay gente que si tú le pides una opinión de trabajo te la echan pa'trás, entonces a la gente lo que le interesa es el trabajo, no el estar viniendo..." (entrevista con Próspero Mercado).

En general los líderes se definen como benefactores de las bases, como gente que se sacrifica por el bien de los demás; hay un discurso "público", aquel que todos aceptan, políticamente correcto; de la misma manera los vendedores que forman parte de la organización no suelen hablar mal de sus líderes, ni de las cuotas que deben pagar. En general el discurso "privado", aquel que refleja lo que el entrevistado realmente piensa pero que no se puede decir en cualquier parte, lo obtuvimos de gente que se había cambiado de organización, o de funcionarios subalternos que estaban descontentos con su situación. Entre los vendedores también se observa esta diferencia; por ejemplo, los agremiados de Próspero Mercado insistían en que ellos no le pagaban cuotas; sin embargo, los demás decían que era el que más cobraba (entre 30 y 40 pesos diarios). De la misma manera no suelen

expresar sus críticas a las organizaciones y los líderes, sólo los independientes o aquellos que se cambiaron de organización expresan su
sentir "privado".[42]

Es significativo comparar los resultados de las entrevistas del presidente, Juan Álvarez López, y del secretario, Arturo González, de la
organización Agrupación de Comerciantes Semifijos, Agricultores
Xochimilco Milpa Alta, A.C. Contrasta el discurso con fuerte énfasis
legal, o mejor dicho, legaloide, del primero, con el discurso de denuncia de autoritarismo, de abuso del poder, de rechazo a la participación que éste ejerce sobre las bases. En el primero hay un intento
de afirmar la vigencia del Estado de derecho al argumentar que por
medio de las leyes y acudiendo a los tribunales es posible resolver
favorablemente los problemas de los vendedores en vía pública; en
esa visión, las autoridades son siempre evaluadas como si operasen
apegadas al derecho.[43] El derecho le brinda por una parte una forma
de diferenciarse de la base, y de los demás líderes ("hay que estudiar
y conocer las leyes") o, en boca del secretario: "Él estudia y sabe mu-

[42] Solín, vendedor en vía pública, originario de Oaxaca, vendedor de fruta de temporada, que fue expulsado de la zona donde se vendían plantas por la construcción del
nuevo edificio para los planteros, se apuntó por ello al Programa de Reordenamiento
y gracias a ello puede permanecer al margen de las organizaciones; nos dijo: "...el
representante se puede decir así pero nada más es para mantenerlo tú mismo, porque
aparte de que pagas tu lugar en la delegación, el permiso que tienes, a ellos les tienes
que pagar entre 30 y 50 pesos diarios, y ellos se quedan con eso, por eso yo estoy solo";
más adelante comentó: "si la mayoría de los líderes son corruptos, cuando hay broncas
se esconden, no han estado presentes y eso es lo que no me late, que nunca te van a
defender y eso que se supone que los líderes son tu defensa..." Tampoco se identifica
con las autoridades y concluye: "de entrada no confíes en nadie, porque ahora sí que
no es bueno confiar".

[43] El siguiente trecho de la entrevista nos da una imagen de ese discurso: "[La organi-
zación] oficialmente fue fundada en 1997, eh, nos decidimos a llevar a cabo una organización, porque pues veíamos las injusticias, que individualmente no podíamos avanzar, o realizar nuestra actividad de comerciantes en vía pública, pero ya gracias con la organización
interpusimos amparos federales, ya en la calle Nezahualcóyotl es donde ya logramos un amparo federal y posteriormente interpusimos otro amparo en el Tribunal de lo Contencioso
Administrativo y gracias a ese juicio de nulidad quedó obligada la autoridad para respetar
nuestros derechos legales y por esa resolución tenemos ahorita los permisos del Programa
de Reordenamiento". A continuación agrega otra parte en la cual muestra lo limitado de su
pretendido respeto a sus derechos "donde [se refiere al Programa de Reordenamiento] no
estamos de acuerdo que nos quitaran a nosotros y pusieran a otros comerciantes en donde
nos sentimos pues no cabal con la autoridad, pero en fin aceptamos también el criterio de
la autoridad, sus compromisos dentro de la sociología (sic), porque no somos los únicos
necesitados, hay mucha gente no asalariada y entendemos que pues sí efectivamente hay
seres humanos también necesitados como nosotros" (entrevistas con Juan Álvarez).

cho", y por otra parte le da un disfraz que le permite exhibir una imagen moderna.

En el discurso del secretario sólo encontramos simulación; es decir que el puesto de secretario no pasa de ser una apariencia: él nada sabe de las negociaciones, ni conoce a las autoridades, ni las puede evaluar, el presidente lo hace todo;[44] tener un cargo –segundo en importancia– no ha evitado que lo muevan y que le dejen en lugares en donde las ventas sean menores; mientras el líder favorece a sus familiares, él con dificultad conserva su lugar de trabajo.

Quizá se puede asumir, como prueba de lo dicho por el secretario, el hecho de que una buena parte de los afiliados –más de la mitad– de esta organización decidió seguir a Próspero Mercado, afirmando que ya no aguantaban más los abusos del presidente.

En la organización el puesto del líder es el que realmente cuenta; el contacto personal con las autoridades es lo que genera el poder sobre las bases y el control sobre éstas lo que torna efectivo el contacto o negociación con las autoridades.

El discurso sobre la legalidad está presente en varios de los líderes entrevistados; en el caso de Teresa Alquicira, priista, ésta desempeña su trabajo dentro del Reglamento de Mercados que permite la venta en temporaleros.[45] En el caso de Próspero Mercado, el amparo que ganó en un juicio permite a los comerciantes continuar vendiendo en la calle.[46] Para la mayoría, el Programa de Reordenamiento les

[44] El señor Arturo González, secretario de la Agrupación, cuando se le preguntó cómo era su relación con las autoridades de la delegación, contestó: "Yo casi no voy, señorita, le vuelvo a repetir este señor me tiene ahí como representante, como secretario general, pero nunca me manda con las autoridades, él se encarga de todo. O sea que ese señor acostumbra tener a la gente nomás así como para mandarla como carne de cañón por delante para obtener firmas, ya consiguiendo todo ya no llama", y cuando se le preguntó: ¿Como líder, cumple usted con sus obligaciones?, afirmó: "Pues no me las dan a conocer mis representantes, yo no sé qué obligaciones tengo, yo nunca he sido político, si me metí en esto fue porque me dejaron trabajar, haga de cuenta que estábamos en una reunión y nos dijeron: 'ustedes van a ser secretario general, que tú eres vocal', total, cumplir con el papeleo para hacer la agrupación y eso, hay unos señores que están y ya no están con nosotros, nunca se presentan para nada".

[45] Su versión puede ser correcta respecto de los vendedores que venden en el Foro, pero no para sus representados en el Mercado Zona 44, que son la mayoría, ni tampoco los aproximadamente 50 que se ubican en la explanada del nuevo edificio de la delegación, los cuales venden puros productos piratas, CD, DVD. Como ya señalamos antes, ninguno de sus afiliados estaba inscrito en el Programa de Reordenamiento, lo que significa que no pagaban cuota a la delegación.

[46] Es significativo que en el juicio de amparo que ganaron los comerciantes en vía pú-

otorgó reconocimiento, y la inclusión en un padrón de vendedores, por el cual deben pagar el derecho de suelo,[47] lo que los exime del estatus de ilegales. La ampliación de ese padrón, la inclusión de nuevos vendedores, depende de las negociaciones, de la cercanía de los líderes con las autoridades. De alguna manera todos se incluyen en la legalidad, pero los líderes cancelan el principio de legitimidad de la organización, que defiende el derecho de los afiliados y la labor de los vendedores. Es, sin duda, una lucha por la inclusión social y jurídica. Inclusión que, debemos repetir, modifica la definición del espacio público y altera los derechos de otros ciudadanos. El discurso de legalidad de los líderes muestra con claridad la ambigüedad que produce la permanente excepción en la aplicación del derecho y la habilidad de los agentes para moverse en ella.

En realidad y pese a los amparos y al propio programa la ilegalidad persiste y la situación es resuelta por la negociación. En el caso de Próspero Mercado su amparo protegía a 40 vendedores en puestos semifijos, al convertirlos en fijos contravino lo dispuesto y entró en la ilegalidad. Además el amparo debe renovarse trimestralmente y quienes no cubran sus cuotas quedan fuera de su protección. Lo mismo sucede con los inscritos en el Programa de Reordenamiento entre los cuales hay vendedores que adeudan varias cuotas. La conciencia de la legalidad es muy endeble, es más una postura discursiva que una realidad jurídica.

La convivencia entre las organizaciones es compleja; en general los líderes dicen llevarse bien entre ellos; sin embargo, en las propias crónicas de cómo se crearon las distintas agrupaciones vemos que hay un sinnúmero de conflictos y de roces entre los miembros de las distintas organizaciones. El indicador más claro de estos conflictos es que

blica, la delegación no se presentó en las audiencias. La delegación tampoco respondió al escrito de Próspero Mercado solicitando la incorporación de sus afiliados al Programa de Reordenamiento; con esa omisión el líder alegó, en una demanda ante el Tribunal de lo Contencioso Administrativo, que faltaba la respuesta, por lo cual se le concedió que la delegación incorporara a los 40 vendedores que había incluidos en la lista; al final con varias artimañas incluyó a 98 vendedores. La no presencia de la delegación, además de la obvia irresponsabilidad, puede ser una forma de negociar, de conceder de manera irregular, fraudulenta, los permisos. El caso es grave pues dichos vendedores cierran totalmente la calle Nezahualcóyotl y convierten los puestos semifijos en fijos, con lo cual el amparo ya no tendría efecto, ya que se refiere a puestos semifijos.

[47] Cabe recordar que el ingeniero Cárdenas eximió de ese pago a las madres solteras, a los ancianos y a los discapacitados. Esa condición social es utilizada por los líderes para solicitar nuevas plazas.

varios de los líderes afirmaron que su organización había sido creada gracias al descontento de los miembros de otras organizaciones por el abuso de los dirigentes o porque sus problemas no se solucionaban. También hay evidencia de que entre las nuevas organizaciones, en la medida en que los vendedores de las distintas organizaciones se han entremezclado, hay roces, robos e incluso agresiones físicas; existe competencia por el control de un mayor número de puestos dado que esto garantiza más ingresos al líder y mayor poder de negociación. Estos conflictos entre las organizaciones, sumados a los problemas internos en cada una de ellas, además de la inconformidad de las bases con los abusos de los dirigentes o con la falta de resultados (por ejemplo, contener a los inspectores de vía pública), provocan que el número de afiliados de cada organización se modifique. A pesar de ello no pudimos encontrar que alguna hubiese desaparecido.

Las organizaciones sólo se han unido ante los conflictos con la autoridad, con los intentos de desalojo, los cuales no han sido muy frecuentes. Nosotros pudimos identificar dos grandes eventos: uno en 1999, durante el periodo de Estefanía Chávez. Ese conflicto, comandado desde el gobierno por Francisco Garduño, subdelegado jurídico y de gobierno, dio lugar al juicio que a la postre les daría a los vendedores el amparo para continuar con sus actividades; el líder más visible entre los vendedores fue el señor Próspero Mercado. El segundo conflicto en que se usó la fuerza pública para el desalojo ocurrió en marzo de 2004. En ambos casos los desalojos fueron revertidos, pero sirvieron a las autoridades para negociar algunos arreglos, como recorrer los puestos, no invadir el arroyo vehicular, no amarrar cuerdas en los edificios, homogeneizar el color de los toldos, etcétera.

4.3.3. *Los vendedores en la vía pública y la reproducción del clientelismo*

Toda la dinámica de los vendedores en la vía pública sería incomprensible sin la participación de las autoridades de la delegación y del gobierno del Distrito Federal. En el tercer capítulo vimos cómo la mala distribución de las funciones de gobierno entre los dos niveles genera una debilidad en la delegación. Los conflictos antes referidos nos dan una muestra de ello: para realizar el desalojo de los vendedores de una calle se necesitó del concurso de la fuerza policiaca de choque –los llamados granaderos–; en ambos casos éstos participaron, pero no permanecieron, no dieron apoyo a las fuerzas de la delegación y a sus funcionarios para impedir la agresión de los comerciantes, ni tampoco su nueva instalación en la vía pública; en ambos casos la autoridad local se debilitó y los líderes de las organizaciones se fortalecieron. La falta de autonomía (digamos municipal) de las delegaciones les resta capacidad de gobierno y legitimidad en sus funciones; sería muy diferente si la decisión de reordenar el comercio en la vía pública fuese avalada por un cabildo y reforzada por un sistema judicial local, por un Ministerio Público que dependiera del municipio y no del gobierno central; el hecho de que la decisión sea tomada por el delegado o por alguno de sus funcionarios siempre será percibido como arbitrario.

En ambos conflictos también se observa que las negociaciones posteriores reforzaron a los vendedores y sólo permitieron algunos arreglos menores en su reordenamiento. En el actual gobierno delegacional de Uriel González Monzón, que asumió después del último conflicto, se habla de una alianza del delegado con algunos de los líderes, especialmente con Próspero Mercado. El crecimiento de los puestos en la calle Nezahualcóyotl, que se extiende hacia las calles aledañas, es una evidencia de que la organización del señor Mercado está siendo protegida y favorecida. Asimismo, se ha visto la expansión en la delegación de puestos de venta de productos tradicionales, principalmente de comida, pero también de productos ilegales, piratería, ropa de paca y narcomenudeo.

A pesar de la debilidad del delegado la capacidad del gobierno para amenazar a los vendedores es amplia. Por una parte, están los inspectores de vía pública que pueden extorsionar a los vendedores si éstos no están protegidos por sus líderes y sus acuerdos con las autoridades; también pueden ser afectados por las reubicaciones, realizadas con múltiples pretextos, como arreglar las banquetas o reducir su tamaño para aumentar el del arroyo vehicular. Estos recursos, por supuesto, son inútiles para combatir a los vendedores de piratería y narcóticos, que son responsabilidad federal; sin embargo, funcionan para amedrentar a los vendedores de mercancías comunes.

Como ya vimos, con la llegada del PRD al gobierno delegacional, primero por designación del ingeniero Cárdenas de Estefanía Chávez y los siguientes delegados por elección directa, se inició una persecución en contra de las organizaciones pertenecientes al derrotado PRI, y se destruyó cualquier asomo de pluralidad –ésta sólo existe en las corrientes del partido del sol azteca–. La pertenencia a una corriente o las relaciones e intercambios indispensables, posibilitan a los líderes de las organizaciones estar a salvo de las amenazas de los funcionarios de la delegación. La eficacia de las organizaciones depende de esas relaciones, y la protección que les retiran debe ser repensada organizando y disciplinando a las bases como clientelas electorales.[48]

Las relaciones de los vendedores, como las de cualquier ciudadano, con las autoridades delegacionales son improductivas; los trámites, son muy lentos y complicados, muchas veces dependen del humor del funcionario y burócrata. En general todos los entrevistados, salvo la mayoría de los líderes, se refirieron de forma muy negativa al gobierno de la delegación, así como a los policías y al Ministerio Público; los vendedores son ciudadanos ineficientes ante la autoridad, maltratados, no escuchados ni tomados en cuenta. En el caso de las organizaciones la relación es diferente, siempre y cuando las relaciones del líder con los funcionarios o con los jefes del partido sean buenas, de lo contrario sufrirán el mismo trato que los ciudadanos.[49]

La ineficacia del gobierno de la delegación, la falta de una administración racional, de un sistema de servidores públicos de carrera, la absoluta opacidad de todo lo que se hace en el gobierno delegacional, de cómo se toman las decisiones, la incertidumbre en el desempeño de los funcionarios o burócratas, por ejemplo los inspectores de

[48] En la actualidad la relación entre las organizaciones de los vendedores en vía pública, el PRD y el gobierno de la delegación es muy obvia. El secretario general del PRD en Xochimilco, Javier Orduña, es el líder de los vendedores en vía pública organizados en la Unión de Comerciantes Acatonalli, A.C. En cambio del apoyo recibido en su campaña para delegado, Uriel González les concedió un aumento de 100% de su padrón de vendedores, con lo cual echó por la borda la posibilidad de efectuar la reubicación en las plazas destinadas para ello. Lo mismo sucede con los líderes de los taxis de la montaña: Uriel González nombró a Marcos Torres Bahena, líder de escasa representación en Santiago Tepalcatlalpan, como jefe de la Unidad departamental de vía pública, y a Froilán Ariel Barrera Medina como jefe de la Unidad departamental de alumbrado público

[49] En la entrevista realizada a la líder Rosa Jacinto, presidenta de la Organización Tianguistli, A.C., cuando se le preguntó si su organización tenía relación con algún partido político, contestó: "Mira, ahorita sí, eh, la verdad estamos apoyando porque a la mejor nunca me ha gustado, eh (se hizo la pregunta que con qué partido y ella contestó: lo dejamos así), pero, mira, yo siempre he dicho: 'no me interesa si es el PAN, PRI o esto, yo lo que quiero definitivamente es que a mí me den respuesta para mis gentes, y tú sabes muy bien que mientras esté quien esté en el poder tienes que entrarle porque ya tuve yo la experiencia, entonces ya no quiero tener enfrentamientos, ni quiero que me golpeen, ni quiero que golpeen a mi gente ...'"

vía pública, todo ello genera en los vendedores (como en la mayoría de los ciudadanos) un rechazo de la política y de los políticos, incluso miedo de tener que enfrentarse con ellos, pero al mismo tiempo saben que tienen que entrar en el juego del clientelismo, del intercambio de favores, de la corrupción para que los trámites fluyan y los asuntos se resuelvan o, como dice Rosa Jacinto, "para que ya no te golpeen".

La actuación del gobierno refleja con claridad cómo la institución pública ha sido privatizada por los funcionarios del PRD, cómo la utilizan para sus fines personales y para garantizar la permanencia del partido en el poder. No hay una gestión pública de lo público, hay un arreglo privado que destruye lo público. Así, la privatización del espacio público por los vendedores que se apropian de banquetas y calles y que podría ser solucionada por políticas públicas incluyentes y con la participación de todos los afectados, se convierte, por el contrario, en una oportunidad para obtener beneficios privados, sin que a las autoridades les importe que el problema se agrande y se agrave. Las relaciones sociales y políticas que se favorecen son cada vez más autoritarias y antidemocráticas. Entre los vendedores se tolera la aparición de organizaciones que los "defiendan" de las autoridades, aunque también los controlen; se fomenta una cultura política de apoliticismo, de rechazo al gobierno y a los políticos; en el gobierno se desarrolla la corrupción, el influyentismo, el abuso de poder, la manipulación de los problemas y de los vendedores y de sus organizaciones, se crean las condiciones para que los políticos busquen convertirse en caciques.

Ese círculo vicioso que destruye la ciudadanía, que favorece la reproducción del Estado de excepción, es comandado por el sistema político que opera en la búsqueda de intereses particulares, no públicos. Ciertamente el fenómeno del comercio en vía pública tiene causas económicas, como el desempleo, el débil dinamismo del sector asalariado, la segmentación del mercado laboral introducido por la globalización; también hay que señalar que existen causas sociales y culturales, como la tradición del comercio en vía pública desde la época de las sociedades indígenas, desde la conformación de la ciudad con amplios sectores marginados, con malos servicios públicos y una precaria infraestructura urbana, desde la existencia de fuertes organizaciones de vendedores que tienen el monopolio de amplios espacios públicos y son difíciles de mover; sin embargo, según nuestro análisis el motor básico está en el sistema político, en el mal gobierno, en la pésima administración pública, en un sistema de partidos que funciona como estamento, en su capacidad para manipular a la población u organizarla en clientelas, robarle la libertad, someterla a una dominación autoritaria. Los espacios para la ciudadanía son pocos y cuando se abren, como en el caso de la democracia electoral, inmediatamente son cancelados como sucede en la ciudad de México y en Xochimilco, en donde un sistema de partidos casi único se restablece mediante la creación de clientelas, la destrucción de la pluralidad y la competencia electoral.

4.4. LOS BICITAXISTAS Y LA CREACIÓN DE CIUDADANÍA EN XOCHIMILCO

4.4.1. *Introducción*

La presencia de los bicitaxis en Xochimilco es un fenómeno reciente que empezó a principios de los años noventa en La Cebada, el asentamiento irregular que colinda con Ampliación San Marcos, Barrio 18 y se extiende hacia el norte, prácticamente hasta el Periférico Sur, el cual, por ser plano, con calles amplias y sin transporte que comunicara Prolongación División del Norte con los linderos del vaso regulador y del Canal de Cuemanco, favorecía el transporte en bicitaxi.[50] Los primeros se arriesgaron a prestar el servicio (desde 1994 o 1995) en el centro de Xochimilco; éste provenía justamente de La Cebada (entrevista con Epigmenio González).

Según el testimonio de Miguel Ángel Epigmenio González, el inicio fue muy difícil por la desconfianza de las personas que temían que la "calandria", como llaman los bicitaxistas a su vehículo, se volteara o fuese arrollado por otro automóvil o camión. Al principio se daba el servicio gratuito, para que las personas lo conocieran, la cuota inicial fue de un peso por persona. El servicio fue bien aceptado por las señoras de mayor edad que debían caminar mucho para llegar de sus barrios hasta el centro o a los mercados, o por las señoras que lleva-

---

[50] Este tipo de transporte ya existía en el centro de la ciudad de México y los vehículos se vendían por la calle de Mesones; allí los compraron los de Xochimilco.

ban a sus hijos a la escuela; como podían entrar en los callejones más estrechos, donde no cabían los taxis; se volvieron funcionales tanto para sacar la producción de los chinamperos como para que las señoras pudiesen volver del mercado con sus bolsas llenas de productos. Además, como eran gentes conocidas en los barrios la confianza se amplió e incluso ahora se les encarga que lleven y traigan a los niños a la escuela y a su casa. Los niños pagan menos, aproximadamente la mitad, que los adultos.

La primera base se instaló junto a la Comercial Mexicana, en la calle Juárez esquina con Pino, eligieron el color verde para identificarse con Xochimilco y con el medio ambiente. Los bicitaxis se multiplicaron sin control hasta 2004 cuando se impuso la regularización en Xochimilco. En la actualidad hay 930 bicitaxis en el padrón de la delegación y están agrupados en 16 organizaciones. En el centro, donde localizamos nuestro estudio, existen siete organizaciones[51] con, aproximadamente, 700 propietarios de calandrias; el máximo permitido por la organización es de 150 miembros, pero la mayoría tiene menos, incluso alguna sólo agrupa a 21 calandrias; aparte hay choferes que rentan por día (entre 40 y 50 pesos), el total es difícil de establecer pero se puede calcular que existe una cantidad similar a la de propietarios. Además hay un número limitado de calandrias piratas (las autoridades las retiran y llevan el vehículo a un corralón), que circulan sin papeles, y también hay quienes tienen documentos clonados, éstos son más difíciles de detectar, pero sí hay evidencia de ello.

4.4.2. El contexto vial en el que se desarrollan los bicitaxis

Antes de continuar con nuestro análisis es importante referirnos al contexto general del transporte en esta zona. Como ya se dijo en el capítulo anterior, la topografía del terreno de la delegación y el pésimo diseño urbano hace muy difícil desarrollar una estructura eficiente de transporte; sobre la estrecha franja de tierra que comunica a la

[51] Las organizaciones son: Xochimilco Centro, presidida por Agustín Mendoza Lama (verdes); Asociación Bicitaxis de Xochimilco, presidente Mauro Mendoza (rojos); Xochimilco Embarcaderos, Alberto Contreras (azules); Xochimilco Embarcaderos, presidente Daniel Vara (grises); Bicitaxis Xochimilco La Virgen, Juan García del Monte (amarillos); Unión Bicitaxis Asunción Xochimilco, Miguel Ángel Epigmenio González (anaranjados).

parte oriente con la poniente existen básicamente dos grandes trayectos. El que va de La Noria hasta Tulyehualco, pasando por el centro de la delegación, y el que recorre la avenida Prolongación División del Norte que lleva hasta Nativitas y de allí se desdobla en caminos que llevan a San Gregorio Atlapulco, donde nace el camino a Tulyehualco, u otra avenida (Camino a Santa Cecilia) que sube a la montaña a partir de Nativitas hacia el rumbo del Capulín y la delegación Milpa Alta. A la zona de la montaña se puede subir por La Noria por el camino que va al Reclusorio Sur (Antiguo Camino a Xochimilco y después Carretera Xochimilco-San Pablo-Topilejo), por el camino ya señalado que sale de Nativitas y por Tulyehualco por medio de pequeñas calles y callejones. A la zona de las chinampas sólo se arriba en taxis y en bicitaxis y para ir a la montaña, en los lugares más alejados de las rutas principales, existen los llamados taxis de la montaña, un servicio tolerado e ilegal que funciona sólo dentro de la delegación. Estos taxis, aproximadamente 1 000 unidades, cuentan con su equivalente en choferes, y conformaron una importante clientela para las autoridades de la Setravi hasta que fueron incorporados al Programa de Transporte local por la delegación otorgándoles una calcomanía y un tarjetón para los conductores.[52]

El transporte concesionado que presta servicio a la delegación está compuesto de 11 rutas, de autobuses y micros; algunas de ellas, como la ruta 20, dan servicio a muchos lugares de la delegación, pero son insuficientes para transportar a los usuarios que se dirigen a los barrios, pueblos o asentamientos irregulares más alejados de las vías principales. El tren ligero, que cubre la ruta del Metro 2, terminal Taxqueña, al centro de Xochimilco, precisamente a una cuadra al sur del Mercado 377, es de gran utilidad para los habitantes de la delegación, pues es más rápido y eficiente que el resto del transporte.[53] Por

---

[52] De acuerdo con el testimonio del ingeniero Adolfo González, hasta antes de la regularización, que por cierto implicó un gran esfuerzo de negociación y de autocontención de los propios taxistas, la corrupción y el clientelismo eran alarmantes, los taxistas eran extorsionados por la policía, patrullas de la Secretaría de Seguridad Pública, la gente de Setravi, las motocicletas de la policía de la delegación. De acuerdo con otros testimonios había incluso negociaciones entre las autoridades, los taxistas de la montaña y otros tipo de transporte para llegar a acuerdos de cómo dar el servicio y cómo repartirse los beneficios. Con la regularización se puso un límite a la corrupción, al clientelismo y se dio un orden mínimo al servicio prestado por los taxis de la montaña.

[53] En la administración de Uriel González se cambió la terminal del tren para evitar el congestionamiento de la zona; sin embargo, los pasajeros ahora deben caminar más para llegar a la nueva terminal.

supuesto existe el servicio prestado por los taxis normales y por los piratas que en toda la ciudad son la mayoría.

El tránsito en la delegación es sumamente complicado; en las horas pico el tiempo destinado para realizar los trayectos de la delegación al Periférico Sur se puede duplicar o triplicar. La gente que vive en el centro debe tomar el autobús o micro a las 5:00 o 5:30 de la mañana para llegar al centro de la ciudad a las 7:00. Las colas para abordar el transporte son inmensas en las horas de mayor aforo: una persona espera en la cola hasta 30 minutos para abordar el autobús o micro que debe tomar (observación participante y entrevistas con vendedores que se establecen cerca de los paraderos).

En este contexto los bicitaxis se volvieron un problema más para la circulación dado que son muy lentos y en sus inicios tuvieron muchos roces con los taxis comunes; hubo muchos accidentes y pleitos.

4.4.3. *Breve historia de los bicitaxis en Xochimilco*

Al inicio, cuando los primeros bicitaxistas buscaron a las autoridades, éstas no los tomaron en serio, les decían que iban a fracasar, que ese transporte no era viable en la delegación. Después, ante el crecimiento desmedido de las unidades y del caos en las rutas y trayectos que seguían, cada bicitaxista circulaba por donde se le antojaba, las autoridades intentaron ordenarlos, sin embargo, varios subdirectores fracasaron en el intento. Nos hablaron del profesor Pavón, encargado del área de circulación y del licenciado David Alvarado (entrevista con Mauro Mendoza), quienes no hicieron nada. Los líderes que entrevistamos coinciden en que la llegada del ingeniero Adolfo González a la Subdirección de Transporte y Vialidad de la delegación, en la administración de Faustino Soto, pudo negociar un acuerdo que rige hasta la actualidad. En realidad, con la promulgación de la Ley de Transporte y Vialidad del Distrito Federal, en diciembre de 2002, se inició el proceso. En la delegación el padrón de bicitaxis y la elaboración del reglamento para su funcionamiento se iniciaron a mediados de 2004; el ingeniero empezó su gestión en mayo de 2005 y culminó el proceso.[54]

---

[54] No todas las organizaciones se regularizaron; un ejemplo es el de la organización de Ampliación San Marcos. El líder es hermano del ex diputado Juan Manuel González, que pertenece a la corriente de Bejarano, incompatible con los jefes delegacionales desde Faustino Soto.

Es importante narrar el trayecto desde los primeros bicitaxis que llegaron hasta su regularización, pues allí encontramos pistas para analizar la ciudadanía en Xochimilco.

El primero en llegar a prestar el servicio fue Epigmenio González (con otros dos colegas, que fueron inconstantes); se ubicó primero en la zona de los embarcaderos de Belén y de Salitre, con poco éxito. Según su testimonio, sólo los fotografiaban los turistas, pero nadie se subía; posteriormente se trasladaron a un costado de la Comercial Mexicana, que es una zona muy importante de transferencia de transporte e inicio de muchos trayectos, además está muy cerca de los mercados Zona 44 y el 377. En ese lugar, y después de convencer a los usuarios, el servicio se inició de manera regular y se fundó la primera base y el grupo se distinguió por el color verde. Los vecinos les pidieron que se trasladaran al lugar conocido como El Infiernillo, cerca de la iglesia de la Asunción: estorbaban menos y estaban más cerca de los usuarios. En esta segunda base se cobraba un peso, en La Cebada 50 centavos; después de un año subieron a 2.50 pesos, ya entonces el servicio era seguro y redituable. Los tres trabajadores iniciales compraron otra calandria cada uno y la rentaron, con lo cual tenían ya seis vehículos; más adelante se incorporaron otros dos propietarios. El primer roce del grupo fue con los bicitaxistas de La Cebada que querían para ellos el negocio; sin embargo, la propia gente que usaba el servicio los defendió y la gente de La Cebada se retiró, así, la división y los límites de los dos grupos quedaría establecida en la zona de Ampliación San Marcos.

La situación cambió con la llegada de otro grupo compuesto por familiares de Agustín Mendoza Lama, que contaban con nueve calandrias en color azul; eran mayoría y se impusieron, sin embargo, los verdes lograron permanecer en el mismo lugar. La dinámica del nuevo grupo era totalmente diferente a la de los iniciadores, ahora buscaban la expansión, el control de la entrada en la base, la venta de permisos; pronto se incrementó el número a 40 vehículos y volvieron a establecerse en la Comercial Mexicana. Más adelante se unió Julio Castro, quien les vendió la idea de que él tenía contactos con la delegación[55] y podría obtener los permisos para normalizar el servicio, a partir de allí se creó la primera organización formal, dirigida por Agustín Mendoza y Julio Castro.

---

[55] El señor Julio Castro había desempeñado funciones en el deportivo Cuemanco.

Durante el periodo que corre de la integración de la primera organización hasta la regularización en 2004, la dinámica está dominada por los conflictos en el interior de la organización y por sus divisiones en nuevos grupos; el primero en salir y reorganizarse fue el de los rojos con Julio Castro a la cabeza. Eran frecuentes las acusaciones de abuso de los dirigentes: el dinero de las cuotas no era utilizado para ayudar a los compañeros que sufrían accidentes, si había algún apuro de salud, los líderes se quedaban con el dinero, no rendían cuentas, etc. Con el crecimiento del número de miembros se abrieron nuevas bases que los líderes acaparaban. Los azules se dividieron y surgieron los amarillos.

La división entre los líderes y las bases se complicó con las relaciones que éstos tejieron con los partidos políticos, fundamentalmente con el PRD. Julio Castro, originalmente era panista, era quien comandaba los contactos y se apropiaba de lo que los políticos entregaban. Los propietarios de los bicitaxis se dieron cuenta y se inició el conflicto. Es un periodo marcado por el intento de las corrientes del PRD de apoyar a algunos de los líderes, especialmente a los más fuertes.

Sin embargo, a diferencia de las organizaciones de los vendedores en vía pública del Mercado 377, que ya analizamos, en las organizaciones de los bicitaxis los propietarios participaban de manera más activa, resistían más las amenazas y presiones de los líderes y siempre tenían la posibilidad de cambiarse de organización o de formar otra si encontraban a alguien que se asumiera como líder y tuviera la capacidad de enfrentar a los otros.

Durante este proceso de conformación del servicio de bicitaxis en Xochimilco y especialmente en el centro de la delegación se creó un principio de representación y de participación de los miembros de la organización que impide que las organizaciones se vuelvan autoritarias, verticales y excluyentes. Por una parte, la división de las organizaciones posibilitó el surgimiento de opciones y de confrontación que ponían coto a los intentos expansionistas de los miembros más agresivos y clientelares; asimismo, la pluralidad activa impidió que un solo líder acaparara los favores de la delegación. Por otra parte, el propio proceso de trabajo, estrictamente individual, requería de una organización que lo protegiera de los demás bicitaxistas que buscaban invadir bases y ganar la clientela sin respetar los acuerdos tácitos, permitió el surgimiento de líderes intermedios, que daban alternativas para dirigir o al menos para enfrentar a los líderes. Esto

también llevó a que los propios políticos viesen más difícil estructu-
rar las clientelas.

Desde luego hay excepciones, como los bicitaxis de Ampliación San
Marcos, pero también hay una fuerte relación de las organizaciones,
de sus líderes, con el ingeniero Adolfo González, quien ha logrado
controlarlos y encauzar su actuación política. No se trata de pertenecer
a una corriente del PRD o tener la protección de uno de sus líderes, sino
de una relación con un funcionario que mantiene el control administrativo y político del proceso.[56]

4.4.4. *Las trayectorias de los bicitaxistas y el proceso de trabajo*

Son pocos los entrevistados que han tenido como primera ocupación
la de bicitaxistas; sólo los más jóvenes (algunos menores de edad),
que rentan la calandria, afirman que éste es su primer empleo y[57]
suelen trabajar jornadas cortas para obtener un poco de dinero. La
mayoría de nuestros entrevistados, líderes o trabajadores, tuvieron o
aún tienen otro empleo, varios de ellos vienen de empleos formales,
uno era soldado, otro trabajaba en un hospital, otro como obrero en
una fábrica, varios han sido vendedores o agricultores en el propio
Xochimilco y vuelven a vender en las temporadas de fiestas en el foro
ubicado en el centro.

Quienes provienen de empleos en el sector formal de la economía
afirmaron que dejaron el trabajo, o fueron despedidos, debido a que
no se acostumbraban a los ritmos, exigencias y salarios que obtenían.
Ven en la actividad actual una ocupación que, si bien no tiene ninguna prestación,[58] les permite ganar más del salario mínimo (cuando

[56] En entrevista, el ingeniero González se deslindó claramente del partido y de los
delegados y sus funcionarios, a quienes tildó de corruptos, incompetentes y clientelares. Desde su posición personal los problemas pueden y deben ser resueltos mediante
la aplicación de la ley, no es necesario el clientelismo. Su trabajo muestra coherencia.

[57] Por reglamento los menores de edad pueden obtener el permiso (tarjetón) sólo
si cuentan con la aceptación y responsabilidad de los padres.

[58] Es interesante notar que en una de las organizaciones de bicitaxis se dio la oportunidad de adquirir un seguro de salud para los trabajadores y su familia mediante la
aportación de una cuota mensual de 50 pesos y a la mayoría le pareció que era mucho
dinero y renunció al plan; no parece haber la conciencia de cubrir riesgos de salud,
prefieren enfrentar el problema con los medios normales, acudiendo a médicos particulares, a los consultorios de las farmacias del *Dr. Simi*, o bien, ir a las dependencias del
Distrito Federal (entrevista con Miguel Ángel Epigmenio).

realizamos las entrevistas decían ganar aproximadamente entre 200 o 250 pesos diarios por jornadas de ocho horas), pueden disponer de su tiempo con entera libertad, trabajar en varios periodos durante el día o no hacerlo; asimismo valoran mucho el hecho de no tener un patrón que los esté mandando y maltratando.

Salvo los primeros bicitaxistas, que fueron innovadores al introducir este servicio en el centro de Xochimilco, entre los que siguieron es frecuente que primero alquilen una calandria y con el ahorro compren una y se incorporen como propietarios a la organización, esto hasta que se acordó el crecimiento cero, a partir de allí los aspirantes deben esperar a que alguien quiera vender o transferir su calandria y permisos correspondientes, pero aun ahora casi siempre se empieza por rentar y aprender el oficio antes de comprar.

Los bicitaxis son relativamente baratos; en palabras de ellos, la calandria cuesta entre 1 000 y 1 500 pesos, además de la bicicleta que suelen comprar por partes y armarla ellos mismos; también es frecuente entre los entrevistados cambiarla cada año y hacerle mejoras en el diseño para favorecer a los clientes y también para que el conductor haga un esfuerzo menor. Este hecho provocó una oferta de calandrias usadas que al principio favoreció que los propietarios rentaran la antigua o la vendieran a un aspirante, abaratando el costo y fomentando el crecimiento del número de calandrias en activo; en la actualidad, con las barreras de entrada, los desechos son vendidos en otras partes o son reciclados. Al principio también fue frecuente que una sola persona, generalmente mujeres, tuviesen varios bicitaxis y los alquilaran; nosotros sólo supimos de un máximo de cuatro en los casos que conocimos.

El proceso de trabajo es relativamente tranquilo, los viajes son cortos, se realizan dentro de un barrio o de un barrio a otro, cuya duración no es superior a los 15 minutos, y entre un viaje y otro se deben formar en la fila de su base y esperar que les toque el turno, hay por lo tanto espacios de descanso entre un servicio y otro. El servicio se cobra por persona (cinco pesos) y se aumenta si la distancia es mayor; se cobra lo mismo por persona adicional y por los bultos que tengan un peso importante.[59] Los niños pagan la mitad y a los bicitaxis que logran tener clientela de confianza se les encarga que lleven a los hijos a la escuela y que vayan a buscarlos, lo cual facilita la vida de las madres o de las familias y ellos tienen una entrada asegurada.

---

[59] Los bicitaxis llegan incluso a realizar mudanzas de muebles dentro de los barrios. Se cobra de común acuerdo con el cliente.

El trabajo que se realiza implica un esfuerzo físico considerable, que aumenta con el peso de lo que se transporta, y provoca un desgaste en las rodillas y en la espalda. Todos los entrevistados insistieron en que los primeros días era muy difícil y que el dolor muscular era fuerte, después se acostumbraron; suelen hablar de su trabajo como una oportunidad de hacer ejercicio y mantenerse en forma. No es muy frecuente, pero hay algunos bicitaxistas que tienen más de 50 años de edad.

Las jornadas de trabajo son definidas de acuerdo con las necesidades personales; hay quienes empiezan muy temprano (cinco de la mañana), trabajan cuatro horas, después descansan y vuelven en la tarde para prestar el servicio otras cuatro horas, hay otros que realizan su jornada continua. En fin, eso depende de la cantidad de dinero que cada uno requiera, del esfuerzo que pueda realizar y de otros compromisos, como el atender otro trabajo. Otro dato interesante es que la mayoría de los bicitaxistas son de Xochimilco y los pocos que son de afuera viven en la zona, por lo cual tienen la comodidad de trabajar cerca de sus hogares, de poder ir a comer a casa, de descansar cuando lo requieran. La escolaridad de los propietarios y rentistas es en promedio de secundaria; no supimos de alguien que no tuviese escolaridad, los que apenas cursaron la primaria (completa o incompleta) afirman que abandonaron la educación por la necesidad de trabajar para ayudar a la familia.

La prestación del servicio implica responsabilidades que no todos, si no es que la mayoría, cumplen. Se supone que deben usar algún tipo de uniforme, presentarse limpios y tratar bien a los pasajeros; en la realidad la mayoría no tiene uniforme, su aspecto es bastante sucio y emplean un lenguaje soez, incluso cuando traen pasajeros y se comunican con otras personas en la calle. Además se dan casos en que trabajan borrachos o drogados (algunos han sido castigados o suspendidos por ello), aunque no tuvimos ninguna denuncia de que maltrataran a los usuarios. También por reglamento deben seguir las normas de tránsito, en especial no circular en sentido contrario por las calles; todos los entrevistados señalaron el punto como algo muy importante, sin embargo, cuando uno camina por donde ellos pasan siempre hay muchas calandrias circulando en la dirección contraria, lo cual, además de peligroso, entorpece mucho el tránsito e irrita a otros conductores generando conflictos y animadversión.

Los accidentes en las calandrias no son frecuentes, en general se limitan a roces con otros coches y, de ser responsables, ellos deben pagar; las volcaduras o accidentes mayores son escasos. En cuanto a los pasajeros, pudimos registrar accidentes en niños, a los que se les atora el pie o la pierna en la rueda de la calandria, lo que suele ser, generalmente, responsabilidad del adulto que lo acompaña.

Las relaciones entre los bicitaxistas son en general cordiales; sin embargo, hay tensiones por el comportamiento de algunos que invaden las bases que no les corresponden o por negarse a admitir un solo pasajero, esperando que lleguen dos o más y así le rinda más dinero el mismo viaje. Los bicitaxistas son tolerantes con los bicitaxistas piratas, hay un sentir generalizado de que la gente necesita trabajar y por lo tanto no les corresponde a ellos denunciarlos; de nuevo encontramos la débil conciencia de la legalidad. Entre los bicitaxistas, como en general en la población xochimilca, hay discriminación hacia los que no son oriundos de la delegación, aun cuando ya lleven bastante tiempo allí, así como también con los compañeros nuevos, los de reciente ingreso al grupo, que se quejan de maltratos y burlas.

En las entrevistas con habitantes del centro de Xochimilco, de los barrios, éstos se quejaron de que los bicitaxistas son groseros con la gente, con los vecinos y dificultan el tránsito, que en las bases los grupos que se juntan son poco respetuosos, y algunos nos dijeron que se les relaciona con la distribución de droga, que llevan pedidos a domicilio; este dato no lo pudimos comprobar, lo señalamos porque, verdadero o no, va generando un estereotipo negativo.

4.4.5. *La regularización de los bicitaxis y la creación de ciudadanía*

Como ya mencionamos, el crecimiento desordenado y muy rápido del servicio de bicitaxis en la delegación obligó a las autoridades a buscar establecer un orden. Esa necesidad también la sentían algunos de los líderes, ya que cada día era más difícil trabajar y el ingreso que se recibía iba bajando por el exceso de competencia; además algunos de los líderes abusaban y expandían su organización con la finalidad de vender los permisos que la propia organización entregaba y aumentar el monto total de las cuotas, finalmente para ganar peso frente a las autoridades.[60]

La regularización consistió básicamente en la creación de un pa-

[60] Estos líderes amenazaban con frecuencia a las autoridades con tomar la delegación o cerrar las calles. Asimismo interponían demandas ante la contraloría o en el Ministerio Público para mantener su libertad y crecer y trabajar como quisieran.

drón de propietarios de bicitaxis. Como ya señalamos en el acuerdo de crecimiento cero, lo cual creaba derechos adquiridos y rígidas barreras de entrada al negocio del servicio de bicitaxis, la expedición de placas para las calandrias y de tarjetones para los conductores creó un sólido principio de legalidad tanto para el vehículo como para los conductores, pudiendo ser éstos los propietarios o los que alquilan el vehículo. Se expidió un reglamento que establece normas mínimas de circulación: no circular por vías primarias, no hacerlo en sentido contrario, no invadir las banquetas, respetar al pasaje, llevar uniforme, etc.; asimismo se establecen sanciones para quienes infrinjan las normas, en el tarjetón se perforan las faltas y a la cuarta se retira el permiso o el registro tanto al vehículo como al conductor, sin que pueda volver a adquirirlo. Es importante señalar que la delegación no cobró nada por los trámites de regularización, salvo 200 pesos de la placa de la calandria; los taxis tampoco pagan cuota o algún impuesto a la delegación.

Ante el acuerdo de cero crecimiento las organizaciones se mantienen con el mismo número. El máximo posible era de 150 bicitaxis por organización. Entre los rojos (Asociación de Bicitaxis de Xochimilco) se dio una división durante el proceso de regularización. En un principio tenían 170, pero 70 se desligaron para formar la Unión de Bicitaxis de Xochimilco; los anaranjados –a pesar de que los rojos ya sólo tenían 100 miembros– solicitaron los 150 que la delegación les concedió. El conflicto del líder con las bases y autoridades acabó con el mandato de Julio Castro, destituido de la presidencia por sus compañeros, en una asamblea. Su lugar fue ocupado por Mauro Mendoza. Julio Castro permaneció en la organización como asesor (entrevista a Julio Castro). El resto de las organizaciones conservaron el mismo número de miembros; sólo puede haber modificaciones si algunos bicitaxistas se van de una organización a otra.

Los dirigentes que hoy día ocupan los cargos administrativos (presidente, secretario, tesorero y vocales) en las organizaciones tienen una gran antigüedad, su nombramiento responde a que sus compañeros reconocen en ellos la capacidad para dirigirlos y velar por sus intereses ante las autoridades. No hay elecciones periódicas, los cambios se dan en las asambleas por diferencias de los asociados con los líderes, los cambios pueden dar lugar a rupturas de la organización, los desprendimientos de parte de las organizaciones siempre tuvieron ese asunto como la causa fundamental. En los procesos de pérdida de legitimidad o de confianza de los líderes, los bicitaxistas van promoviendo a uno de sus compañeros para que se haga cargo de la organización, hasta que éste acepta y se hace público el conflicto, se realiza la elección y se cambia a los dirigentes o a algunos de ellos.

A diferencia de las organizaciones de los vendedores en vía pública del Mercado 377, que son muy verticales y autoritarias, en las de los bicitaxis la participación de las bases es mucho mayor, hay líderes que tratan de controlarlas, con amenazas, o diciendo que si no están a gusto que se busquen otra organización, no obstante su capacidad de controlar es baja. Otro factor que las diferencia es que las cuotas que se dan en las organizaciones, cuando existen, son bajas, pueden ser 20 o 30 pesos al mes, lo que no acumula grandes sumas que puedan beneficiar al líder.

Los líderes llevan en sus cargos de dos a cuatro año en promedio, algunos han permanecido más tiempo, especialmente los de las primeras organizaciones. Sin embargo, la labor de líder es compleja, ya que el puesto los obliga a dedicarle tiempo a las tramitaciones de documentos, a tenerlos en orden, a arreglarse con las autoridades, a dar la cara por sus compañeros y a rendirles cuentas; asimismo, deben mantener relaciones con las otras organizaciones para conservar el orden y que los miembros de una no les creen conflicto a las demás, especialmente se trata de la invasión de las bases y la disputa de los pasajeros en sus cercanías. De hecho algunos líderes se lamentan de haber aceptado tanta responsabilidad dentro de la organización, ya que si están allí no es para ganar más y obtener beneficios sino para ayudar a sus compañeros y mantener la organización. No obstante, y aunque ésa es la expresión generalizada entre los líderes entrevistados, algunos señalaron que sí había dirigentes que se habían beneficiado de su posición apropiándose de los fondos u obteniendo algunos beneficios por parte de los funcionarios de las organizaciones. En todo caso esto se terminó con la regularización y con el haber definido los derechos y obligaciones de los bicitaxis y de sus organizaciones.

La legislación, a pesar de su importancia y de haber logrado establecer un orden legítimo y compartido por las partes, es precaria, en virtud de que es sólo un reglamento local, delegacional,[61] pero aun así crea derechos y otorga certidumbre.

---

[61] La Ley de Transporte y Vialidad del Distrito Federal otorga a las delegaciones en su artículo 9, incisos IX a XIV la facultad de otorgar permisos hasta por tres años, para prestar el servicio de personas en bicicletas adaptadas dentro de su demarcación y llevar un padrón de los mismos (inciso IX). Esta Ley data de 2002.

La fragilidad la podemos ejemplificar con lo que ha sucedido respecto de los taxis de la montaña. Sus organizaciones lograron establecer con la Subdirección de Transporte y Vialidad un acuerdo similar al de los bicitaxis. Ese acuerdo fue de gran utilidad para ellos pues detuvo de golpe los abusos de la gente de Setravi y de SSP poniendo fin, o al menos limitando, a las extorsiones y a la corrupción. En 2007, en el gobierno de Marcelo Ebrard y del delegado Uriel González, el secretario de Transportes del D.F., con el apoyo del diputado por Milpa Alta, organizó a los propietarios de los taxis de la montaña de Xochimilco para una reunión en Milpa Alta buscando un acuerdo que apoyara la corriente de Quintero (UNYR) en los comicios para los coordinadores en las delegaciones y las elecciones internas en el PRD. A cambio les ofrecía regularizarlos como taxis en el proceso general de la ciudad; la *negociata* debilitó seriamente el acuerdo logrado en la delegación y lo sustituía de nuevo por una relación clientelar, de intercambio de favores, y de negación, de derechos adquiridos, y por supuesto cambiaba la naturaleza del liderazgo de las organizaciones: ahora dependía más de su relación con Quintero que de las elecciones internas de sus organizaciones (entrevista con el ingeniero Adolfo González).

Otra evidencia de la fragilidad del reglamento la representa el sentimiento de Epigmenio González cuando afirma: "sí, ya nos llevamos bien [habla de Jorge Díaz, líder de los bicitaxis de La Cebada con quien ha tenido conflictos] pues tengo contacto con el ingeniero y hasta ahora estamos buscando apoyo del partido para que no nos dejen desamparados, porque el ingeniero sí me ha apoyado mucho, pero el día que no esté pues quién me va a apoyar" (entrevista con Epigmenio González).

Pese a esa evidente fragilidad, la forma en que se desarrolló el proceso de regularización y de institucionalización de los bicitaxistas constituye un proceso de construcción de ciudadanía en Xochimilco y de la definición del espacio público, como un espacio regido por leyes. Desde luego reconocemos que existen problemas con los bicitaxis, que hay corrupción en los policías, que los posibles vínculos con los narcomenudistas son un problema muy serio; no obstante los problemas no provienen de un principio de ilegalidad (violación de leyes vigentes), como en el caso de los vendedores en vía pública, sino de un contexto en donde priva un Estado de excepción.

4.4.6. *La delegación y el ordenamiento del espacio público*

Al principio los bicitaxistas se colocaron en la vía pública, iniciaron la prestación de su servicio en las calles del centro de Xochimilco, no existía ninguna prohibición expresa para hacerlo. Los bicitaxistas simplemente defendían su derecho a trabajar, a ganarse la vida de forma honesta.

El crecimiento del número de calandrias regulado por las organizaciones y la anarquía que caracterizaba su comportamiento empezó a contribuir al caos vial de la delegación y en especial en el centro de la misma. En ese periodo de crecimiento las autoridades no planearon ni ordenaron el espacio público, simplemente vieron cómo se complicaba la circulación de vehículos y cómo el servicio de transporte público se volvía más y más ineficiente.

También predominaron las primeras organizaciones dominadas por los líderes, impuestas mediante el procedimiento de incorporar más bicitaxis bajo su control. Los propietarios fueron rebelándose y creando nuevas organizaciones, la ausencia de relaciones fuertes con las autoridades impedía que esos líderes pudiesen imponerse a las bases, por ejemplo mediante el monopolio del otorgamiento de permisos oficiales, que no existían.

El periodo de regularización se apoyaba en la pluralidad de organizaciones, en el hecho de que los propios bicitaxistas ya tenían claro que si no se ponía orden, si no se limitaba el acceso de nuevos propietarios al mercado, o no se controlaba la multiplicación de calandrias por un solo dueño, sería cada vez más difícil trabajar. La regularización implicó la renuncia de todas las organizaciones a seguir creciendo (salvo los rojos y los azules, que resistieron) y para ello aceptaron que se realizara un padrón de bicitaxis, que se les matriculara y se expidiera un tarjetón que autorizara a los conductores a serlo. Se logró el derecho a trabajar como bicitaxista y se definieron las obligaciones mínimas, se acabó con la anarquía que caracterizaba el servicio, se definieron zonas y límites para su circulación.

En la nueva condición que creó la regularización los trabajadores salieron fortalecidos frente a los líderes, sus organizaciones ganaron en libertad y la participación cobró mayor sentido.

El espacio público, la vialidad y la circulación no mejoraron sino que continuaron agravándose, pero no hay duda de que se construyeron sujetos colectivos (las organizaciones) e individuales (los bicitaxistas), que son y pueden ser parte de un acuerdo, de una negociación que junto con otros actores y con el gobierno pueden encontrar soluciones, son actores definidos en términos de normas legales, válidas para todos.

Ciertamente el acuerdo, la reglamentación, define una situación jurídica precaria.

Los bicitaxistas y los choferes que alquilan la calandria tienen una inclusión precaria en la sociedad si los comparamos con los trabajadores del sector formal que gozan de prestaciones referentes a los riesgos del trabajo, su salud y la de su familia, al derecho a la jubilación, a la capacitación, al derecho al descanso pagado, a vacaciones, etc. No justifica su situación el argumento de que ellos, los bicitaxistas, son más libres, pueden disponer de su tiempo y aprovechar mejor la vida, y que si comparan lo que ellos reciben con lo que reciben los trabajadores con baja capacitación, los bicitaxistas ganan más por día. Ya vimos que en una de las organizaciones renunciaron a un servicio de salud que está al alcance de sus posibilidades, tampoco acuden a inscribirse en el Seguro Social o el Seguro Popular, algunos de ellos cuentan con el servicio dado que sus esposas trabajan en el sector formal, pero parece haber en ellos un problema cultural que no incorpora a la salud (y a la educación) como parte de sus prioridades.

Hay algunas prestaciones que ellos como organización podrían resolver, sin embargo otras sólo se pueden alcanzar con la participación del Estado y la definición de políticas públicas que garanticen a todos los derechos sociales básicos además de la educación y la salud (que existen aunque de manera precaria): desempleo, capacitación para el trabajo, jubilación digna o el derecho a una vejez decorosa.

4.5. RECAPITULACIÓN

En este capítulo analizamos cómo se ejerce la ciudadanía en tres ámbitos de la delegación Xochimilco, que consideramos indicativos de trayectorias significativas, aunque no son generalizables al conjunto de los habitantes de la delegación. El punto más evidente es cómo los ciudadanos que llamamos plenos en la introducción, es decir aquellos cuya trayectoria se realiza dentro de lo establecido por el derecho, en un espacio público bien definido, viven su ciudadanía;

quizá no tenga ningún atractivo analítico, simplemente veremos la reproducción del sistema normativo; sin embargo, lo que sí es evidente dados los resultados de nuestros estudios de caso, es que también los ciudadanos plenos serán ciudadanos ineficientes ante el gobierno, los funcionarios públicos o los policías, pero ellos están sujetos a la ambigüedad de qué regla privilegiarán las autoridades, el derecho o la excepción; es obvio que esta ineficiencia no se traduce en clientelismo, pero sí es posible la corrupción. Otro punto importante son los habitantes de los asentamientos irregulares en Xochimilco, que sin lugar a dudas conforman el grupo que vive en la ilegalidad; aunque no los estudiamos por limitaciones del equipo de investigación y de recursos financieros, su realidad contiene las formas más acabadas del clientelismo, de los liderazgos autoritarios, de relaciones conflictivas con las autoridades que pueden llevar a la violencia; asimismo su realidad contiene procesos de formación de redes sociales y de construcción de ciudadanía.

Pese a las limitaciones, nos parece que los rasgos esenciales del ejercicio de la ciudadanía los hemos determinado. Este grupo no existe significativamente en el centro de la delegación, donde limitamos el trabajo empírico.

Los estudios de caso los realizamos insistiendo en el concepto de espacio público, el cual se refiere en primer lugar a lo que no es privado (los asuntos de la familia, de la religión, de las empresas, el mercado, etc.); es decir que no es general al conjunto de la población; además el espacio público está normado por el derecho, por leyes que son las mismas para todos los ciudadanos y que el Estado tiene la obligación de respetar y hacer respetar; los ciudadanos tienen también la obligación de respetarlas y de gozar las garantías que les otorga la legislación. En el orden público hay además una esfera pública en la cual se da la relación entre los actores privados que se manifiestan en el espacio público para criticar al gobierno o para crear opinión pública y en el cual hay una conciencia de legalidad.

La tesis básica es que no hay ciudadanía plena si no hay un espacio público definido y preferentemente por el apego al derecho y al principio de legalidad; toda excepción sistemática demerita el espacio público, lo vulnera. Desde luego no hemos partido de una situación fija o inmutable del espacio público; lo concebimos como algo dinámico, que se construye o se destruye, que se enriquece o se empobrece.

La falta de una clara distinción entre lo público y lo privado, en el caso de las fiestas cívico-religiosas, nos obligó a utilizar el término "semipúblico" para delimitar la situación en que un actor privado redefine lo público, imponiendo a éste su autoridad.

En los análisis hemos privilegiado el estudio de las instituciones y de los actores, individuales y colectivos, y su relación en la esfera pública. De esta manera el ejercicio de la ciudadanía se acota a los derechos que definen una situación y cómo ella es reafirmada, redefinida o incluso creada. No partimos de una definición normativa, del deber ser; nos interesa encontrar lo que es y cómo lo normativo es recreado, afectado, especificado, sometido a ambigüedades.

Dado que en nuestro planteamiento teórico central, expuesto en el primer capítulo, el concepto Estado de excepción permanente es central para explicar la existencia de una ciudadanía precaria, hemos puesto especial atención a los procesos, a las relaciones sociales y de poder que nos permiten comprender la reproducción de esa excepcionalidad, de la imposibilidad de operar un Estado de derecho en sentido fuerte, ordenador. La conclusión tiene que ver con la evidencia de una sociedad, específicamente en Xochimilco, que tiene una baja integración sistémica a pesar de tener una alta integración social, comunitaria, con desigualdades muy pronunciadas, y que puede funcionar gracias a las excepciones. La integración precaria de una buena parte de la sociedad puede ser gobernada, "gestionada", justamente por la baja integración sistémica, por la existencia de un Estado de derecho que permite múltiples excepciones.

Los tres casos estudiados nos permitieron mostrar una especie de continuo donde, en el caso de las fiestas de la Virgen de los Dolores de Xaltocán, se observa la integración precaria de lo comunitario con el Estado "moderno" y cómo su convivencia se torna posible gracias a que el gobierno delegacional ha renunciando a sus obligaciones con los ciudadanos en general: permite el desarrollo de las fiestas siguiendo las reglas tradicionales; asimismo nos permitió comprender la importancia de la comunidad, de los lazos de sangre, como forma de integración e identificación de los actores individuales y grupales.

En el segundo caso, el de los vendedores en vía pública ubicados en el Mercado 377, no existe el principio de integración comunitario, aunque la mayoría de nuestros entrevistados estuviesen relacionados con la comunidad en sus lugares de vivienda o de origen. La relación con la autoridad se realiza con la intermediación de organizaciones verticales y autoritarias, manejadas por líderes clientelares, corruptos, que resuelven los asuntos de los vendedores en una semi-legalidad complementada con negociaciones y arreglos al margen de la ley; las bases y los vendedores no participan, están marginados del proceso y pagan al gobierno y a los líderes para poder trabajar. De nueva cuenta la integración sistémica es baja, pero a diferencia de los miembros de la comunidad, en sus prácticas cívico-religiosas, su integración social es también muy pobre, dependen de los arreglos autoritarios, logrados al margen de ellos mismos para sobrevivir.

Finalmente, en el caso de los bicitaxis hemos podido constatar la creación de un espacio público, con un orden jurídico normativo precario, pero que puede ser reconocido como un proceso de crea-ción de ciudadanía y de hacer política, como proceso de integración. Cómo, partiendo de una situación incierta, que tuvo un desarrollo de posible clientelismo y que aún puede sufrirlo, evolucionó hacia una integración sistémica, hacia la conformación de un espacio público ciudadano y, como producto del proceso, hacia una mejor integra-ción social. Ciertamente, como observamos, los riesgos son altos, pero se muestra que ni la desigualdad ni el mal gobierno son variables determinantes de la destrucción del Estado de derecho, que puede haber trayectorias distintas.

En los tres casos la constante es la presencia de ciudadanos inefi-cientes y de un gobierno profundamente incompetente, con prácticas administrativas irracionales, corrupto por la privatización del gobier-no delegacional por parte de las tribus perredistas; por ello decimos que los ciudadanos plenos, relativamente, también serían ineficientes y por ello precarios. Nadie escapa en nuestra sociedad al Estado de excepción.

CONCLUSIONES

El objetivo central de este trabajo es, como explicamos en la introducción, profundizar en el conocimiento de la relación entre la exclusión social y la ciudadanía.

Partimos de la hipótesis siguiente: la ciudadanía es un producto variable de cómo se resuelve la oposición entre la desigualdad real que existe en las sociedades y la igualdad formal de todos los miembros de una sociedad que establece el Estado de derecho, la igualdad de todos frente a la ley y al Estado.

En el capítulo 1 desarrollamos el marco teórico que enmarca la tesis, el cual se articula sobre los siguientes ejes:

Primero, la oposición entre desigualdad real e igualdad formal es propia de la existencia del Estado-nación, se conforma con él. Por supuesto que su conformación tiene amplios antecedentes que impregnan la solución en cada caso, así como su conformación, en la que intervienen múltiples factores que definen presentes y futuros específicos. El Estado-nación se inscribe en un sistema internacional integrado por estados nacionales cuyas relaciones son importantes para la definición de la realidad de cada uno de ellos.

Segundo, la desigualdad social tiene diferentes orígenes o causas que van desde las etnias hasta las castas y el género; sin embargo, y a pesar del peso evidente de cada una de ellas, destacamos la desigualdad que genera el modo de producción capitalista como el que nos permite acompañar la dinámica de la desigualdad, no sólo la explotación, sino especialmente la exclusión social, y que tiene efecto tanto sobre los individuos como sobre la definición de la estructura social e incluso en la viabilidad de la nación.

La igualdad real, producto del desarrollo del capitalismo, varía con sus etapas. La industrial se caracterizó, en su inicio, por el tránsito de la economía rural a la urbana y en su auge el pleno empleo logró reducir al máximo a los sectores excluidos del sector formal. En la fase actual, la del capitalismo basado en la ciencia y la tecnología, la diferenciación social se incrementa y también el número de excluidos del sistema formal, el sector integrado en las actividades de muy alta productividad se distancia del resto de la sociedad y se integra en un estrato que traspasa a todas las sociedades del orbe.

Tercero, la igualdad formal que establece el Estado de derecho no es un producto formal de la promulgación de una constitución y un marco jurídico; es, para nosotros, un conjunto de normas que regulan efectivamente las relaciones sociales, económicas, políticas y culturales entre los actores. En el Estado de derecho las normas derivadas del derecho son predominantes (aunque pueden convivir con normas provenientes de la tradición), así como el principio de legalidad es parte fundamental de la conciencia de los actores. La efectividad del Estado de derecho dependerá de qué tan cerca esté de la realidad social y de su capacidad de cambiar junto con ella.

Cuarto, el Estado de derecho tiene excepciones que hemos clasificado en tres dimensiones: la primera, es la que denominamos benjaminiana, que hace referencia al hecho de que las clases dominadas sufren de falta de justicia, el derecho no las trata como iguales; la segunda, dice respecto de la aplicación concreta del derecho en la vida cotidiana de los actores, si existen ambigüedades, si no se aplica sistemáticamente, si la norma reiteradamente no se aplica entonces hay una excepción jurídica, y la tercera, el orden social que presupone permanentemente su ajuste, su renovación, su actualización a los cambios internacionales e internos, no opera, no hay espacio para la política, la excepción es del Estado frente a los que comandan el sistema internacional, el imperio.

Decidimos que para comprender la realidad mexicana es indispensable asumir que el Estado de derecho funciona como un Estado de excepción, un Estado donde el derecho a veces se aplica y a veces no, a veces se tolera dentro del margen jurídico racional y a veces no, a veces se negocia y se corrompe y a veces no.

Quinto, en consecuencia de lo anterior, la oposición entre la desigualdad real y la igualdad formal puede dar lugar a sistemas en los cuales el Estado, mediante la aplicación del derecho, logra reducir las desigualdades y controlar la oposición, manejarla, administrarla; pero también puede ser que el Estado opere como un Estado de excepción y profundice las desigualdades sociales y tienda a controlarlas por medios diferentes al derecho, como el clientelismo, la corrupción, el populismo, la represión, etc., que se acompañan de una aplicación incierta de la norma jurídica.

Sexto, esos diferentes sistemas no son fijos en el tiempo, pueden cambiar radicalmente, como sucedió en el caso del fascismo, pueden deteriorarse o pueden desarrollarse, como sucedió con los estados de bienestar durante los 30 gloriosos años en Europa. Sin excepción, todos los estados tienen una dinámica histórica que altera el funcionamiento del sistema y la oposición entre igualdad formal y desigualdad real.

Séptimo, la ciudadanía definida como resultado de cómo se resuelve la oposición, puede tener una mayor o menor calidad. No se trata sólo de si existen los derechos civiles, políticos, sociales y culturales, y que operen adecuadamente, que la justicia realmente exista, sino fundamentalmente, que su aplicación resuelva la oposición y se acerque a la mayor igualdad real posible y disminuya la distancia con la igualdad formal. En caso de que esto suceda hemos denominado la ciudadanía como plena; en caso de que no, la denominamos precaria.

Octavo, la dinámica de la oposición, como se desprende de lo anterior, tiene múltiples causas: la dinámica del capitalismo, las luchas sociales, movimientos de clase o de otras categorías sociales, de género, étnicas, culturales, de la naturaleza y desarrollo del régimen político, de la amplitud de la vida democrática, etcétera.

Finalmente, partimos de la idea de que la relación entre la marginalidad o la exclusión social y la ciudadanía sólo puede ser comprendida enmarcada en las consideraciones anteriores, a las cuales habrá que añadir otras de carácter individual: capacidad de acción, de transformación de los propios ciudadanos en sus procesos de autoconstitución, de participación, de crítica, etcétera.

Para nuestra investigación fue fundamental poner a prueba, confrontar con una realidad concreta, los supuestos anteriores, y para ello seleccionamos a la delegación Xochimilco en el Distrito Federal; la metodología y las razones de su elección las expusimos en la introducción de este libro. Los resultados de la investigación no parecen alentadores, sin duda nos ofrecen una comprensión más profunda de la realidad mexicana.

Los resultados presentados en esta obra los organizamos en la introducción, cuatro capítulos y la presente conclusión.

En el capítulo 1, dada la heterodoxia del planteamiento, hemos desarrollado con amplitud las anteriores consideraciones, arrancando de las formulaciones clásicas sobre la oposición entre la igualdad formal y la desigualdad real hasta llegar a su aplicación en el actual momento del capitalismo definido por el predominio de la ciencia y la tecnología. En medio de este tránsito nos detuvimos en la definición del Estado de derecho y, especialmente, del Estado de excepción, que para nuestro estudio ha sido fundamental; asimismo, nos detuvimos en la definición del concepto de ciudadanía y sus correlatos de espacio público, esfera pública, etcétera.

En el capítulo 2 presentamos la historia del pueblo de Xochimilco desde su llegada al valle de México hasta los años setenta del siglo pasado. El repaso de la historia mostró cómo los pueblos de la delegación lograron mantener su identidad como comunidades, con fuertes identidades cívico-religiosas, a pesar de haber sufrido la servidumbre, la separación como casta, de haber sido criminalizada su situación y discriminada su cultura, hasta pertenecer a un hábitat, un entorno ecológico destruido por distintas clases dominantes y diferentes gobiernos. La comunidad, los lazos familiares y, al final, de sangre, se mostraron siempre como la célula básica de la sociedad en la delegación; el desarrollo de la ciudadanía, es decir del actor racional, autónomo, que decide de acuerdo con sus intereses y preferencias, se vio retardado.

Durante el periodo mexica y la colonia los xochimilcas, sus diferentes comunidades, lograron mantener sus formas de organización político-administrativa. Obviamente en ambos periodos los grupos dominantes les impusieron transformaciones significativas, pero la unidad básica se mantuvo. Con las reformas borbónicas el proyecto colonial y después el nacional (México como Estado-nación) se oponen frontalmente a la estructura comunitaria, la resistencia se vuelve más difícil y dura todo un siglo, sin que los liberales logren establecer la individualización anhelada.

En la colonia el estatus de las comunidades indígenas era bien definido: eran súbditos de la corona y conformaban una casta inferior a los españoles y a los criollos, la explotación de los trabajadores era brutal, lo mismo que los impuestos que debían pagar a la Iglesia y a la corona. En el sistema de castas la única identidad general, universal a todos los miembros de la colonia, era el ser hijos de Dios; ser católicos les daba el sentido de pertenencia, aunque el catolicismo era siempre redefinido en las diferentes comunidades.

Vimos que en el imperio azteca los xochimilcas no alcanzaron la categoría de ciudadanos que posiblemente sí tuvieron los mexicas, que contaban con derechos y obligaciones, participaban del gobierno, etc. En la colonia fueron súbditos hasta la Constitución de Cádiz, antes de ello apenas tuvieron algunos derechos a la propiedad, al voto para la elección de los cabildos o ayuntamientos, también había cierta justicia, aunque restringida a las repúblicas de los indios. La Constitución también garantizaba derechos e impartía justicia entre los indios, entre diferentes comunidades y entre los indios y los españoles.

Con el advenimiento del liberalismo, primero con la Constitución de Cádiz y después con las de 1824 y 1856, se da una verdadera inversión de las relaciones de poder. Formalmente todos los miembros de la colonia o de la nación son iguales ante la ley y el Estado; éste, sea en la monarquía moderada o en la República, está sometido al derecho, división de poderes, federalismo, y los derechos de los ciudadanos resguardados de los abusos del gobierno. En la realidad lo que existe es la excepción, los fueros de las corporaciones son preservados, las elecciones burladas y los derechos de los ciudadanos pobres negados. Tras la fachada de las constituciones liberales se desarrolla una sociedad patrimonial, brutalmente conflictiva, explotadora y discriminadora. En la corte o en las altas esferas la simulación alcanza el ridículo. La ciudadanía que se proclama en las cartas magnas se convierte en ciudadanía precaria.

Hay momentos en que la excepción parece ceder, con los gobiernos de Juárez y Lerdo, pero son ellos mismos los que implantan la negociación y el intercambio de favores para mantener la estabilidad, lo mismo que hará Díaz.

Es el espacio que abre la excepción, la posibilidad de burlar la ley, y lo usan muchas de las comunidades indígenas para sobrevivir, para evitar su destrucción, convertirse en ciudadanos autónomos e independientes. La propia Iglesia, que busca preservar sus privilegios, les sirve de paraguas para continuar desarrollándose como comunidades.

Sin embargo, el concepto de Estado de excepción vuelve más compleja la relación con la desigualdad real en la sociedad pues ahora coexisten dos tipos de desigualdad que se complementan formando un círculo vicioso, perverso. La desigualdad que se genera en el Estado de excepción, al no aplicarse el derecho siempre, introduce entre los ciudadanos diferencias jurídicas *de facto*. Las diferencias sociales reales son potenciadas, reproducidas, profundizadas por la desigualdad jurídica.

Al no ser la ley la que norma exclusivamente las relaciones entre el Estado y los ciudadanos (también están presentes la negociación a espaldas de la ley u otro tipo de reglas como la tradición, la corrupción, el abuso del poder, el clientelismo), la forma en que se articula la sociedad con el Estado, el régimen político, es autoritaria.

En el porfiriato, durante el primer brote de modernización capitalista, al igual que el país y la ciudad de México, Xochimilco es sometido a grandes transformaciones. Por una parte, la necesidad de abastecer de agua potable a la ciudad provoca la expropiación de los recursos de los pueblos y cambia brutalmente el medio ambiente; paralelamente, como necesidades impuestas por el propio proyecto hídrico, se construyen el ferrocarril, el telégrafo, el teléfono, se comunica a la delegación. A la expropiación de los manantiales y las tierras, se suma otro proceso de expropiación de las tierras por la expansión de las haciendas, se deseca el lago de Chalco y se perjudica el de Xochimilco al trasvasar las aguas del primero al segundo. Por otra parte, el gobierno porfirista y la clase alta descubren a Xochimilco como lugar de turismo, bucólico, que pueden aprovechar para su descanso y disfrute; con ello cambian la especialización económica, la agricultura irá decayendo, y el turismo incrementándose. Quizá como nunca el pueblo xochimilca, como parte de la nación, sufre la excepción benjaminiana.

Este periodo del supuesto proyecto liberal es muy importante para nuestro estudio en virtud de que inaugura el Estado de excepción tanto en el sentido benjaminiano como en el sentido fuerte de no aplicación sistemática y racional del derecho, y crea la ficción de una élite que se disfraza de moderna, liberal progresista, pero que en realidad se comporta de manera autoritaria, corrupta, impune, clientelar. Nuestra investigación muestra que ese periodo, que se suspendió durante el del corporativismo autoritario, se restauró en el país con la democratización del sistema electoral, especialmente en la ciudad de México y en Xochimilco.

La Revolución de 1910 y la Constitución de 1917 dan un nuevo giro a la vida de los habitantes de Xochimilco. El dato más importante, que tiene que ver con la dinámica de las luchas, especialmente el zapatismo, es el reconocimiento de las comunidades como sujetos de derecho y de la propiedad colectiva.

El restablecimiento de los ejidos en la delegación, especialmente en Tepepan, Xochimilco, San Gregorio y Tulyehualco (que en conjunto comprenden toda la parte baja de la delegación), fortalece la unidad entre comunidad y tierra, dando a la identidad cívico-religiosa una expresión material; la cosecha y su suerte vuelven a ser parte del simbolismo comunitario. El proceso modernizador ya no se detendrá, la crisis del agua se intensifica; hacia la mitad del siglo la mayoría de los manantiales están secos, y el deterioro de los canales y las chinampas es aún más creciente por haber sido rellenados con aguas negras semitratadas. El turismo y el crecimiento de la escolaridad de los habitantes, su profesionalización, su ocupación en los servicios cambia el perfil del mercado de trabajo; hay un desarrollo del capital humano, de las condiciones individuales para el florecimiento de la ciudadanía.

El corporativismo autoritario que estructura al nacionalismo revolucionario niega el posible surgimiento ciudadano; su verticalismo desde el presidente hasta el último presidente municipal o líder de las organizaciones corporativas, la vigencia de los sectores y del partido oficial cierran todos los espacios de representación y del hacer político. En Xochimilco, para colmo, el sector campesino articula la organización de los productores y de la vida política.

Ahora como en la colonia o en el imperio mexica, los xochimilcas, igual que el resto de los mexicanos, saben que son súbditos, no hay ambigüedad, nadie espera que el derecho se cumpla o que la justicia funcione, todo el mundo sabe que el de arriba decide, a no ser que el de más arriba diga lo contrario. El Estado de excepción se mantiene, tanto en sentido benjaminiano, como de discrecionalidad en la aplicación del derecho, pero hay menos simulación que en el siglo xix, aunque obviamente campea el cinismo político, la retórica vacía.

Con la Revolución de 1910-1917 se modificó parcialmente el Estado de excepción permanente; con la nueva Constitución los principios liberales fueron equiparados con los derechos sociales, que a lo largo de los años fueron los fundamentales: en ellos se reflejaba el compromiso de la Revolución con el pueblo.

Quizá el logro más importante de la Revolución en términos de ciudadanía fue la creación de una identidad nacional. Ser mexicano, reconocerse miembro de una nación, fue un hecho innegable, culturalmente la nación se volvió una realidad para los nacionales y también para las otras naciones.

A los pocos años, en 1938, los derechos individuales, civiles y políticos pasaron a un segundo plano, el Estado corporativo era claramente un Estado autoritario. Sin embargo, y pese a que el discurso liberal se abandonó para dar lugar a la ideología de la Revolución mexicana, el papel del derecho, del Estado de derecho, continuó sujeto a permanentes excepciones, había pretextos recurrentes, como que primero estaban los derechos del pueblo, la razón de Estado, o el fraude patriótico, pero en el cotidiano los derechos de los ciudadanos consagrados en la Constitución eran escamoteados. El discurso oficial era republicano, democrático, legalista, pero en la práctica era autoritario, vertical, la simulación que se creó en el siglo xix se mantuvo.

Los derechos sociales se desarrollan formando un sistema dual; por una parte, los sectores organizados e incluidos dentro de los sectores corporativos gozan de amplias prestaciones, los que están fuera de esos sectores deben conformarse con precarios y limitados servicios. En ambos casos mientras mayor sea la marginalidad del lugar en que se vive menor será la calidad de las prestaciones. En el caso de Xochimilco encontramos un desarrollo significativo a causa de la necesidad que tiene la ciudad del agua de sus manantiales y de la definición de su vocación turística.

Los xochimilcas se vieron favorecidos al quedar incluidos en el sistema corporativo; en el sector campesino del partido oficial sus derechos sociales mejoraron, pero sus derechos políticos y civiles fueron disminuidos o cancelados.

Como resultado de la segunda modernización –la industrialización por sustitución de importaciones–, la sociedad mexicana sufre transformaciones radicales: se incrementa la urbanización, la industria y, después, los servicios, cambia la estructura del mercado de trabajo. Xochimilco, a destiempo, acompaña el proceso. No obstante el progreso logrado, el periodo fue acompañado de un crecimiento urbano desordenado y de la aparición de los sectores excluidos y el hinchamiento de la informalidad, de los asentamientos irregulares. Sobre esta desigualdad socioeconómica la excepción benjaminiana se tornó más amplia y compleja.

En el tercer capítulo recuperamos el proceso de tránsito de la etapa de la industrialización al nuevo capitalismo. El tránsito internacional o mundial se ubica en los años setenta con la política neoliberal de Thatcher en Inglaterra y Reagan en Estados Unidos, más los cambios en las comunicaciones y en los procesos productivos que llevan a la sociedad al nuevo capitalismo basado en la ciencia y la tecnología. En México el cambio se retrasa debido a las políticas populistas de Echeverría y López Portillo, en consecuencia no es sino hasta el gobierno de Miguel de la Madrid cuando arranca el tercer periodo modernizador, ahora

el neoliberal. En realidad desde la crisis de 1982 hasta la fecha el país
ha vivido dentro de una crisis económica, un crecimiento económico
débil, una mayor diferenciación de la sociedad, un crecimiento de la
población excluida. La ciudad de México sufre esta crisis por la desindustrialización y los efectos de una urbanización caótica. Xochimilco,
a partir de los años ochenta y en especial después del terremoto de
1985, vive años decisivos para la definición de su futuro. Se presentan
dos procesos contrapuestos, por una parte la urbanización basada en
barrios de clase media y media alta, con una recuperación del sector
turismo y con una vocación internacional; por la otra, una urbanización caótica emprendida por los asentamientos irregulares, la venta
ilegal de tierra ejidales o de conservación ideológica, la degradación
ecológica, etc. La posibilidad de orientar la delegación hacia uno u
otro camino dependía de las negociaciones con los propietarios de
las tierras, especialmente las ejidales, y el convencimiento de los pobladores para la realización de las obras programadas. El gobierno de
la ciudad fracasó, los campesinos se opusieron, se incrementó la venta
ilegal de las tierras y la delegación siguió el segundo proceso.

Otra conclusión de nuestro análisis en el tercer capítulo es la creación de un sistema de partido único en la delegación, así como en la
mayor parte de la ciudad. Este proceso va a contrapelo de la transición
a la democracia electoral que se vive en el país. El Partido de la Revolución Democrática, por medio de sus tribus, ha logrado, mediante
el clientelismo, reducir al máximo la pluralidad partidaria, limitar la
competencia política, incluso entre las propias tribus. Se recrea un
sistema con fuertes rasgos autoritarios, personalistas y clientelares.

De acuerdo con las opiniones de nuestros entrevistados la administración pública en la delegación, el gobierno local, es ineficiente, no
rinde cuentas a nadie y siempre que se tiene que acudir a ella representa una pérdida de tiempo para la gente, que se expone al mal trato
y a la corrupción de los funcionarios.

La conclusión quizá más interesante de este capítulo es que por
una parte encontramos que los habitantes de Xochimilco tienen una
alta escolaridad en promedio; de acuerdo con lo que respondieron
nuestros entrevistados su conocimiento político es amplio y evalúan
a las autoridades y al sistema, es decir, tienen las condiciones para ser
ciudadanos competentes, participativos. Asimismo, la delegación en
su caracterización de "municipio" marginal muestra niveles muy bajos, lo que también la ubicaría como candidata en la búsqueda de un

alto desempeño político. Sin embargo, por la otra parte, vemos que los entrevistados se declararon como ciudadanos ineficientes, reacios a la participación cívica o política, y el análisis de los procesos electorales muestra un subdesarrollo político causado por la actuación de las tribus del PRD.

Así, por una parte existen las condiciones culturales y de desarrollo social para que Xochimilco pudiese vivir una vida democrática, pero esta posibilidad es negada por el sistema político y la clase política que se apropió de la delegación.

El análisis de la realidad de Xochimilco en el tercer capítulo nos mostró la manera en que el abandono del viejo sistema político corporativo y autoritario y el realce del regreso del (neo)liberalismo, encabezado por la democratización y el reinado del mercado, recoloca la oposición entre la desigualdad real de la sociedad (que se incrementa) y la igualdad ante la ley (que ahora es de nuevo valorada). Como en el siglo XIX, en la medida en que la ley no se aplica siempre sino que tiene permanentes excepciones (el Estado de derecho no es plenamente vigente, el derecho convive con su negación para ordenar la vida pública), se restablece el Estado de excepción y buena parte de la vida de los ciudadanos se realiza dentro de ambientes y trayectorias ilegales.

En conclusión, la ciudadanía de los xochimilcas tiene fuertes contrastes que la mantienen como una ciudadanía precaria. Los derechos civiles, especialmente la impartición de justicia y la seguridad pública, son muy deficientes; los derechos políticos se recuperaron parcialmente, su representación en el gobierno de la delegación es muy limitado, por no decir nulo, por causa del pésimo diseño institucional del gobierno de la ciudad y, además, los derechos políticos son negados por las relaciones clientelares impulsadas por el PRD y sus gobiernos, que restablecen el sistema de partido único, sofocan la pluralidad partidaria y limitan la vida democrática. Los derechos sociales son amplios aunque de baja calidad; predomina la definición universal en educación, en salud, y apoyos a adultos mayores y madres solteras, además de los focalizados en vivienda, apoyos a los pobres y seguro de desempleo.

En el cuarto capítulo analizamos cómo funcionan en lo cotidiano el Estado de derecho y su contraparte, el Estado de excepción. Los tres casos seleccionados nos permitieron conocer vivencias de ciudadanía diferentes.

En los tres casos están presentes las categorías centrales de nuestro análisis: *a*] la debilidad de las normas jurídicas para regular las relaciones en el espacio público; *b*] la debilidad del gobierno para hacer valer el derecho y las garantías ciudadanas para resolver los problemas que crean las relaciones con los actores, lo cual compensa con la arbitrariedad, el abuso del poder, la corrupción, la negociación al margen de la ley, y *c*] la producción de ciudadanía precaria y, contradictoriamente, la formación de nuevos derechos ciudadanos.

Los casos seleccionados también muestran la continuidad de los pueblos de Xochimilco, que se refleja en la tradición de las fiestas cívico-religiosas y de la práctica de vender en la vía pública los productos agropecuarios y artesanales de la región; así como las nuevas actividades como el trasporte en bicitaxis o la venta de productos de afuera y sobre todo piratas, de contrabando.

Entre los primeros hay un proceso de creación de ilegalidad por las nuevas clasificaciones del derecho (comerciantes con derecho a vender en la vía pública y los que están prohibidos de hacerlo; los transportes tolerados y los regularizados), por la expansión de la urbanización que cerca las actividades tradicionales y las coloca en una situación de confrontación con los nuevos habitantes (la ocupación de vías públicas para la celebración de las fiestas, el ruido que provocan las celebraciones y otras actividades que afectan los derechos de otros ciudadanos).

Entre los segundos la ilegalidad está en su origen: los vendedores en vía pública que se colocan en la calle sin autorización y en confrontación con las autoridades y con otros comerciantes, o el prestar servicios de transporte no previstos en la ley, como es el caso de los bicitaxis o de los taxis de la montaña.

Hemos destacado las diferentes dinámicas en los tres casos. En las fiestas de la Virgen de los Dolores la centralidad de la comunidad para los habitantes de los pueblos y barrios que participan permite que la oposición de otras instituciones, la Iglesia y el gobierno, pueda ser superada en favor de la tradición. Las autoridades de la delegación deben admitir el desarrollo de las actividades a pesar de que violan o limitan los derechos de otros ciudadanos.

En nuestro balance definimos que la comunidad no es contraria a la ciudadanía, no encontramos que los derechos y obligaciones colectivas sean una traba al desarrollo de los derechos y obligaciones ciudadanos, que son siempre individuales; la oposición entre el gobierno y la comunidad o comunidades resulta de la incapacidad del primero (en tanto que institución y no sólo como gobierno actual) para garantizar y estimular el desarrollo comunitario; en la planeación urbana nunca se consideraron sus necesidades, por el contrario, se les arrinconó y se les obligó a invadir los espacios públicos para desarrollar sus fiestas. Asimismo, la división tajante que hay entre la organización cívico-religiosa y la organización cívica se explica por la defensa de la autonomía de la comunidad, de no contaminarla con la política, ni con la administración del gobierno (y tampoco la de la Iglesia), y no porque se oponga a la individuación de los ciudadanos y a su organización cívica para exigir, en tanto que ciudadanos, sus derechos y supervisar al gobierno; aquí la conclusión es que no hay organización cívica ni participación por la incapacidad de mover al gobierno, por la ineficiencia y corrupción de éste.

En el caso de los vendedores de vía pública, la organización clientelar, la negociación al margen de la ley, alcanza su plenitud. Resalta el discurso pseudolegal de los actores, su supuesto derecho a vender en donde está explícitamente prohibido, por un permiso derivado de un programa de regularización o por un amparo que sólo protege a 40 vendedores y que es utilizado por los líderes como argumento falaz para muchos más comerciantes. Ese derecho debe ser renovado trimestralmente y muchos no lo hacen; lo mismo pasa con el amparo. En realidad la eficiencia de las organizaciones y de los líderes está en la negociación permanente con los gobernantes y en el intercambio de favores. El supuesto derecho, amparado por el pago del derecho de piso, es utilizado para llamar "ilegales" a los vendedores de adentro del mercado que salen a vender afuera. Este uso del supuesto derecho de los vendedores refleja el mismo procedimiento que funciona en el Estado de excepción permanente. Al contrario de lo encontrado en el caso de las fiestas de la Virgen de los Dolores, en el caso de los vendedores hay obviamente una limitación de los derechos de otros ciudadanos, y la incapacidad (y falta de voluntad) del gobierno para protegerlos. En esta dinámica el propio gobierno se contamina y es corroído por la lógica clientelar, los funcionarios son seleccionados por sus relaciones clientelares y no por su capacidad administrativa o de gestión pública; el gobierno (y el PRD) es privatizado. La situación laboral de los vendedores en la vía pública está precarizada, son vulnerables al desalojo, y sus derechos políticos son conculcados, convertidos en parte de los corrales electorales.

Los bicitaxis nos enseñaron otra relación con las autoridades. Su desarrollo se da en un vacío jurídico, que es llenado por un reglamento que faculta a las autoridades de la delegación a ordenarlos y controlarlos. La relación con las autoridades se dio dentro de lo establecido y la regularización creó derechos, ciertamente precarios, y comprometió a los bicitaxistas y a sus organizaciones a limitar el crecimiento del número de vehículos que pueden circular. Una actividad que fácilmente habría podido ser clientelizada, como de hecho sucede en otras delegaciones, fue canalizada por una relación jurídica, que crea ciudadanía y certeza. Es claro que su situación puede ser alterada, como lo constatamos en el caso de los taxis de la montaña, y que otras autoridades pueden manejar los permisos y la relación con los líderes para clientelizar, pero aun con esa precariedad el caso de los bicitaxis nos muestra que los caminos de la ciudadanía son posibles.

Al final nuestra conclusión central es que la ciudadanía precaria, tanto en su eficiencia ciudadana frente al Estado como en el goce de sus derechos e incluso en el cumplimiento de las obligaciones, tiene como principal fuente al Estado de excepción permanente, que se materializa tanto en la carencia de un sistema de justicia que proteja a los ciudadanos como en gobiernos que aprovechan la polarización social, la carencia de un amplio sector de la población para clientelizar las relaciones con la ciudadanía y para privatizar o permitir la privatización de los espacios públicos.

BIBLIOGRAFÍA

Adler Lomnitz, Larissa, 1975, *Cómo sobreviven los marginados*, México, Siglo XXI Editores.

Agamben, Giorgio, 1998, *Homo Sacer. El poder soberano y la nuda vida*, Valencia, Pre-Textos.

——, 2004, *Estado de excepción. Homo sacer II, 1*, Valencia, Pre-Textos.

Almond, Gabriel, y Sidney Verba, 1963, *The civil culture: Political Attitudes and Democracy in Five Nations*, Nueva York, Princeton University Press.

Annino, Antonio y François-Xavier Guerra (coords.), 2003, *Inventando la nación, Iberoamérica. Siglo XIX*, México, Fondo de Cultura Económica.

Annino, Antonio, 1995, "Prácticas criollas y liberalismo en la crisis del espacio urbano colonial", pp. 17-64, en Enrique Montalvo (coord.), *El águila bifronte. Poder y liberalismo en México*, México, INAG, Colección Divulgación.

——, 2002, "Ciudadanía *versus* gobernabilidad republicana en México", en Hilda Sábato (coord.), *Ciudadanía política y formación de las naciones. Perspectivas históricas de América Latina*, México, Fondo de Cultura Económica, El Colegio de México-Fideicomiso Historia de las Américas, Serie Estudios, pp. 62-93.

Araya Espinoza, Alejandra, 2005, "De los límites de la modernidad a la subversión de la obscenidad: vagos, mendigos y populacho en México, 1821-1871", en Romana Falcón (coord.), *Culturas de pobreza y resistencia. Estudios de marginados, proscritos y descontentos, México: 1804-1910*, México, El Colegio de México, Universidad Autónoma de Querétaro, pp. 45-72.

Azuela, Antonio, 2006, *Visionarios y pragmáticos. Una aproximación sociológica al derecho ambiental*, México, IIS-UNAM, Fontamara.

Banfield, Edward C., 1958, *The Moral Basic of Backward Society*, Chicago, Chicago Free Press.

Barbosa Cruz, Mario, 2004, "Entre naturales, ajenos y avecindados. Crecimiento urbano en Xochimilco, 1929-2004", en María Eugenia Terrones López (coord.), *A la orilla del agua: política, urbanización y medio ambiente. Historia de Xochimilco en el siglo XX*, México, Gobierno del Distrito Federal, Delegación Xochimilco, Instituto Mora, pp. 153-207.

Bartra, Roger, 2007, *Fango sobre la democracia, textos polémicos sobre la transición mexicana*, México, Planeta Mexicana, Temas de hoy.

Bauman, Zygmunt, 2000, *Trabajo, consumismo y nuevos pobres* [Traducción de Victoria de los Ángeles Boschiroli], Barcelona, Gedisa.

Beck, Ulrich, 2002, *La sociedad del riesgo global*, Madrid, Siglo XXI Editores.

Belingeri, Marco, 1995, "Soberanía o representación: legitimidad de los cabildos y la conformación de las instituciones liberales en Yucatán", en Enrique Montalvo (coord.), *El águila bifronte. Poder y liberalismo en México*, México, INAH, Colección Divulgación, pp. 65-89.

Bendix, Reinhard, 1996, *Construção nacional e cidadania*, São Paulo, Edusp.

Benjamin, Walter, 1990, *El origen del drama barroco alemán*, Madrid, Taurus.

——, 1987, "Tesis de filosofía de la historia", *Discursos interrumpidos*, Madrid, Taurus.

Bracho, Julio, 1990, *De los gremios al sindicalismo, genealogía corporativa*, México, IIS-UNAM.

Bravo, Carlos, 2007, *Tulyehualco más que un pueblo*, México, Programa de Apoyo a Pueblos Originarios, Mirada Interactiva, A.C.

——, 2008, "Gobierno y ejercicio de la ciudadanía en la delegación Xochimilco", tesis de maestría en sociología (en proceso), México, Facultad de Ciencias Políticas y Sociales, UNAM.

Cadena Roa, Jorge, 2008, "Derechos ciudadanos y democracia en América Latina", en Julio Labastida Martín del Campo, Miguel Armando López Leyva y Fernando Castaños (coords.), *La democracia en perspectiva: consideraciones teóricas y análisis de casos*, México, IIS-UNAM.

Calderón Mólgora, Marco Antonio, 2002, "Ciudadanos e indígenas en el Estado populista", en Marco Antonio Calderón Mólgora, Willem Assies y Tom Salman (eds.), *Ciudadanía, cultura política y reforma del Estado en América Latina*, Zamora, El Colegio de Michoacán y el Instituto Federal Electoral de Michoacán, pp.103-123.

——, 2004, *Historias, procesos políticos y cardenismos: Cherán y la sierra purépecha*, Zamora, El Colegio de Michoacán.

Canabal Cristiani, Beatriz, 1997, *Xochimilco: una identidad recreada*, México, Universidad Autónoma Metropolitana, Unidad Xochimilco, Serie Colección Ensayos.

Carmagnani, Marcello, y Alicia Hernández Chávez, 2002, "La ciudadanía orgánica mexicana, 1850-1910", en Hilda Sábato (coord.), *Ciudadanía política y formación de las naciones. Perspectivas históricas de América Latina*, México, Fondo de Cultura Económica, El Colegio de México, Fideicomiso Historia de las Américas, Serie Estudios, pp. 371-404.

Carmagnani, Marcello, 1995, "La libertad, el poder y el Estado antes de la Revolución", en Enrique Montalvo (coord.), *El águila bifronte. Poder y liberalismo en México*, México, INAH, Colección Divulgación, pp. 223-242.

Carrillo Luvianos, Alejandro *et al.*, 2006, *Diversidad religiosa en Xochimilco*, México, Universidad Autónoma Metropolitana, Gobierno del Distrito Federal, Delegación Xochimilco.

Castel, Robert, 1997, *La metamorfosis de la cuestión social. Una crónica del salariado* [Traducción de Jorge Piatigorsky], Buenos Aires, Paidós.

Castells, Manuel, 1999, *La era de la información: economía, sociedad y cultura*, (3 vols.), México, Siglo XXI Editores.

Castro, Roberto, 2000, *La vida en la adversidad: el significado de la salud y la reproducción en la pobreza*, México, Centro Regional de Investigaciones Multidisciplinarias, UNAM.

Centro Operacional de Vivienda y Doblamiento, 1976, A.C., "Xochimilco: agricultura o pavimento", *Dinámica habitacional 11*, México, 2a. época, núm. 11.

CEPAL y Secretaría General Iberoamérica, 2007, *Cohesión social en Iberoamérica*, Madrid, CEPAL y SGI.

CONAPO, 2005, *Distrito Federal: población total, indicadores socioeconómicos, índices de marginación, lugar que ocupan en el nivel nacional y estatal por municipios*, México, Segob. Los datos corresponden al II Recuento de Población y Vivienda 2005, y a la Encuesta Nacional de Ocupación y Empleo (ENOE), IV trimestre, 2005.

Contreras Suárez, Enrique, 2002, "Moralidad, privación, vulnerabilidad y desarrollo de capacidades: una revisión de las viejas y nuevas dimensiones de la pobreza", en *Acta Sociológica*, núm. 36, septiembre-diciembre, pp. 13-34.

Cornelius, Wayne A., 1980, *Los inmigrantes pobres en la ciudad de México y la política* [Traducción de Roberto Reyes Masón], México, Fondo de Cultura Económica.

Cornwell, J., 1984, *Hard-Earned Lives. Accounts of Health and Illness from East London*, Londres, Travistock Publications.

Crozier, Michel, S.P. Huntington y J. Watanuki, 1975, *The Crisis of Democracy. Report on the Governability of Democracies to the Trilateral Commission*, Nueva York, New York University Press.

Dagnino, Evelina, Alberto J. Ortega y Aldo Panficci (coords.), 2006, "Introducción: Para otra lectura de la disputa por la construcción democrática en América Latina", en Evelina Dagnino, Alberto J. Ortega, y Aldo Panficci (coords.), *La disputa por la construcción democrática en América Latina*, México, Centro de Investigaciones y Estudios Superiores en Antropología Social, Dimensión Editorial Universidad Veracruzana, Fondo de Cultura Económica.

De la Garza, Enrique, y Carlos Salas, 2003 (coords.), *La situación del trabajo en México: 2003*, México, Plaza y Valdés, Instituto de Estudios del Trabajo, Universidad Autónoma Metropolitana, AFL-CIO.

De la Rocha, Mercedes, y Paloma Villagómez Ornelas, 2007, "Espirales de desventajas, ciclo vital y aislamiento social", en Gonzalo A. Saraví, *De la pobreza a la exclusión. Continuidades y rupturas de la cuestión social en América Latina*, México, CIESAS, Prometeo Libros.

Dos Santos, Laymert Garcia, 2007, "Brasil contemporaneo: Estado de Excepção", en Francisco De Oliveira y Cibele Saiba Rizec [org.], *A era de indeterminação*, São Paulo, Boitempo, pp. 289 a 352.

———, "Perspectivas que a revolução micro-eletrônica e a internet abrem à luta pelo socialismo", *Seminário "Socialismo e Democracia"*, Partido dos Trabalhadores, São Paulo, 4 de junio de 2001.

Durand Ponte, Víctor Manuel, 2007, "Cultura política y participación ciudadana", *Cultura política y participación ciudadana en México. Antes y después del 2006*, México, Segob (en prensa).

——, 1986, *La ruptura de la nación. Historia del movimiento obrero mexicano desde 1938 hasta 1952*, México, IIS-UNAM.

——, 2002, "El imperio de la desconfianza: Debilidad mexicana", en *Acta Sociológica*, Coordinación de Sociología, Facultad de Ciencias Políticas y Sociales, UNAM, núm. 36, septiembre-diciembre, pp. 85 122.

——, 2004, *Ciudadanía y cultura política: México 1993-2001*, México, Siglo XXI Editores.

——, 2007ª, Prólogo a Jorge Hernández (coord.), *Ciudadanías diferenciadas en un Estado multicultural: los usos y costumbres en Oaxaca*, México, UABJO, Siglo XXI Editores.

Edelman, Bernard, 1999, *La personne en danger*, París, Presses Universitaires de France.

Escalante Gonzalbo, Fernando, 1992, *Ciudadanos imaginarios. Memorial de los afanes y desventuras de la virtud y apología del vicio triunfante en la República mexicana*, México, El Colegio de México.

Esping-Andersen, Gösta, 1991, "As tres economias políticas do Welfare State", *Lua Nova*, São Paulo, CEDEC, pp. 85-116.

——, 1997, *Fundamentos sociales de las economías postindustriales* [Traducción de Francisco Ramos], Barcelona, Ariel.

——, 1999, "Trabajo, familia y Estado de bienestar", en Manuel Castells y Gösta Esping-Andersen, *La transformación del trabajo*, Barcelona, Los libros de la Factoría.

Ferrer Muñoz, Manuel, 1993, *La Constitución de Cádiz y su aplicación en la Nueva España*, México, UNAM.

Fajnzylber, F., 1983, *La industrialización trunca de América Latina*, México, Nueva Imagen.

Florescano, Enrique, 1997, *Etnia, Estado y nación. Ensayo sobre las identidades colectivas en México*, México, Aguilar.

Garzón Lozano, Luis Eduardo, 2002, *Xochimilco hoy*, México, Delegación Xochimilco, Gobierno del Distrito Federal, Instituto Mora.

Garzón Valdés, Ernesto, 2002, "Estado de derecho y democracia en América Latina", en Miguel Carbonell, Wistano Orozco y Rodolfo Vázquez (coords.), *Estado de derecho. Conceptos fundamentales y democratización en América Latina*, México, UNAM, ITAM y Siglo XXI Editores, pp. 205-234.

Geertz, Clifford, 1994, *Conocimiento local*, Barcelona, Paidós.

Giannotti, José Arthur, 2000, *Marx, vida y obra*, São Paulo, L&PM, Filosofía.

——, 2003, "O novo imperio", en *Folha de São Paulo, Suplemento Mais!*, São Paulo, 16 de marzo.

——, *Certa herança marxista*, São Paulo, Companhia Das Letras.

González Casanova, Pablo, 1964, *La democracia en México*, México, Era.

Guerra, François-Xavier, 1988, *México: del antiguo régimen a la Revolución* (2 vols.), México, Fondo de Cultura Económica.

——, 2002, "El soberano y su reino. Reflexiones sobre la génesis del ciudadano en América Latina", en Hilda Sábato, (coord.), *Ciudadanía política y formación de las naciones. Perspectivas históricas de América Latina*, México, Fondo de Cultura Económica, El Colegio de México, Fideicomiso Historia de las Américas, Serie Estudios, pp. 33-61.

Gurza Lavalle, Adrián, Meter Houtzager y Graciela Castello, 2006, "Reforma da democracia, pluralização da representação politica e sociedade civil", *Lua Nova*, 67, São Paulo, CEDEC, pp 43-63.

Habermas, Jürgen, 1992, "Citizenship and nacional identity: some reflections on the future of Europe", en *Praxis International*, núm. 2, pp. 1-19.

——, 1984, *Mudança estrutural da esfera pública*, Río de Janeiro, Tempo Brasileiro.

Hardt, Michael, y Antonio Negri, 2004, *Imperio*, Buenos Aires, Paidós, Colección Estado y Sociedad, núm. 95.

——, 2004, *Multitud. Guerra y democracia en la era del Imperio*, Barcelona, Debate.

Hernández-Díaz, Jorge (coord.), 2007, *Ciudadanías diferenciadas en un estado multicultural: los usos y costumbres en Oaxaca*, México, Siglo XXI Editores-Universidad Autónoma Benito Juárez de Oaxaca.

Hernández Silva, Héctor, 2003, *Xochimilco ayer III*, México, Delegación Xochimilco, Gobierno del Distrito Federal, Instituto Mora.

Hirschman, Albert O., 1991, *Retóricas de la intransigencia* [Traducción de Tomás Segovia], México, Fondo de Cultura Económica.

Huntington, Samuel, 1994, *La tercera ola. La democratización a finales del siglo XX*, Buenos Aires, Paidós.

Jameson, Fredric, 1998, *The cultural turn*, Londres y Nueva York, Verso.

——, 2001, *A cultura do dinheiro, Ensaios sobre a globalização*, São Paulo, Editora Vozes.

Kabeer, Naila, 1996, *Realidades trastocadas. Las jerarquías de género en el pensamiento del desarrollo* [Traducción de Isabel Vericat], México, PUEG-UNAM.

Katz, Friedrich, 1966, *Situación social y económica de los aztecas durante los siglos XV y XVI*, México, UNAM.

Katzman, Rubén, y Guillermo Wormald, 2002, *Trabajo y ciudadanía. Los cambiantes rostros de la integración y exclusión social en cuatro áreas metropolitanas de América Latina*, Buenos Aires, Cebra.

Katzman, Rubén, 2002, "Convergencias y divergencias: explotación sobre los efectos de las nuevas modalidades de crecimiento sobre la estructura social de cuatro áreas metropolitanas en América Latina", en Rubén Katzman y Guillermo Wormald, *Trabajo y ciudadanía. Los cambiantes rostros de la integración y exclusión social en cuatro áreas metropolitanas de América Latina*, Buenos Aires, Cebra.

Kelsen, Hans, 1975, *Teoría pura del derecho. Introducción a la ciencia del derecho* [Traducción de Moisés Nilve], Buenos Aires, Eudeba.

Kovarik, Lúcio, 2000, *Escritos urbanos*, São Paulo, Editora 34.

Kymlicka, Will, y Wayne Norman, 1994, "El retorno del ciudadano. Una revisión de la producción reciente en teoría de la ciudadanía", *La Política-Revista de Estudios sobre el Estado y la Sociedad,* 3, Barcelona, Paidós, pp. 3-39.

Kymlicka, Will, 1996, *Ciudadanía multicultural. Una teoría liberal de los derechos de las minorías,* Barcelona, Paidós.

Labastida, Jaime, 2007, "Prólogo" a Lewis H. Morgan y Adolph F. Bandelier, *México antiguo,* México, Siglo XXI Editores.

Leca, J., 1992, "Questions on Citizenship", en Chantal Moufee, *Dimension of Radical Democracy. Pluralism, Citizenship and Community,* Londres, Verso.

Lempérière, Annick, 2003, "De la república corporativa a la nación moderna, México (1821-1860)", en Antonio Aninno y François-Xavier Guerra (coord.), *Inventando la nación, Iberoamérica. Siglo XIX.* México, Fondo de Cultura Económica, pp. 316-346.

Lira, Andrés, 2003, "El Estado liberal y las corporaciones en México (1821-1859)", en Antonio Annino y François-Xavier Guerra (coords.), *Inventando la nación: Iberoamérica. Siglo XIX,* México, Fondo de Cultura Económica, pp. 379-398.

López Austin, Alfredo, 1961, *La constitución real de Mexico-Tenochtitlan,* México, Instituto de Investigaciones Históricas-UNAM.

Marshall, T.H., 1967, *Cidadania, classes e status,* Río de Janerio, Zahar.

Martí, José, 1977, *Nuestra América,* Caracas, Biblioteca Ayacucho.

Martuccelli, Danilo, 2007, *Cambio de rumbo. La sociedad a escala del individuo,* Santiago de Chile, LOM ediciones.

Marx, Karl, 1978, "Las luchas de clases en Francia de 1848-1850" (edición original en 1850), en *Obras escogidas en dos tomos,* Moscú, Progreso, pp. 103-124.

——, 1968, *El Capital. Crítica de la economía política* (edición original en 1894), México, Fondo de Cultura Económica.

——, 1978, "El dieciocho brumario de Luis Bonaparte" (edición original en 1852), en *Obras escogidas en dos tomos,* Moscú, Progreso, pp. 225-321.

——, 1978, "La guerra civil en Francia" (edición original en 1850), en *Obras escogidas en dos tomos,* Moscú, Progreso, pp. 451-524.

Marx, Karl, y F. Engels, 1978, "Manifiesto del Partido Comunista" (edición original en 1894), en *Obras escogidas en dos tomos,* Moscú, Progreso, pp. 20-51.

Mill, John S., 2001, *Consideration of Representative Goverment,* Madrid, Alianza Editorial.

Moisés, José Álvaro, 2005, "Cidadania, confianza e instituições democráticas", en *Lua Nova,* São Paulo, núm. 65, pp. 71-94.

Molina Enríquez, Andrés, 1964, *Los grandes problemas nacionales,* México, Instituto Nacional de la Juventud.

Molinar Horcasitas, Juan, 1991, *El tiempo de la legitimidad. Elecciones, autoritarismo y democracia en México,* México, Cal y Arena.

Montalvo, Enrique (coord.), 1995, "Liberalismo y libertad de los antiguos en México (el siglo XIX y los orígenes del autoritarismo mexicano)", en Enrique Montalvo, *El águila bifronte. Poder y liberalismo en México*, INAH, Colección Divulgación, pp. 243-244.

—— (coord.), 1995, *El águila bifronte. Poder y liberalismo en México*, INAH, Colección Divulgación.

Moreno, Manuel N., 1962, *La organización política y social de los aztecas*, México, INAH.

Moreno-Brid, Juan Carlos, y Jaime Ros, 2004, "México: Las reformas del mercado desde una perspectiva histórica", en *Revista de la CEPAL*, núm. 84, Santiago de Chile, CEPAL.

Morgan, Lewis H., y Adolph F. Bandelier, 2004, *México antiguo*, México, Siglo XXI Editores.

Mouffe, Chantal, 2006, "Democracia, ciudadanía y la cuestión de pluralidad", en Lucía Álvarez, Carlos Enríquez, Victoria San Juan y Cristina Sánchez Mejorada (coords.), *Democracia y exclusión. Caminos encontrados en la ciudad de México*, México, UNAM, UAM, UACM, INAH, Plaza y Valdés.

——, 1992, "Democratic citizenship and the political community", en Chantal Mouffe, *Dimensions of Radical Democracy. Pluralism, Citizenship and Community*, Londres, Verso.

Nun, José, 1969, "Superpoblación relativa, ejército industrial de reserva y masa marginal", *Revista Latinoamericana de Sociología* (2), Buenos Aires, pp. 178-236.

Oakeshott, M., 1975, *On human conduct*, Oxford, Oxford University Press.

O'Donnell, Guillermo, 2004, "Notas sobre la democracia en América Latina", en *La democracia en América Latina. Hacia una democracia de ciudadanas y ciudadanos*. (Apartado: El debate conceptual sobre la democracia), Nueva York, PNUD, <http://www.democracia.undp.org>, pp. 11-82.

——, 2002, "Acerca del Estado, la democratización y algunos problemas conceptuales. Una perspectiva latinoamericana con referencias a países poscomunistas", en Miguel Carbonell, Wistano Orozco y Rodolfo Vázquez (coords.), *Estado de derecho. Conceptos fundamentales y democratización en América Latina*, México, D.F., UNAM, ITAM y Siglo XXI Editores, pp. 235-263.

Offe, Claus, 1982, "Las contradicciones de la democracia capitalista", en *Cuadernos Políticos*, octubre-diciembre, núm. 34, México D.F., Ediciones Era.

——, 1990, *Contradicciones en el Estado de bienestar*, México, Alianza.

Oliveira, Francisco de y Cibele Saiba Rizak (coords.), 2007, *A era da indeterminação*, São Paulo, Boitempo.

——, 2007, "Das Invençóes à indeterminação", en Francisco de Oliveira y Cibele Saiba Rizak (org.), *A era da indeterminação*, São Paulo, Boitempo.

——, 2003, *Crítica à razão dualista o ornitorrinco*, São Paulos, Boitempo.

——, 2007, "O momento Lenin", en Francisco de Oliveira y Cibele Saiba Rizak (org.), *A era da indeterminação*, São Paulo, Boitempo.

Oppenheimer, Andrés, 2007, "La globalización estudiantil", reseña del reporte Puertas Abiertas del Instituto de Investigación Internacional (IIE) con sede en Nueva York, en periódico *Reforma , Sección Internacional,* El informe Oppenheimer, México, p. 2.

Ordóñez, Sergio, 2004, "La nueva fase del desarrollo y el capitalismo del conocimiento: elementos teóricos", *Revista Comercio Exterior,* vol. 54, núm.1, enero, México, Banco Nacional de Comercio Exterior.

Pensado, María Patricia, 2001, "Reconstrucción de la identidad de un barrio en San Gregorio Atlapulco, Xochimilco, ciudad de México, a través de la historia oral (1940-1990)", tesis doctoral, México, Facultad de Filosofía y Letras-UNAM.

Pérez Munguía, Patricia, 2005, "Los vagos y las leyes de vagancia en Querétaro: Oportunidades y rupturas entre la colonia y el siglo XIX", en Romana Falcón (coord.), *Cultura de la pobreza y resistencia. Estudios de marginados, proscritos, descontentos en México, 1804-1910,* México, El Colegio de México, Universidad Autónoma de Querétaro, pp. 73-98.

Pérez Toledo, Sonia, 1996, *Los hijos del trabajo,* México, UAM-El Colegio de México.

Pérez Zevallos, Juan Manuel, 2002, *Xochimilco ayer I,* México, Delegación Xochimilco, Gobierno del Distrito Federal, Instituto Mora.

——, 2002, *Xochimilco ayer II,* México, Delegación Xochimilco, Gobierno del Distrito Federal, Instituto Mora.

Peschard, Jacqueline, 1995, "Votos y representatividad política en la ARDF" en Germán Pérez del Castillo *et al.* (coords.), *La voz de los votos: un análisis crítico de las elecciones de 1994,* México, Miguel Ángel Porrúa, FLACSO, pp. 307-324.

Pharr, Susan J., y Robert D. Putnam, 2000, *Disaffected Democracies: What's Troubling the Trilateral Countries?,* Princeton, Princeton University Press.

PNUD, 2004, *La democracia en América Latina. Hacia una democracia de ciudadanas y ciudadanos,* Buenos Aires, Alfaguara.

Polanyi, Karl, 2003, *La gran transformación. Los orígenes políticos y económicos de nuestro tiempo,* México, Fondo de Cultura Económica.

Pozas Horcasitas, Ricardo, 1993, *La democracia en blanco: el movimiento médico en México, 1964-1965,* México, Siglo XXI Editores, Instituto de Investigaciones Sociales-UNAM.

Preeman, C., y C. Pérez, 1998, "Structural Crisis of Adjustment Business Cycles and Investment Behavior", en G. Dosi *et al., Technical Change and Economic Thoery,* Londres, Printer.

Prieto Hernández, Ana María, 2001, *Acerca de la pendenciera e indisciplinada vida de los léperos capitalinos,* México, Conaculta, Culturas Populares e Indígenas.

Putnam, Robert, 2003, *El declive del capital social: un estudio internacional sobre las sociedades y el sentido comunitario,* Barcelona, Galaxia Gutenberg, Círculo de Lectores.

Rancière, Jacques, 1996. *El desacuerdo: Política y filosofía,* Buenos Aires, Nueva Visión.

Roberts, Bryan, 2007, "Pobreza y exclusión: Balance y perspectivas para América Latina", en Gonzalo A. Saraví, *De la pobreza a la exclusión. Continuidades y rupturas de la cuestión social en América Latina*, México, CIESAS, Prometeo Libros, pp. 201-232.

Rojas, Georgina, 2002, "Estructura de oportunidades y uso de los activos familiares a la pobreza en la ciudad de México durante los años noventa", en Rubén Katzman y Guillermo Wormald, *Trabajo y ciudadanía. Los cambiantes rostros de la integración y exclusión social en cuatro áreas metropolitanas de América Latina*, Montevideo, Editor Fernando Errandonea.

Romero Lankao, P. y Eike Duffing, 2004, "Tres procesos contradictorios. Desarrollo humano, medio ambiente y políticas públicas durante el siglo XX", en María Eugenia Terrones (coord.), *A la orilla del agua: política, urbanización y medio ambiente. Historia de Xochimilco en el siglo XX*, México, Gobierno del Distrito Federal, Delegación Xochimilco, Instituto Mora.

Rosanvallon, Pierre, 1992, *La consagración del ciudadano. Historia del sufragio universal en Francia*, México, Instituto Mora, Colección Itinerarios.

——, 1998, *El pueblo inalcanzable. Historia de la representación democrática en Francia*, México, Instituto Mora, Colección Itinerarios.

Rostow, W.W., 1961, *Las etapas del crecimiento económico: Un manifiesto no comunista*, México, Fondo de Cultura Económica.

Rubio, Luis, y Edna Jaime, 2007, *El acertijo de la legitimidad. Por una democracia eficaz en un entorno de legalidad y desarrollo*, México, Fondo de Cultura Económica-CIDAC.

Said, Edward W., 2003, *Cultura e política*, São Paulo, Boitempo.

Salles, Vania, y José Manuel Valenzuela, 1997, *En muchos lugares y todos los días. Vírgenes, santos y niños Dios. Mística y religiosidad popular en Xochimilco*, México, CES-Colmex.

Sandel, M., 1982, *Liberalism and these limits of justice*, Cambridge, Cambridge University Press.

Saraví, Gonzalo A., 2007, *De la pobreza a la exclusión. Continuidades y rupturas de la cuestión social en América Latina*, México, CIESAS, Prometeo Libros.

Schmitter, Philippe C., Wolfgang Streeck y Gerard Lehmbruch (coords.), 1992, *Neocorporativismo. Más allá del Estado y el mercado* (2 vols.), México, Alianza Editorial.

Schmith, Carl, 1975, *Estudios políticos*, Madrid, Doncel. Contiene "La época de la neutralidad", pp. 11-32; "Teología política", pp. 33-94; "El concepto de la política", pp. 95-166.

——, 1998, *Théologie politique*, París, Gallimard Bibliothèque des Science Humaines.

Schwarz, Roberto, 1999, "Fim de Século", *Seqüências Brasileiras*, São Paulo, Companhia das Letras, pp. 155-162.

Secretaría de Gobernación, 2005, *Tercera Encuesta Nacional sobre Cultura Política y Prácticas Ciudadanas*, México, Poder Ejecutivo Federal.

Sen, Amartya, 1999, *Desenvolvimento como liberdade*, São Paulo, Companhia das Letras.

——, 2000, "Social exclusión: concept, applications and scrutiny", en *Social Development Papers, núm. 1: Office of Environment and Social Development*, Manila, Asian Development Bank.

——, 2001, *Desigualdade reexaminada*, São Paulo, Record.

——, 2003, "Pobre en términos relativos", en *Comercio Exterior*, mayo, vol. 53, núm. 5, México, pp.413-416.

Schumpeter, J.A., 1938, *Business Cycles: A Theoretical, Historical and Statistical Analysis of the Capitalist Process*, Nueva York, McGraw Hill.

Solange, Alberto, "Control de la Iglesia y transgresiones eclesiásticas durante el periodo colonial", en Claudio Lomnitz (coord.), *Vicios públicos y virtudes privadas: la corrupción en México*, México, CIESAS-Miguel Ángel Porrúa.

Stiglitz, Joseph E., 2002, *El malestar en la globalización*, Madrid, Taurus.

——, 2004, *Los felices 90. La semilla de la destrucción*, Madrid, Taurus.

Terrones López, María Eugenia (coord.), 2004, *A la orilla del agua: política, urbanización y medio ambiente. Historia de Xochimilco en el siglo XX*, México, Gobierno del Distrito Federal, Delegación Xochimilco, Instituto Mora.

Tilly, Charles, 1996, *Coerção, capital e estados europeus*, São Paulo, Edusp.

——, 1998, "Were Do Rights Come From", en Teda Skocpol (coord.), *Democracy, Revolution and History*, Ithaca, Cornell University Press, pp. 55-72.

Tirado Jiménez, Ramón, 2003, "La nueva teoría del crecimiento y los países menos desarrollados", en *Comercio Exterior*, vol. 53, núm. 10, octubre, México, pp. 918-934.

Tocqueville, Alexis, 1957, *La democracia en América*, México, Fondo de Cultura Económica.

Valadés, Diego, 2002, "La no aplicación de las normas y el Estado de derecho" en Miguel Carbonell, Wistano Orozco y Rodolfo Vázquez (coords.), *Estado de derecho. Conceptos fundamentales y democratización en América Latina*, México, D.F., UNAM, ITAM y Siglo XXI Editores, pp.129-186.

Weber, Max, 1955, *Economía y sociedad* (2 tomos), México, Fondo de Cultura Económica.

——, 1964, *La ética protestante y el espíritu del capitalismo*, Madrid, Editora Revista de Derecho Privado.

Wolin, Sheldon, 1992, "What revolutionary action jeans today?" en Chantal Mouffe, *Dimensions of radical democracy*, Londres, Nueva York, Verso.

Zepeda, Guillermo, 2004, *Crimen sin castigo. Procuración de justicia penal y ministerio público en México*, México, CIDAC-Fondo de Cultura Económica.

Zermeño, Sergio, 2005, *La desmodernidad mexicana y las alternativas a la violencia y a la exclusión en nuestros días*, México, Océano.

ANEXO. ENTREVISTAS REALIZADAS POR TEMA, ENTREVISTADO Y ENTREVISTADOR

Entrevistas generales

1. Facundo Millán. Secretario del Comité Único para el Control de Bienes y Festejos de Xaltocán, A.C., 62 años de edad, originario del Estado de México pero considerado xochimilca. Entrevistador: Víctor Manuel Durand Ponte. Las entrevistas a Facundo Millán fueron dirigidas por los siguientes temas y sus respectivas fechas:

   a) Fiesta de Xaltocán, 23 de febrero, 2006.
   b) Fiesta de Xaltocán, 2 de marzo, 2006.
   b) Organización e historia de Xochimilco, 6 de abril, 2006.
   b) Historia de Xochimilco, 20 de abril, 2006.
   b) Transporte y ciudadanía, 8 de agosto, 2006.
   c) Mercado y transporte, 15 de agosto, 2006.
   d) Historia de Xochimilco, 23 de enero, 2007
   e) Conflictos en las fiestas de Xaltocán, 3 de marzo, 2007.
   f) Política en Xochimilco, 6 de marzo, 2007.

2. Profesora Miriam, con la presencia de Santa Eslava. Entrevistador: Víctor Manuel Durand Ponte, 14 de abril, 2007.
3. Profesora Santa Eslava Martínez. Entrevistadores: Víctor Manuel Durand Ponte, Mariana Barrios Licea. Las entrevistas a la profesora Santa fueron dirigidas por los siguientes temas y sus respectivas fechas:

   a) Historia de vida, 17 de enero, 2007.
   b) Historia de vida, segunda parte, 24 de enero, 2007.
   c) Religiosidad y barrios, 31 de enero, 2007.
   d) Xochimilco, 7 de febrero, 2007.
   e) Xochimilco e historia de vida, 9 de marzo, 2007.

4. Carlos Bravo. Entrevistador: Víctor Manuel Durand Ponte, 21 de junio, 2005 y 5 de julio, 2006.

Entrevistas para comercio informal en Xochimilco

5. Gloria Vega, vendedora ambulante de verdura, 21 años. Entrevistadores: Dení Aguilar y Valeria Tirado, 20 de marzo, 2006.
6. Alfredo, vendedor ambulante de verduras y tubérculos. 25 años. Entrevistadores: Dení Aguilar y Valeria Tirado, 20 de marzo, 2006.
7. Alejandra, vendedora ambulante de verduras, 19 años de edad. Entrevistadores: Dení Aguilar y Valeria Tirado, 20 de marzo, 2006.
8. Rosalía, vendedora ambulante de verdura, 16 años. Entrevistadores: Dení Aguilar y Valeria Tirado, 20 de marzo, 2006.
9. Vendedora de mangos dentro del mercado. Entrevistadores: Dení Aguilar y Valeria Tirado, 20 de marzo, 2006.
10. Enrique Marín Torres, vendedor ambulante de medias. Entrevistadores: Francisco García, Adíram Salmerón, 26 de marzo, 2006.
11. Luis Enrique, locatario, vendedor de plantas. Entrevistadores: Eréndira Cabrera, Marisol Hernández, 5 de abril, 2006.
12. Miriam, vendedora ambulante, puesto de quesadillas. Entrevistadores: Eréndira Cabrera, Marisol Hernández, 5 de abril, 2006.
13. Victoria Sierra Sánchez, locataria, vendedora de utensilios de cocina. Entrevistadores: Dení Aguilar y Valeria Tirado, 9 de abril, 2006.
14. Jaime, vendedor ambulante, ingeniero mecánico. Entrevistadores: Dení Aguilar y Valeria Tirado, 16 de abril, 2006.
15. Rosa Jacinto, presidenta de la Organización Tianguistli, A.C., Entrevistadores: Mariana Barrios Licea, Isabel Talamantes Márquez, 25 de abril, 2006.
16. Arturo González, secretario de la Agrupación de Puestos Semifijos, Agricultores de Xochimilco y Milpalta, A.C. Entrevistadores: Mariana Barrios Licea, Isabel Talamantes, 25 de abril, 2006.
17. Juan Álvarez López, comerciante y presidente de la Agrupación de Comerciantes Semifijos Agricultores, Xochimilco, Milpa Alta, A.C., líder de la calle 16 de septiembre. Entrevistadores: Mariana

Barrios Licea, Isabel Talamantes Márquez, 27 de abril, 2006. Entrevistadores: Francisco García, Adíram Salmerón, mayo, 2006.

18. Javier Gutiérrez, vendedor ambulante de ropa interior. Entrevistadores: Eréndira Cabrera, Marisol Hernández, 29 de abril, 2006.

19. Agustín Montes de Oca Vázquez, vendedor ambulante de materias primas. Entrevistadores: Dení Aguilar y Valeria Tirado, 3 de mayo, 2006.

20. Guadalupe Ruiz, locataria, venta de productos esotéricos. Entrevistadores: Dení Aguilar y Valeria Tirado, 3 de mayo, 2008.

21. Enrique Vázquez Trujillo, Clínica Veterinaria en la calle Nezahualcóyotl. Entrevistadores: Dení Aguilar y Valeria Tirado, 3 de mayo, 2006.

22. Domitila Mendoza, locataria, vendedora de cortinas y manteles. Entrevistadores: Eréndira Cabrera, Marisol Hernández, 3 de mayo, 2006.

23. Jesús, locatario, vendedor de verduras. Entrevistadores: Eréndira Cabrera, Marisol Hernández, 3 de mayo, 2006.

24. Ismael Bautista, locatario, vendedor de carne. Entrevistadores: Eréndira Cabrera, Marisol Hernández, 3 de mayo, 2006.

25. Solín, vendedor ambulante de fruta. Entrevistadores: Eréndira Cabrera, Marisol Hernández, 8 de mayo, 2006.

26. Próspero Mercado, Presidente de la Organización Milenio de Comerciantes, Puestos Fijos y Semifijos, Tianguis y Concentraciones en el Distrito Federal. Entrevistadores: Mariana Barrios Licea, Isabel Talamantes Márquez, 9 de mayo, 2006.

27. Benjamín Sánchez, administrador del Mercado 377. Entrevistadores: Mariana Barrios Licea, Isabel Talamantes, 23 de mayo, 2006.

28. Ricardo Cevallos Loyola, secretario general de la Organización de Comerciantes Ambulantes Semifijos Benito Juárez, A.C. Xochimilco, Distrito Federal. Entrevistadores: Mariana Barrios Licea, Isabel Talamantes, 29 de mayo, 2006.

29. Maestra María Teresa Alquicira, presidenta de la organización ubicada en Callejón Palma. Entrevistadores: Mariana Barrios Licea, Isabel Talamantes, 30 de mayo, 2006.

30. Herbert López Ortega, comerciante ambulante, 22 años de edad, Entrevistador: Brenda Pérez Vázquez, mayo, 2006.

31. Máxima Galicia, vendedora de Nopales, 44 años de edad. Entrevistador: Brenda Pérez Vázquez, mayo, 2006.

32. Juana Castillo Justo, vendedora de flores dentro del mercado, 72 años de edad. Entrevistador: Brenda Pérez Vázquez, mayo, 2006.
33. Virginia Velázquez, vendedora de plantas dentro del mercado, 53 años de edad. Entrevistador: Brenda Pérez Vázquez, mayo, 2006.
34. Elsa Morales, vendedora ambulante de ropa, 35 años. Entrevistador: Brenda Pérez Vázquez, mayo, 2006.
35. Silvia García, locataria, vendedora de tamales y atole. Entrevistadores: Francisco García y Adíram Salmerón, mayo, 2006.
36. Anabel Solares, locataria y comerciante ambulante, vende moles y chiles secos. Entrevistadores: Francisco García y Adíram Salmerón, mayo, 2006.
37. Concepción Urbina González, locataria en local de comida, 29 años de edad. Entrevistadores: Francisco García y Adíram Salmerón, mayo, 2006.
38. Anónima, vendedora ambulante de verduras y miel. Entrevistadores: Francisco García y Adíram Salmerón, mayo, 2006.
39. Encuesta a compradora, 15 años de edad, estudiante. Entrevistadores: Francisco García y Adíram Salmerón, mayo, 2006.
40. Encuesta a compradora, 35 años de edad, ama de casa. Entrevistadores: Francisco García y Adíram Salmerón, mayo, 2006.
41. Jazmín, comerciante ambulante y vecina. Entrevistadores: Eréndira Cabrera, Marisol Hernández, mayo, 2006.
42. Juan, vendedor ambulante de calcetines. Entrevistadores: Eréndira Cabrera, Marisol Hernández, mayo, 2006.
43. Carlos, vecino y ambulante. Entrevistadores: Eréndira Cabrera, Marisol Hernández, mayo, 2006.
44. Anónimo, madre soltera, vendedora ambulante. Entrevistadores: Francisco García, Adíram Salmerón, mayo, 2006.
45. Policía de la ssp del Mercado 377. Entrevistadores: Francisco García, Adíram Salmerón, 27 de junio, 2006.
46. Policías de seguridad privada del Mercado 377. Entrevistadores: Francisco García, Adíram Salmerón, 27 de junio, 2006.
47. Licenciado Jiménez Barranco, del Comité Directivo del pan en Xochimilco. Entrevistadores: Víctor Manuel Durand Ponte, Mariana Barrios Licea, 12 de julio, 2007.
48. María Teresa Alquicira y Eduardo Alquicira, Miembros del pri. Entrevistadores: Víctor Manuel Durand Ponte, Mariana Barrios Licea, 10 de agosto, 2007.

Entrevistas para estudio en Xaltocán. Religiosidad en Xochimilco

49. Pérez Santa Cruz, mayordomo de la fiesta de Xaltocán. Entrevistador: Víctor Manuel Durand Ponte, 18 de febrero, 2006.

50. Miguel Ramírez Braulio, 36 años de edad, ayudante del Instituto de Investigaciones Sociales (IIS-UNAM). Entrevistador: Víctor Manuel Durand Ponte, 6 de marzo, 2006.

51. Laura Escobar Ontivel, 37 años de edad, secretaria de la parroquia de Nuestra Señora de los Dolores de Xaltocán, católica. Entrevistador: Fátima Khayar Cámara, 29 de marzo, 2006.

52. Facundo Millán Martínez, 60 años de edad, agente de seguros, católico. Entrevistador: Fátima Khayar Cámara, 6 de abril.

53. Justina Flores, 74 años de edad, ama de casa, católica. Entrevistador: Ena Reséndiz Santillán, 6 de mayo, 2006.

54. Antonia López, 19 años de edad, estudiante, católica. Entrevistador: Ena Reséndiz Santillán, 6 de mayo, 2006.

55. Marina Pacheco Sevilla, 14 años de edad, estudiante, cristiana. Entrevistador: Marisol Arzate Rivera, mayo, 2006.

56. Petra Flores Gómez, 74 años, católica, sierva de María. Entrevistador: Marisol Arzate Rivera, mayo, 2006.

57. Salvador León Olivares, 57 años de edad, contador (postrado), católico. Entrevistador: Marisol Arzate Rivera, mayo, 2006.

58. Yadhira Membrillo Romero, 31 años de edad, ama de casa y estudiante, católica. Entrevistador: Marisol Arzate Rivera, mayo, 2006.

59. Manuel Molina, 56 años de edad, abogado, no practica ninguna religión. Entrevistador: Marisol Arzate Rivera, mayo, 2006.

60. Juan García Parra, párroco de la iglesia de Nuestra Señora de los Dolores. Entrevistadores: alumnos del taller de investigación, mayo, 2006.

61. Araceli Valencia, 29 años de edad, educadora, católica. Entrevistador: Melisa López Morales, 13 de mayo, 2006.

62. Carmen Carrasco Hernández, 53 años de edad, ama de casa, católica. Entrevistador: Melisa López Morales, 14 de mayo, 2006.

63. Juana Carranza Galicia, 83 años de edad, ama de casa, católica. Entrevistador: Melisa López Morales, 13 de mayo, 2006.

64. Carlos Cazares Venegas, 19 años de edad, estudiante, católico. Entrevistador: Melisa López Morales, 13 de mayo, 2006.

65. Raúl Rosa, 40 años de edad, comerciante, católico. Entrevistador: Adriana Ramos, mayo, 2006.

66. Antonio Carrera, 27 años de edad, obrero, católico. Entrevistador: Adriana Ramos, mayo, 2006.

67. Lucía Sarai León Paredes, 19 años de edad, estudiante, católica. Entrevistador: Adriana Ramos, mayo, 2006.

68. Judith León Paredes, 26 años, estudiante, católica. Entrevistador: Adriana Ramos, mayo, 2006.

69. Alejandra, 37 años de edad, encargada de las festividades. Entrevistador: Adriana Ramos, mayo, 2006.

70. Yanet, 30 años, ejecutiva, católica. Entrevistadores: alumnos del taller de investigación, mayo, 2006.

71. Eulalia Venegas, 65 años de edad, comerciante, católica. Entrevistador: Byanka Barbosa, mayo, 2006.

72. María Teresa Caleano Sánchez, 49 años de edad, ingeniera industrial, católica. Entrevistador: Byanka Barbosa, mayo, 2006.

73. Lilia Paredes, 49 años de edad, ama de casa, católica. Entrevistador: Byanka Barbosa, mayo, 2006.

74. Teresa Vázquez, 73 años de edad, ama de casa, católica. Entrevistador: Byanka Barbosa, mayo, 2006.

75. Aidé de la O. Bartlet, 50 años de edad, abogada, no creyente. Entrevistador: Byanka Barbosa, mayo, 2006.

76. María del Pilar Velasco Fernández, 46 años, trabajadora de la iglesia de Xaltocán, cristiana. Entrevistadores: alumnos de taller de investigación, mayo, 2006.

77. Fernando Salazar Torres, 24 años, estudiante, católico. Entrevistadores: alumnos del taller de investigación, mayo, 2006.

78. Jorge, 19 años de edad, estudiante, no creyente. Entrevistadores: Elizabeth Espínola, mayo, 2006.

79. Jorge Gómez Ruiz, 67 años de edad, maestro de cultura mexicana, judío no practicante. Entrevistador: Elizabeth Espínola, mayo, 2006.

80. Sandra Marcelo Mandiaz, 19 años de edad, cristiana evangélica. Entrevistadores: Elizabeth Espínola, mayo, 2006.

81. Osvaldo, 20 años de edad, trabajador en taller mecánico, católico. Entrevistadores: Elizabeth Espínola, mayo, 2006.

82. Diversos miembros y organizadores de costumbres, ritos, mitos y religiosidades en la peregrinación Ampliación Tepepan: líder, Óscar Ibarra, tesorero, Rodolfo Flores Pulido. Entrevistador: David Aguilar, agosto, 2006.

Entrevistas a bicitaxistas y personas relacionadas

83. Julio Castro, líder de la Asociación de Bicitaxis de Xochimilco, color rojo. Entrevistadores: Víctor Manuel Durand Ponte, Mariana Barrios Licea, 5 de diciembre, 2006.
84. Miguel Ángel Epigmenio González, Líder de la Unión de Bicitaxis La Asunción Xochimilco A.C., color naranja, escolaridad: secundaria. Entrevistador: Víctor Manuel Durand Ponte, 9 de enero, 2007.
85. Daniel Vara López, secretario de la Organización de Bicitaxis Xochimilco Embarcaderos, color gris. Entrevistadores: Mariana Barrios, Valeria Tirado, Brenda Pérez, 15 de marzo, 2007.
86. Juan García del Monte, presidente de los Bicitaxis Xochimilco-La Virgen, color rojo, 38 años de edad. Entrevistadores: Valeria Tirado y Adíram Salmerón, 23 de marzo, 2007.
87. Arturo Mendoza, representante de la Asociación en Xochimilco, Miguel Poblano, tesorero, Manuel Álvarez, agremiado y Alfredo González, agremiado, bicitaxis color rojo. Entrevistadores: Mariana Barrios, Brenda Pérez, Adíram Salmerón, 28 de marzo, 2007.
88. Ingeniero Adolfo González, subdirector de Transporte y Vialidad en Xochimilco. Entrevistadores: Víctor Manuel Durand Ponte, Mariana Barrios, 30 de abril, 2007.
89. Comerciante de la calle Hidalgo esq. con Pino, cliente de los bicitaxis. Entrevistadores: Francisco García, Adíram Salmerón, 28 de agosto, 2007.
90. Transeúnte, señora en el jardín Juárez. Entrevistadores: Francisco García, Adíram Salmerón, 4 de septiembre, 2007.
91. Juan José González, propietario de un bicitaxi color verde, 35 años de edad, pertenece a la Organización de los Bicitaxis color verde. Entrevistadores: Adíram Salmerón, Francisco García, 4 de septiembre, 2007.
92. Boleador de zapatos en un lugar cercano a la base de los bicitaxis. Entrevistadores: Francisco García, Adíram Salmerón, 18 de septiembre, 2007.
93. Claudio y Benjamín, bicitaxistas pertenecientes a la Organización de Bicitaxis color verde (rentado). Entrevistadores: Francisco García, Adíram Salmerón, 18 de septiembre, 2007.
94. Bicitaxista, perteneciente a la Asociación de los Bicitaxis color

rojo (anónimo), propietario. Entrevistadores: Francisco García, Adíram Salmerón, 9 de octubre, 2007.

95. "El Águila", bicitaxista perteneciente a la Organización de los Bicitaxis color azul. Entrevistadores: Francisco García, Adíram Salmerón, 9 de octubre, 2007.

ÍNDICE ONOMÁSTICO Y TEMÁTICO

ÍNDICE

impreso en encuadernación domínguez
5 de febrero, lote 8
col. centro, ixtapaluca,
56530 edo. de méxico
dos mil ejemplares y sobrantes